한국사연구총서 79

재일조선인 민족교육 연구

김 인 덕

국학자료원

한국사연구총서 79

재일조선인 민족교육 연구

김 인 덕

■ 서문

1945년 해방 이후 재일조선인은 귀국을 생각했다. 그들은 일본을 벗어나 고향에 가고자 했다. 그러나 쉽지 않았다. 시간이 흐르면서 일본에 사는 것이 더 좋다고 생각하는 사람이 늘어났다. 여기에서 재일조선인은 또 다른 삶을 살아가게 되었다.

재일조선인의 민족교육은 다른 어떤 지역의 재외동포의 경우보다 지속적이고 내용이 있어왔다고 할 수 있다. 그 역사는 해방 전부터 시작하여 오늘에 이르고 있다. 여러 문제가 있어왔지만 흔들림이 없는 것은 '민족'을 지키고자 했기 때문이었다.

'민족'은 재일조선인 1세대에게는 목숨이었다고 할 수 있다. 그들은 목숨을 민족교육과 바꾸기도 했다. 분명 어려운 선택이었을 것이다. 그러나 역사는 1세대 재일조선이 그리 많은 고민을 하지 않았던 것으로 기록하고 있다.

재일조선인, 우리 민족에게 교육은 '민족'을 지키는 것이 되어 버렸다. 그래서 재일조선인의 교육은 민족교육이라고 할 수 있을 것 같다. 재일조선인 민족교육은 민족 지키기가 출발점이었다. 민족지키기 교육은 말과 역사 그리고 일상을 통해 이루어졌다. 그런데 문제는 있었다. 남북 분단의 정치가 그대로 이어져 민족교육의 현장에서도 나타났던 것이다.

분단의 민족교육은 현재의 모습을 반영하고 있다. 남과 북은 민족의 정체성을 다른 모습으로 형상화 시키고 있다. 그러나 1945년 첫 출발은 좀 달랐다.

현재의 재일조선인 민족교육은 분단의 정치가 아니라 일본의 정치에 의해서 전면적으로 타격을 받고 있다. 교육의 내용뿐 아니라 무상교육의 벽을 넘지 못하고 있는 것이다.

1948년 4. 24 한신교육투쟁을 기억하면서 재일조선인의 민족교육이 왜 이렇게 전개되고 있는 지를 생각하면 말이 아닌 행동으로 연구하고 현실에 집중해야함을 다시 한 번 생각하게 된다.

책을 간행함에 있어 청암대학교 강명운 총장님, 재일코리안연구소 정희선 소장님, 연구소 식구들과 청암대학교 간호학과 장숙희 학부장님과 교수님들께 감사드린다. 늘 지켜주시고 도움을 주서서 이나마 책을 만들 수 있게 된 것 같다. 아울러 국학의 정구형 사장님과 편집부 식구들에게도 인사를 드린다.

2016년 8월 28일
김인덕 씀

목 차

제1장: 재일조선인 민족교육사

I. 재일조선인 민족교육사

1. 서론

민족교육이란 민족이 민족성을 유지하고 민족자결권에 따라 민족공동체로서 살아갈 때 필요한 교육을 말한다. 최근의 재외동포의 민족교육은 동질화와 함께 이질성과 다양성이라는 개념을 통해 추구되어 가야한다는 데에 공감대가 형성되고 있다.[1] 이 가운데 재일조선인의 민족교육도 존재한다.

재일조선인들이 민족교육을, 경제적 욕구 충족을 위한 생활의 문제로서 보다는 철학적 기반을 둔 존재의 문제로 삼았기 때문에 곤란한 현실 여건 가운데에도 민족교육기관이 그 명맥을 유지해 올 수 있었다.

재일조선인들이 민족학교를 설립하는 데에 주력한 이유는, 일본인으로 동화되어가는 예속적인 경우에서 탈피하기 위해서 개별적으로 각각 한민족으로 살아가는 것만으로는 충분하지 않으며 후세 자녀들을 한민족

---

[1] 김경근 외, 『재외한인 민족교육의 실태』, 집문당, 2005, 5쪽. 특히 세계화시대 민족교육의 과제는 더불어 사는 지혜와 도덕성을 지닌 지구인을 키워내는 일이라면서, 교육 수요자의 선택의 문제가 중요하다고 지적했다.

으로 교육시키는 일 밖에는 방법이 없다는 것을 역사적 경험을 통해 자각했기 때문이다.[2]

재일조선인 사회에서 1세가 차지하는 비율은 절대 소수이다.[3] 2세도 아닌 3, 4세가 중심이므로, 여기에서 재일조선인 민족교육을 출발하는 것이 중요하다. 이들에게 중요한 것은 사상, 국적보다 민족적 연대감이다.[4]

그러나 현재 재일조선인 사회의 소자화 경향과 귀화자의 증가 등의 문제가 민족학교의 장래를 어둡게 하고 있다.[5] 이에 따라 학생 모집에 대한 대책 마련이 각 학교의 최우선 과제가 되어 있는 것이 현실이다.[6]

재일조선인 인구는 귀화자를 제외하고 540,930명으로 추계하고 있다. 전국적으로 조선국적자는 일관되게 감소하여 한국적자는 90%, 조선국적자는 10%미만으로 계속 줄어들고 있다.[7]

---

2) 小澤有作. 『在日朝鮮人教育論: 歴史編』, 亞紀書房, 1973, 202~205쪽.

3) 김환, 「재일동포 민족교육의 어제, 오늘, 그리고 내일」, 『교육월보』 1996. 10, 64쪽.

4) 박병윤, 「재일, 민족학교의 교육현황과 문제점(상)」, 『해외동포』 36, 해외교포문제연구소, 1990. 1, 24쪽.

5) 황영만, 「재일동포 민족교육을 위한 제언」, 『OKtimes』 통권123호, 2004. 2, 해외교포문제연구소, 25쪽. 아울러 재일동포 내의 결혼 비율의 격감, 통명 사용의 일반화 등의 경향은 현재 재일동포의 모습을 보여준다고 하겠다(강영우, 「재일동포 민족교육의 현황과 과제 그리고 진로—학교교육을 중심으로—」, 『재일동포교육 어제, 오늘 그리고 내일』(민단 창단50주년기념 재일동포민족교육서울대회 자료집), 1996, 52쪽).

6) 김박지, 「금강학원고등학교 학생 모집 활동」, 『民族教育의 現在와 課題—在日同胞의 歴史를 되돌아 보며—』(2013学年度 第50回 在日本韓国人教育研究大会), 在日本韓国人教育者協会, 2013, 122쪽.

7) 김덕룡은 최근 한국국적 · 조선국적등록자 수를 2012년 말 현재 530,046명으로 보고도 있다. 10년 전인 1992년(688,144명)에 비해 마이너스0.8%로 158,098명이 줄었다고 하고, 이 가운데 '특별영주자'의 추이를 보면, 1998년 53만 3396명, 1999년 52만 2677명, 2000년 51만 2269명, 2001년 50만 782명, 2002년 48만 9900명 2011년 54만 5401명, 2012년 53만 46명이다.(김덕룡, 「재일 조선학교의 현황과 과제」,

<표1> 재일조선인 연도별 인구추이[8]

연 도	동포수	연 도	동포수	연 도	동포수	연 도	동포수
1911	2,527	1938	799,878	1965	583,537	1992	688,144
1912	3,171	1939	961,591	1966	585,278	1993	682,276
1913	3,635	1940	1,190,444	1967	591,345	1994	676,793
1914	3,542	1941	1,469,230	1968	598,076	1995	666,376
1915	3,917	1942	1,625,054	1969	607,315	1996	657,149
1916	5,624	1943	1,882,456	1970	614,202	1997	645,373
1917	14,502	1944	1,936,843	1971	622,690	1998	638,828
1918	22,411	1945	1,115,594	1972	629,809	1999	636,548
1919	26,605	1946	647,006	1973	636,346	2000	635,269
1920	30,189	1947	598,507	1974	643,096	2001	632,405
1921	38,651	1948	601,772	1975	647,156	2002	625,422
1922	59,722	1949	597,561	1976	651,348	2003	613,791
1923	80,415	1950	544,903	1977	656,233	2004	607,419
1924	118,152	1951	560,700	1978	659,025	2005	598,687
1925	129,870	1952	535,065	1979	662,561	2006	598,219

『재일제주인의 민족교육 자료집』, 제주대학교 재일제주인센터, 2013. 2, 참조)
8) 재일본대한민국민단 홈페이지 참조.

1926	143,798	1953	575,287	1980	664,536	2007	593,489
1927	165,286	1954	556,239	1981	667,325	2008	589,239
1928	238,102	1955	577,682	1982	669,854	2009	578,495
1929	275,206	1956	575,287	1983	674,581	2010	565,989
1930	298,091	1957	601,769	1984	687,135	2011	545,401
1931	311,247	1958	611,085	1985	683,313		
1932	390,543	1959	619,096	1986	677,959		
1933	456,217	1960	581,257	1987	676,982		
1934	573,695	1961	567,452	1988	677,140		
1935	625,678	1962	569,360	1989	681,838		
1936	690,501	1963	573,537	1990	687,940		
1937	735,689	1964	578,545	1991	693,050		

실제로 귀화 제도가 시작된 1952년부터의 재일조신인 일본 국적 취득 자의 총수는, 2012년 말 현재 33만 8,787명이 된다.[9] 2012년 말 현재 재 일조선인의 일본국적으로의 귀화율은 1.05%이다.[10]

---

9) 민단중앙 2013년도 통계자료를 참조하여 산출했다.
10) 김덕룡, 「재일 조선학교의 현황과 과제」, 『재일제주인의 민족교육 자료집』, 제주대 학교 재일제주인센터, 2013. 2, 1.05%는 5,581÷530,046의 답이다(독립행정법인 통계센터(2012년12월말) 자료를 참조하여 산출).

<표2> 재일조선인 귀화자수 추이[11]

연 도	귀화수	연 도	귀화수	연 도	귀화수	연 도	귀화수	연 도	귀화수
1952	232	1965	3,438	1978	5,362	1991	5,665	2004	11,031
1953	1,326	1966	3,816	1979	4,701	1992	7,244	2005	9,689
1954	2,435	1967	3,391	1980	5,987	1993	7,697	2006	8,531
1955	2,434	1968	3,194	1981	6,829	1994	8,244	2007	8,546
1956	2,290	1969	1,889	1982	6,521	1995	10,327	2008	7,412
1957	2,737	1970	4,646	1983	5,532	1996	9,898	2009	7,637
1958	2,246	1971	2,874	1984	4,608	1997	9,678	2010	6,668
1959	2,737	1972	4,983	1985	5,040	1998	9,561	2011	5,656
1960	3,763	1973	5,769	1986	5,110	1999	10,059	2012	6,581
1961	2,710	1974	3,973	1987	4,882	2000	9,842		
1962	3,222	1975	6,323	1988	4,595	2001	10,295		
1963	3,558	1976	3,951	1989	4,759	2002	9,188		
1964	4,632	1977	4,261	1990	5,216	2003	11,778	합계	338,787

그런가 하면 재일조선인 민족교육과 관련해서는 학령기 재일조선인 중 90%가 일본인학교, 8%가 조선학교, 1%도 안 되는 수가 한국학교에 다니고 있다.[12] 구체적으로, 재일조선인 민족학교에서 수학하는 인원은

---

11) 재일본대한민국민단 홈페이지 참조.
12) 『일본 간사이지방 민족교육 활성화 방안 마련』, 서울대학교 국제개발협력센터, 2013, 24쪽.

한국학교 2,000명(2012년 통계), 조선학교 5,500명으로 총 7천 5백 명 선이다.

이른바 재일조선인을 대상으로 국민교육을 실시하는 목적은 자국민 보호 자원에서 민족적인 의식과 애국정신을 가지게 하고, 동시에 일본 영토 내에서 안정된 생활을 영위하는 능력을 함양하는 데에 있다고 할 수 있다. 이것이 일본에 사는 동포를 상대로 하는 이원적 교육의 근간이다.[13]

일본정부는 재일조선인의 동화라는 기본적인 노선을 버리지 않고 있다. 이 가운데 재일조선인 민족교육은 운영되고 있다. 그 역사는 일제강점기를 거쳐 오늘날까지 이어지고 있다.

재일조선인 민족교육사에 대해서 주목되는 연구로는 오자와 유사쿠[14]와 김덕룡[15]이라 할 수 있다. 이 두 사람의 연구는 통사적인 연구로 이 분야의 중요한 연구 성과라고 할 수 있다. 그리고 박경식, 전준, 와그너, 고준석 등의 책에서도 관련 부분을 언급하고 있다. 특히 1948년 한신교육투쟁에 대해서는 다른 어떤 연구보다 많은 연구가 나와 있는데 김경해, 양영후 등은 각종 구술과 실증을 통한 연구서를 내고 있다.

이러한 선행 연구의 시기구분은 일본정부의 정책 수행이라는 입장에서 살펴본 것으로, 재일조선인의 주체의식의 입장에서 살펴본 민족교육이라고는 할 수 없다. 특히 김덕룡의 경우 주체적인 관점이라 할지라도 편향되어 있는 서술체계를 보이고 있다.

본고는 재일조선인이 중심이 되어 전개된 민족교육의 역사를 재일조선인의 역할에 주목하면서 다음과 같이 서술하기도 한다.

---

13)『교포정책자료』12, 해외교포문제연구소, 102쪽.
14) 小澤有作,『在日朝鮮人敎育論』, 亞紀書房, 1988.
15) 金德龍,『朝鮮學校の戰後史 −1945~1972−』, 社會評論社, 2002.

첫째, 1945년 해방 이전의 시기인 일제강점기 민족교육(1910~1945), 둘째, 1945년 이후 1955년 총련 결성 이전 재일조선인 민족교육 초창기(1945~1955(1953)), 셋째, 총련 결성 이후 한일협정 이전 재일조선인 민족교육 성장1기(1955(1953)~1965), 넷째, 한일협정 이후 재일조선인 민족교육 성장2기(1965~1975(1979)), 다섯째, 민족교육 주체의 변화가 나타나는 재일조선인 민족교육 전환기(1975(1979)~현재)로 구분하여 서술한다.[16]

2. 일제강점기 민족교육(1910~1945)

1) 재일조선인 동화교육

일제의 식민지 교육은 일시동인·내선일체 등을 내세우는 황민화 교육이었다. 일제는 식민정책 수행의 도구로 교육을 이용해서 민족 동화, 민족 개조의 가능성을 믿었고, 동화 그 자체를 식민지 민족의 진보라고 합리화시켰다.

조선에서 도일하는 사람이 늘어남에 따라 그 자녀도 증가했고, 이에 따라 교육문제가 발생하게 되었다. 척무성(拓務省) 조선부(朝鮮部)는 문부성에 재일조선인 자녀들의 교육문제에 대해, "내지 조선인의 학령아동은 소학교령 제32조에 의하여 그 보호자에 대하여 취학의무를 지도록 하여

---

16) 괄호안의 연도는 민단계 민족학교에 주목하는 구분에 해당된다. 한편 1972년 이영훈은 한국정부의 예산투입과 관련해 기반조성기(1946~1961), 초기정비기(1961~1967), 확충기(1967~1972)로 구분하기도 한다.(이영훈, 『재일한국인교육정책: 그 방향과 과제를 위한 분석적 고찰(상)(하)』(교포정책자료), 해외교포문제연구소, 1972, 102쪽.)

야 하는가?"라고 문의했다. 여기에 대해 1930년 10월 문부성 보통학무국 장은, "내지조선인은 소학교령 제32조에 의하여, 학령아동을 취학시킬 의무를 지는 것으로 한다."라고 회신했다. 이것은 재일조선인 자녀의 교육은 의무교육으로 한다는 견해였다.

조선에서는 동화교육이 선행되어 해방이 될 때까지 의무교육을 실시하지 않았던 점을 감안한다면, 이와 같은 방침은 일본의 재일조선인에 대한 우대조치라고 말할 수도 있다.[17] 문제는 일본인 학교를 다닌 재일조선인 자녀들은 일본 학교에서 일본인 자녀들과 함께 공부하면서 동화교육을 받아야 했던 점이다. 일본의 학교교육은 재일조선인 자녀에게서 조선인으로서의 삶을 살기보다는 일본인으로서 살도록 강요했다. 이러한 해방 전의 재일조선인 교육은 취학률이 낮았고, 교육의 목표가 군국청소년의 교육에 있었다. 자주적인 교육에 대한 탄압이 자행되었다.

여기에 대항하여 공공하게 민족학교 설립을 수행하는 것이 불가능했다 하더라도, 야학의 형태로 재일조선인에게 민족교육을 실시하려는 시도가 있었다. 민족의식에 뿌리를 둔 부모의 자식에 대한 교육적 관심은 재일조선인 지식인을 교사로 하는 야학에 자녀를 보냈던 것이다.

일제강점기 재일조선인 민족교육에 있어 그 변화 양상을 살펴보면, 1920년대에는 재일조선인 자신의 문맹퇴치가 교육문제로 중시되었으나, 1930년대에 들어서면서 자녀교육이 현안으로 대두된다. 증가하는 학령대상 아동을 위해 조선촌에는 학교가 세워져 운영되었다. 주된 설립 이유는 경제적인 문제와 민족의식의 고취 때문이었다.[18]

---

17) 小澤有作,『在日朝鮮人教育論』, 亞紀書房, 1988(다음의 책으로 번역되었다. 오자와 유사쿠 지음, 이충호 옮김,『재일조선인 교육의 역사』, 혜안, 1999), 참조.
18) 자세한 내용은 김인덕의 연구 참조(김인덕,「재일한인 민족교육의 전사 -일제강

일제가 황민화교육을 실시했지만, 도쿄(東京), 오사카(大阪), 효고(兵庫), 가나가와(神奈川), 후쿠오카(福岡) 등지의 재일조선인 밀집지역에서는 일본 학교를 다니지 못하거나, 다니지 않는 재일조선인 자녀들을 위해 야학이 존재했다. 이 가운데 오사카지역의 야학이 가장 활발했고, 그 숫자도 많아 주목된다.

2) 오사카의 재일조선인 야학

오사카의 재일조선인 야학은 관제 야학과 노동 야학으로 구분할 수 있다. 관제 야학의 출발은 1924년 초이다. 1924년 5월 오사카부청 내에 오사카부 내선협화회(內鮮協和會)가 탄생했는데,[19] 그 설립 목적이 '오사카부에 거주하는 조선인을 부양 선도하고 생활의 안정과 품성의 향상을 도모'하기 위해서였다. 이에 따라 조선인의 공동숙박소, 직업소개소와 함께 야학도 결성되었다. 이 야학은 소학교 정도의 교육과정을 3년간 가르치는 곳으로, 학령을 초과한 조선인을 대상으로 했다. 학생의 정원은 150명이었다.[20]

본격적으로 노동야학은 1920년대 중반 이후에 나타났다. 먼저 재일조선인 노동운동 단체가 조직한 예를 볼 수 있다. 1928년 7월 15일 오사카 조선노동조합은 히가시나리구(東成區) 가모쵸(蒲生町) 1번지 동북지부 가모분회 내에 가모야학부를 설립했다. 그리고 7월 23일부터 수업을 시작했는데, 교장은 마찬규이고, 강사 마희규, 이동화, 김상구, 김광, 김문준

점기 오사카지역 재일한인 학령아동 민족교육과 '정체성'에 대한 검토-」, 『정체성의 경계를 넘어서』(권희영 외 공저), 경인문화사, 2012).

19) 梁永厚, 『戰後 大阪の朝鮮人運動』, 未來社, 1994, 242쪽.
20) 樋口雄一, 『協和會』, 社會評論社, 1986, 16쪽.

등이었다. 이들은 오사카조선노동조합의 간부였다. 가모야학은 교육부가 연구회와 간담회 · 변론회 등 교화운동을 전개해 나가는 과정에서 노동자 교육을 강화할 목적으로 설치하여,[21] 도쿄학원(東京學院) 및 우다에학원 (浦江學院)과 함께 오사카지역의 대표적인 노동자 교육기관이었다. 나니와구(浪速區)에 거주하는 재일조선인들은 나니와야학(浪華夜學)을 설립하고 후원회를 조직해서 학교를 운영하기도 했다.

1930년대의 경우 히가시나리구 나카모토쵸(中本町)의 조선촌은 1931년 4월에 간사이쿄메이학원(關西共鳴學院)을 세우기로 결의하고, 총경비 1,700여 엔의 모금에 나섰다. 이 학원 건물은 그 해 12월 1일에 낙성식을 갖고 이듬 해 1월에 개교식을 갖기에 이르렀다.[22] 1932년 2월 1일 당국에 의해 학생 3인이 검속된 후 7월 25일에는 폐쇄되었다.

후세(布施)의 재일조선인은 1930년 10월 16일에 공제학원을 개교하여 미취학 조선인 아동에 대한 교육을 실시하였다. 공제학원은 별도의 교사(校舍)를 갖추지 못하고 학교를 개교하였으나, 아동이 50명으로 늘어나자 1931년 10월에 학원 신축위원을 선정하고 300엔을 모금하여 12월 16일에 낙성식을 가졌다. 또한 1934년에는 미나토구(港區)에 야간 간이학교를 세워 성황을 이루기도 했다. 일본 각지의 조선인 부락에서는 수업료를 모두 부담하면서도 자주적인 학교를 만들었다.

1930년에는 오사카 재일조선인 공장노동자를 대상으로 한 교육정도 조사에서 남자조사응답자 7,459명 가운데 7명이 당시 야학에 재학 중이었다.[23] 당시 야학은 재일조선인 노동자가 노동현실에서 느끼는 민족적

---

21) 「大阪朝鮮勞動組合の敎化運動」, 『日本勞働通信』(147), 1928년 7월 24일.
22) 『조선일보』 1931. 11. 28, 『조선중앙일보』 1932. 1. 6.
23) 大阪市社會課, 「朝鮮人勞動者の近況」(1933), 朴慶植 編, 『在日朝鮮人關係集成』(5), 797쪽.

차별의식과 모순을 식민지 지배라는 구조적인 문제의 인식으로 확대하는 데에 영향을 주었다. 당시 오사카 재일 여성노동자의 경우 문맹율이 높았는데, 대부분의 여성노동자는 고향에 편지를 쓰지도 읽지도 못하는 형편이었다. 이에 공장 내에 야학이 개설되어, 주간근무를 마친 후 밤에 수업이 진행되었다.

재일조선인은 자녀들에게 한글 · 조선사 · 전통문화 · 일본어 · 산수 등을 가르쳤으며, 또 노동운동사 · 웅변대회 · 계몽강연회 등을 통해 계몽사상과 민족의식을 고취했다. 오사카에서는 재일조선인 노동자가 이밖에도 일본노동조합이나 사회운동단체가 경영하는 노동야학과 야간학교를 통해 세계노동자의 계급의식 성장과 세계노동시장의 정황, 일본사회운동의 현상을 습득할 기회가 적지 않았다.

이상과 같이 일제강점기 재일조선인 민족교육은 동화교육의 틀 안에서 행해졌다는 점에서 제국의 통치 구조 속에 있었다. 한편 재일조선인은 저항적 민족학교를 통해 민족교육의 내용을 채워가기도 했다. 이러한 열기는 항일민족운동과 연계되어 민족의 정체성과 저항 정신을 유지하는 역할을 수행했다.

3. 재일조선인 민족교육 초창기(1945~1955)

1) 1945년 해방과 민족교육

1945년 해방과 함께 재일조선인은 귀국과 동시에 새로운 국가 건설에 주목했다. 동시에 일본에서의 민족교육에도 관심을 갖기 시작했다. 재일 조선인은 우선 국어강습소를 통해 민족교육을 수행해 가기 시작했다.

도쿄의 경우 간다(神田)의 한국 YMCA에 가장 먼저 국어강습소가 개설 되었다. 아다치(足立)의 윤병옥는 공장에 강습소를 설립했고, 이진규는 도츠카(戸塚)한글학원을 열었다. 또한 아라카와(荒川)의 김보현은 아라가 와(荒川)한글강습소, 이다바시구(板橋區)의 정구일은 이다바시(板橋)한글 강습소, 도요지마구(豊島區)에서는 어당이 국어강습소를 개설했다.[24] 그 리고 오사카의 경우는 이쿠노구(生野區)의 이카이노(猪飼野)의 기독교교 회에 국어강습소가, 셈보쿠(泉北)의 야사카쵸(八坂町)에 야간 국어강습소 가 만들어졌다.[25] 고베에서는 1945년 10월 니시고베(西神戸)조선초급학 교 정문 앞의 어묵공장을 빌려 국어강습소가 시작되었다.[26] 이렇게 국어 강습소는 일본 전국에서 만들어졌고, 1945년 말에는 200개소가 넘는 강 습소가 생겨 2만 명 이상의 인원이 수강했다.

이러한 국어강습소에서는 교재가 필요했는데, 대표적인 교재 제작의

---

24) 姜徹, 『在日朝鮮人の人權と日本の法律』, 雄山閣, 1994, 73쪽; 魚塘, 「解放後初期の 在日朝鮮人組織と朝連の教科書編纂」, 『在日朝鮮人史研究』(28), 1998, 107쪽.
25) 梁永厚, 「大阪における四・二四教育鬪爭の覺え書き」(1), 『在日朝鮮人史研究』(6), 1980, 72쪽.
26) 김경해 지음, 정희선외 옮김, 『1948년 한신교육투쟁』, 경인문화사, 2006, 134쪽.

경우로 도츠카한글학원을 만든 이진규가 한글 교재를 편찬했던 사실을 들 수 있다.[27] 그는 허남기, 오수림, 임봉준 등과 함께 등사판으로『한글교본』을 만들어 교재로 사용했다. 이후 이 교재는 재일본조선인연맹(이하 조련)의 국어교재의 모델이 되었다.

그런가 하면 수업시간에는 매일 등사하여 교재와 함께 각종 프린트물이 사용되었는데, 주로 한글과 한국사, 한국 문화 등에 관한 내용이었다.

2) 재일본조선인연맹[28]의 민족교육

1945년 10월 15일에 히비야공회당(日比谷公會堂)에서 재일본조선인연맹[29]이 결성되었다. 결성대회였던 제1회 전체대회는 위원장에 윤근, 부위원장에 김정홍과 김민화가 선임되었고, 중앙위원 25명, 지방위원 25명을 선출했다.

이 조련은 1945년 11월 각 지방본부 문화부장 앞으로「문화활동에 관한 지지」(중총(문)제2호)를 내렸다. 여기에서 조련은 한글 교재를 만들고, 대량으로 인쇄하여 배포하도록 했다. 그리고 한글 강사 지도반을 조직하여 한글강사를 양성했다. 이렇게 조련이 결성된 이후 재일조선인의 민족교육도 본격화되었다. 조련은 민족학교를 설립했는데, 그것은 귀국 준비의 일부분이었다.

---

27) 魚塘,「解放後初期の在日朝鮮人組織と朝連の教科書編纂」,『在日朝鮮人史研究』(28), 1998, 108쪽.

28) 별도의 주가 없으면 필자의 글을 참조한다(김인덕,「재일조선인 민족교육 운동에 대한 연구-재일본조선인연맹 제4·5회 전체대회와 한신(阪神)교육투쟁을 중심으로-」,『사림』(26), 2006. 12, 본서의 III. 해방 후 조련의 민족교육에 대한 연구).

29) 이하 조련으로 줄인다.

조련은 교사양성에도 적극적이었다. 1945년 12월 7일 교원재교육강사단을 결성하여 교원양성을 위한 제1차 조선어강습회를 개최했다. 일주일 동안 열린 이 강습회는 참가자들이 민족교육에 대해 어느 정도의 지식을 가지고 있었다. 때문에 향후 방침을 정하고 이를 습득하는데 초점이 맞추어졌다. 이 제1차 강습회 수료생 15명은 도쿄 내의 국어강습소에 파견되어 교사로 활동했다.

조련 제2회 임시전체대회 이틀째인 1946년 2월 28일에는 조련 청년대에 의해 몸 검색까지 하는 가운데 대회를 속개되었다. 여기에서는 조선인민공화국과 신탁통치안의 지지, 조선민주주의민족통일전선 가맹 등의 내용을 결정했고, 교육문제도 결의했다.[30] 특히 민족교육과 청년교육 강화의 방법으로 초등학원 신설, 도쿄에 3·1정치학원 설치, 오사카에 8·15정치학원 설치를 거론했다.

제2회 임시전체 대회에서 결정한 이 도쿄의 3·1정치학원, 오사카의 8·15청년학원 설치에 대한 건은 교사양성이 목표였다. 조련은 다양한 방식으로 교원을 양성했는데, 대표적인 양성학교로는 조련중앙고등학원, 중앙조련사범학교, 오사카조선사범학교 등과 여성 활동가 양성을 위한 조련양재학원이 존재했다. 실제로 이 학교들은 대부분 활동가 양성을 주된 목적으로 했다. 특히 3·1정치학원은 일본공산당에 의한 조선인 공산당원 양성의 역할을 했던 학교였다.

이에 앞서 1946년 1월 조련은 제1회 문화부장회의에서 최초로 한글보급운동에 대해 논의했다. 그리고 강습 소식의 한글 교육을 학교형식으로 편성하기 위해 토의했다. 특히 제2회 중앙위원회에서 문화부 내에 초등

---

30) 坪井豊吉, 『在日朝鮮人運動の概況』, 法務研修所, 1958, 98쪽.

교재편찬위원회를 신설할 것을 결정했다.[31] 또한 조련은 1946년 2월 중앙기구 내에 초등교재편찬위원회를 두었다. 위원장은 이진규였고, 위원은 박희성, 임광철, 전경환, 이은직, 어당, 채수강, 박준영, 임영준, 윤기선, 박성호, 이인수, 한춘우, 이상요, 김상기 등 15명이었다.[32] 조련은 교재편찬 사업에 주력하여 이진규가 편찬한 『한글교본』을 모델로 하여 조선어 교재로 『초등한글교본』, 『교사용 어린이교본』, 『어린이교본』, 『한글철자법』, 『한글교본』 등과 한국 역사 교재로 『조선역사교재초안』(상)(중)(하) 등을 편찬했다.

전술한 제2회 임시전체대회는 민주 · 민족교육 추진을 위해 조련 산하 문교부에 교육대책위원회를 설치했다. 이 교육대책위원회는 주로 민족교육을 지도하기 위한 교사의 알선과 교과서 편찬을 담당했다. 1946년 4월 오사카에서는 조선인교원조합이 조직되었으며, 도쿄에서도 재일조선인교육회가 결성되었다. 이것이 1946년 12월 8일에는 도쿄조선인교원조합으로 발전했다.

이상과 같이 조련은 해방 후 약 1년 동안에 초등학교 525개교(아동 42,182명, 교사 1,022명), 각종 청년학교 12개교(학생 724명, 교사 54명)[33]를 개설하여 학교 교육체제를 확립했고, 조선어 교과서를 사용하여 교육을 하게 되었다. 그리고 조련은 문교부 내 교육대책위원회 조직을 통해 민족교육 사업을 조직화했고, 초등교재편찬위원회, 조선인교원조합 등을 통해 민족교육 강화의 조직적 기초를 수립했다.

---

31) 金德龍, 『朝鮮學校の戰後史 −1945~1972−』, 社會評論社, 2002, 38쪽.
32) 魚塘, 「解放後初期の在日朝鮮人組織と朝連の教科書編纂」, 『在日朝鮮人史研究』(28), 1998, 109쪽.
33) 『民主朝鮮』 1950년 5월 26쪽.

<표3> 1946년 9월 민족교육학원 현황

학교 형태	학교 수	교직원 수	학생 수
소학교	525	1,022	42,182
중학교	4	53	1,180
청년학교	12	54	714
계	541	1,129	44,076

그런가 하면 조련의 제3회 전체대회가 1946년 10월 7일 열렸다. 이 대회는 도쿄, 오사카의 재일조선인생활옹호전국대회의 뒤를 이어 열렸는데, 이 자리에서 결의된 조련의 4대 방침에서는 교육과 계몽에 주목하기도 했다.[34] 이와 함께 조련의 일반 활동 방침으로서 다음 정기대회까지 문맹을 퇴치하고 초등학교와 학교관리조합 조직을 결의했다. 특히 어린이들을 진보적 민주주의의 건국이념과 조국애가 철저한 사회공민으로 양성하는 것을 목적으로 하는 초등학원의 교육방침을 정했다. 이 제3회 조련 전체대회 이후 제10회 중앙위원회에서는 중앙 문교국을 교육, 문화, 조직의 3부제로 하고 교육부에 학무, 출판의 2개과를 두도록 했다.

1947년 7월 조련은 신학기부터 일본의 학제에 맞추어 6 · 3제를 취할 것과 교육규정(「문교국교육규정에 관하여」)을 결정했다. 그리고 같은 해년 8월 28일에는 도쿄도 조선인중학교에 재일조선인교육자동맹이 결성되었다. 여기에는 전국의 교원조합 대의원 156명 중 104명이 참가했다.

---

34) 『在日本朝鮮人聯盟第三回全國大會議事錄((附)第八回中央委員會議事錄)』, 朴慶植 編, 『朝鮮問題資料叢書』9卷, アジア問題研究所, 1983, 53쪽.

이 재일조선인교육자동맹은 전국 1,200여명의 교원을 토대로, 위원장을 최용근으로 하여 결성되었다. 당시 하부조직으로는 도쿄, 산다마(三多摩), 오카야마(岡山), 기후(岐阜), 후쿠이(福井), 효고(兵庫) 등지의 6개 지부가 조직되었다. 그 후 지부조직에 전력을 다한 결과, 지부수는 19지부, 맹원은 1,200 여명이 되었다. 이후 재일조선인교육자동맹 제2회 전체대회의 상임은 위원장 이진규, 부위원장 이찬의, 위원 고무영, 김보현, 이일동, 김여두 등이었고, 중앙위원은 41명이었다. 이 조직의 주요한 활동은 교원의 인격과 실력 향상을 도모하고, 교과서연구회, 교수법연구회 등의 다양한 연구 활동을 전개했으며, 어린이와 부모를 조직했다.[35]

1947년 민족교육과 관련하여 조련은 학교관리조합의 조직에 적극적이었다. 여기에는 일본에 거주하는 모든 재일조선인은 가입해야 했으며, 의무적으로 조합비를 납부하여 그 돈으로 학교를 운영해 가도록 했다. 그리고 모자라는 금액은 조련 중앙에서 보조해 나갈 방침을 세워 이를 실시해 나갔다. 이 학교관리조합은 이제까지의 학부형에 의한 학비부담을 조선인교원조합 내에 거주하는 일반 조선인의 부담으로 전환시켰다. 이와 같은 사실은 민족교육이 전 재일조선인의 공동사업으로서 발전했다는 것을 의미한다.

조련 중심으로 학교 건설도 진행되었다. 조련은 교사가 준공되기 전까지 일부 지방 교육당국의 협력을 얻어 일본 공립학교 교사의 일부를 빌어 사용했다. 오사카부에서는 지사였던 다나카 코타로(田中廣太郞)가 조선인학교 건설위원회의 고문으로 취임하고, 건축자재 알선 등의 편의를 제

---

35) 金德龍, 『朝鮮學校の戰後史 －1945~1972－』, 社會評論社, 2002, 62쪽.

공했다. 이와 같은 사실은 일본 지방행정 당국이 자주적인 민족교육 운동의 정당성을 인정한 내용이었다.[36]

조련 제4회 전체대회는 1947년 10월 15일부터 17일까지 열렸다. 이 제4회 전체대회의 슬로건에는 주요 현안들이 제기되었다. 그리고 민주교육 문제와 함께 교육강령을 정했다. 첫째, 반항구적 교육정책 수립, 둘째, 교육 시설 충실, 교육내용의 민생 중심의 신속한 수행, 셋째, 일본 민주교육자와 적극적인 제휴 협력, 넷째, 교육행정을 체계적으로 세우자, 다섯째, 교육재원의 확립이었다.

<표4> 조련계 학교 상황(1947년)

구분	학교 수	교원 수	아동 수
초급학교	541	10,250	56,961
중학교	7	95	2,761
청년학교	22	101	1,765
고등학교	8	59	358
계	578	10,505	61,845

아울러 제4회 전체회의는 조선인학교 문제에 대해서도 적극 논의했다. 논의의 초점은 첫째로, 점령군 당국과 일본 정부가 민족교육에 간섭하려는 조짐에 대한 대처방안, 둘째로, 재일조선인의 교육권 옹호문제와 관련

---

36) 梁永厚, 『戰後 · 大阪の在日朝鮮人運動』, 未來社, 1994, 137~138쪽.

해서 일본 정부가 조선인학교에 대해 재정보조를 하도록 하는 교섭을 해서는 안 된다는 내용이었다. 여기에서 말하는 점령군과 일본 정부가 간섭하려는 기미라는 것은 조선인학교에 대한 인가신청 제출을 요구하려고 하는 움직임으로, 자주적이어야 할 재일조선인 교육의 내용 전반을 간섭하려고 하는 의도가 내포되어 있다고 보고, 자력으로 자주적 민족교육을 하려는 원칙을 견지하자는 내용이었다. 그리고 조선인학교에 대한 금전적 보조에 대해서는 당연히 요구할 수 있는 것이지만, 자주 운영의 원칙에서 당분간 보조요구는 하지 않는 것으로 정리했다.[37]

특히 제13회 중앙위원회는 1948년 1월 27일부터 30일까지 조련 도쿄본부 회의실에서 열려, 학교설비의 확충, 교육체제의 확립, 교육 내용의 충실화 등을 논의했다. 그리고 교육위원회와 교재위원회를 적극 활용하여, 조선 문화를 연구하고, 문헌을 검색하며, 대중문화의 활성화를 제기했다. 이 가운데 가장 절박한 문제의 또 다른 하나는 학교 인가문제였다.

이상과 같이 조련은 1947년부터 신학기체제를 확립하고, 조선인학교 조직의 운영세칙을 마련했다. 아울러 조련 조직 내부를 개편하여 교육과 관련해 문화부가 문교국으로 강화되었고, 재일본조선인교육자동맹이 결성되었으며, 학교관리조합도 조직되었다. 1947년 10월 조련계 학교의 상황은 초급학교 541개, 중학교 7개, 청년학교 22개, 고등학교 8개로 총 578개소였다.[38]

그런가 하면 1948년 4월부터 시작된 후술할 한신(阪神)교육 투쟁의 열기가 가시지 않은 가운데 조련의 제5회 전체대회가 1948년 10월 14일부터 16일까지 3일 동안 열렸다.

---

37) 김경해 지음, 정희선 외 옮김, 『1948년 한신교육투쟁』, 경인문화사, 2006, 15쪽.
38) 오자와 유사쿠 지음, 이충호 옮김, 『재일조선인 교육의 역사』, 혜안, 1999, 193쪽.

조련 제5회 전체대회에는 1948년도 활동보고서가 제출되었다. 여기에서는 민족교육과 관련하여, '민주문화 민주교육의 급속한 향상을 위하여'라는 내용을 확인할 수 있다. 그 내용을 보면, 첫째, 기존에 교육기관의 혁신을 도모했고, 그것은 각 학교마다 관리조합을 통해 수행했다. 둘째, 교육체제의 확립을 위해 교육위원회를 조직하고 교육규정을 실시하여 교육행정의 토대를 마련했다. 셋째로 교육 내용의 충실화를 위해 교재편찬의 강화와 출판 활동의 신속 처리를 도모했다는 것이다. 아울러 자주교육의 확보를 위해, 첫째, 조선인교육대책위원회의 구성, 둘째, 국제 국내 선전 활동, 셋째, 불법 탄압 반대 인민대회의 전국적인 개최, 넷째, 일본민주주의 단체와 공동투쟁에 6개월 동안 전력을 경주했다는 것이다.[39]

이 대회는 5대 방침에 대해 점검하여, 이것은 재일조선인 60만의 절실한 당면 요구의 반영으로 원칙적으로 정당한 방침이지만 1년 동안의 결과로 볼 때는 구체적으로 진행되지 못한 부분이 많은 점이 유감이라면서, 5대 방침이 충분한 결과를 못내는 이유는 실천의 책임이 있는 조직 활동가들의 인민적 성의와 열정의 결여, 정치성이 빈곤한 조직 활동의 체험 부족 등의 결과였다고 한다. 특히 한신(阪神)교육 투쟁을 통해 조선 민족이 자기의 말, 자기의 글을 갖기 위해 얼마나 영웅적으로 투쟁했는가를 세계에 표명했다면서, 따라서 한신(阪神)교육투쟁은 5대 투쟁의 실천이었다고 그 의미를 부여했다.[40]

---

39) 『朝聯第5回全體大會提出活動報告書』, 朴慶植 編, 『在日朝鮮人關係資料集成(前後編)』(1卷), 不二出版社 2000, 351~352쪽.

40) 『第五回全体大會議事錄』, 朴慶植 編, 『朝鮮問題資料叢書』(9卷), アジア問題研究所, 1983, 192~193쪽.

둘째날 조련 제5회 전체대회에서는 계속해서 문교활동 강화 대책에 주목했다. 우선, 민주 민족 문화의 향상을 위해, 첫째, 제국주의문화 및 봉건적 잔재 소탕, 둘째, 국수주의 배격, 셋째, 신 파쇼 분쇄, 넷째, 민주 민족문화 확립, 다섯째, 세계문화와의 교류를 들고 있다. 그리고 민족문화 이론 확립을 위한 방침을 정리하고 있다. 나아가 민족 자주 교육 방위를 위해서는 그 목표로, 첫째, 학교 연합의 정비, 둘째, 교육자를 대량으로 양성하고 체질 향상, 셋째, 시학제의 완전 실시, 넷째, 교재의 편찬·출판·배포, 다섯째, 교육 내용을 충실하게 하여 아동 노력 수준 향상, 여섯째, 일본민주주의 교육자와 제휴 협력, 일곱째, 민주민족자결주의 교육을 사수를 내걸었다.

이상과 같이 조련 제5회 전체대회는 1년 동안의 투쟁을 총괄하면서, 특히 1948년 한신(阪神)교육투쟁을 평가하며, 민족교육 투쟁 강화의 구체화의 길로 나간 대회였다. 문제는 이러한 민족 자주 교육은 재일조선인이 당면하고 있는 생활권 확보를 위한 경제적·정치적 모든 투쟁과 분리할 수 없는 것으로, 일본 민중과 광범위한 연대투쟁을 전개해야 했다.

3) 민단의 민족교육

재일조선인의 민족교육은 주로 조련의 지도 아래 발전했다고 평가하는 것이 타당하다. 하지만 이와는 별도로 비록 소수이기는 하나 민단 산하에도 조선인학교가 세워져 운영되었다.[41]

당초 민단은 조련의 방침에 불만을 갖고 탈퇴한 상당수의 사람들로 결

---

41) 이하 민단계 학교의 경우는 다음을 참조한다(정희선, 『재일조선인의 민족교육운동(1945~1955)』, 재일코리안연구소, 2011, 100~101쪽).

성되었다. 양 진영은 일본제국주의에 협력한 자를 어떻게 판단할 것인가 하는 문제와 신탁통치안을 둘러싸고서 찬반양론으로 나뉘어 격렬하게 대립하게 되었는데, 거기에는 조선의 건국노선에 대한 차이가 반영되어 있었기 때문이었다.

또한 교육문제에 있어서도, 조련은 국어강습소와 학원을 운영하면서 재일조선인의 교육열을 확인하고는 이것을 조련 운동의 일환으로 조련의 지도 이념 속에 편입시켰다. 따라서 그 교과의 내용은 북한에서 보내온 교과서를 그대로 번역 및 인쇄하여 사용하였으며, 그 결과, 국어 · 역사 · 지리 등 과목에서 공산주의 교양과 일본제국주의 타도라는 기본적인 방침이 그대로 표출되었다. 이와 같은 조련의 교육내용에 의구심을 나타낸 일부 재일조선인들은 점점 자신의 자녀를 퇴교시켜 일본인학교로 전학을 시키는 현상까지 나타났으며, 일부는 새로운 학교를 설립하고 자주적으로 운영하기 시작하였다.

1945년 11월 16일에는 조선건국촉진청년동맹(이하 건청)을 결성하기에 이르렀고, 이어 1946년 1월 2일에는 신조선건설동맹(이하 건동)을 결성하여 오늘날의 민단의 모체가 되었다. 건청은 지방조직의 확장과 함께 민족교육 활동을 전개하였다. 박열을 중심으로 '건국대학강좌'를 개설하여 매일 오전에는 김해성이 담당하는 '조선어(한글) 강좌'를 진행했다.[42]

1946년 6월에는 군정청 학무국이 재일조선인 자녀를 위해 등사본으로 된 초등교과서를 보내기도 했다.[43] 그러나 이런 지원은 지속적으로 이루어지지 않았다.[44]

---

42) 洪万基 「解放後の混亂期を戰った建靑創設回想錄」, 『朝國新聞』 제1회(1974. 11. 23)부터 제34회까지(1975. 11. 15) 연재된 내용 중 제15회째이다.
43) 생존시 박경식의 경우 이 자료를 확인해 주었다.

한편 이들은 1946년 10월 '재일본조선인거류민단'을 결성했지만 치안 당국의 관찰에 따르면, '조선 미군정청 일본 총공관과 연락'을 취해 각 지부의 지도를 담당했다.45) 이러한 자료를 분석하여 볼 때 민단은 남한의 노선에 따라 움직였을 것이다. 이는 2년 이후 대한민국의 건국에 따라 명칭을 '대한민국거류민단'으로 변경하고, 지도부가 "대한민국의 국시를 준수한다."는 것을 기본방침으로 삼아 반공노선으로 재일조선인 대중의 조직화를 시도하고자 하는 데에 나타나 있다.

이러한 민단의 지도부가 어떠한 방침과 노력에 의해 그 산하의 학교를 운영하고자 하였는지는 자료가 부족한 형편이다. 다만 한 일본인 당국자가 "이곳에서는 대부분 남한의 민군정청이 발생한 교과서를 그대도 사용하고, 학교에 따라서는 조련이 편찬한 교과서를 사용했다."46)는 사실을 전하고 있을 뿐이다.

민단계 학교는 1946년 3월에 건국학교가 설립되고,47) 9월에 교토한국중학,48) 1947년 4월에 다카라즈카(寶塚)한국소학교, 5월에 금강(金剛)소중학, 7월에 구라시키(倉敷)한국소학교 등이 설립되었다. 사실 이때의 민족학교는 민단에 의해 설립된 것이라고 말할 수 있는 것은 아니어서, 일반적으로 중립계라고 불리고 있으나 공산주의 교육을 반대하였던 것은

---

44) 김경근외, 『재외한인 민족교육의 실태』, 집문당, 2005, 14쪽.

45) 坪江豊吉, 『在日朝鮮人運動の槪況』, 法務硏修所, 1959. 3.

46) 森田芳夫, 『在日朝鮮人處遇の推移と現狀』, 1960, 참조.

47) 건학이념과 초기 설립에 대해서는 다음의 글을 참조(이종건, 「백두학원의 역사로 보는 재일사−초대이사장·교장의 위업으로부터 배우는 교육 신념−」, 『韓国教育の 発展 動向과 在外同胞教育의 先進化 方案』(2011学年度 第48回 在日本韓国人教育研究大会), 在日本韓国人教育者協会, 2011, 152쪽).

48) 도쿄한국학원은 1954년 4월 창립된다.

틀림없다.[49] 또한 1947년 1월 25일에는 사가시(佐賀市)에 민단초등학원이 설립되었다.[50]

<표5> 1947년 민단계 학교의 현황[51]

학교별	학교수	교사수	생도수
소학교	52	270	6,297
중학교	2	30	242
훈련소	2	28	289
계	56	328	6,828

1948년 1월 24일, 일본 정부는 문부성 학교 교육국장 명의로 「관학(官學) 제5호: 조선인 설립학교의 취급에 대해서」를 문부성 오사카 출장소 및 각 도도부현(都道府県) 지사에게 통첩했다. 여기의 주요 내용은 "조선인은 일본의 법령에 복종해야 한다. 의무 교육은 학교교육법에 의해 행해야 하며, 조선인 학교의 설치에는 지사의 인가가 필요하다. 교과서와 교과 내용에 대해서도 교육법의 규정이 적용된다."[52]는 것이었다.

이렇게 재일조선인의 자주적인 민족교육의 권리를 부정하고 일본인 학교의 취학 의무를 강요했다. 이것이 이른바 '제1차 민족학교 폐쇄령'이

---

49) 전준, 『조총련연구』(1), 고려대학교출판부, 1973, 461쪽.
50) 民團中央本部, 『民團40年史』, 1987, 238쪽.
51) 『在日朝鮮文化年鑑』(1949년 판)에 의해 작성되었다.
52) 김환, 「재일동포 민족교육의 어제, 오늘, 그리고 내일」, 『교육월보』1996. 10, 65쪽.

다. 조선인 민족학교의 자유로운 설치의 불허용을 통하여 민족학교를 폐쇄하도록 유도하였으며 재일조선인 자녀에게 일본교육을 의무적으로 수용하도록 하는 동화교육을 강요했던 것이다.

통고문은 각 도도부현에 회람되고, 그 구체적인 조치를 담은 통고문이 2월과 3월에 걸쳐 각 시정촌(市町村)에 내려졌다. 통고를 받은 각 현부 당국은 "통고문 그대로의 조치를 취하지 않는 경우는 학교교육법 제13조를 적용하여 폐쇄를 명한다."라고 조선인학교의 대표자에게 통고함과 동시에 일본인학교 교사를 빌려 사용하고 있는 조선인학교에게 반환을 요구하고 교육활동을 할 수 없도록 하였다. 그리고 각 조선인학교에 대해서는 사립학교 인가신청서를 모두 3월말까지로 기한을 정하여 내도록 강요하고 이 요구에 따르지 않는 조선인학교는 모두 폐쇄할 작정이었다. 이러한 지시가 각 시정촌을 통하여 재일조선인 학교에 일방적으로 전달되었다.

4) 1948년 한신(阪神)교육투쟁

일본 정부는 1948년 3월 24일 다시 1월 24일의 통달에 복종하지 않으면 학교를 강제로 폐쇄시키겠다고 했다. 일본 전역에 재일조선인의 민족학교에 대해 강제적 폐쇄명령이 내려졌다. 이에 대해 재일조선인은 전면투쟁에 돌입한다.

재일조선인 민족교육의 탄압, 즉 학교폐쇄에 대해 최초로 반대투쟁이 크게 일어났던 곳은 야마구치현(山口県)이었다. 당시 야마구치현에는 귀환하려는 조선인 1만 명 이상이 모여 있었는데, 야마구치현 지사가 3월

31일까지 학교를 폐쇄한다고 통고를 했다. 여기에 대해 1만 명이 넘는 조선인은 현청 앞에 모여 교섭과 철야시위 투쟁을 전개했다. 결국 현 당국은 통첩의 철회를 인정하게 되었다. 이후 4월에 들어서는 히로시마(廣島), 오카야마(岡山), 효고(兵庫), 오사카 등지에서 투쟁이 진전되었다.

오사카에서는 1948년 4월 23일 부청 앞의 오테마에(大手前)공원에서 조선인학교 폐쇄 반대 · 교육 자주권 옹호를 위한 인민대회가 개최되어 3만여 명이 집결했다. 그러나 무장 경관에 의해 탄압되어 23명이 중상을 입고, 200여 명이 검거되었다. 그리고 오사카 시내의 경찰서에 분산 유치되었다.

4월 24일에는 검거된 사람들의 석방을 요구하며 아침부터 검거자를 유치하고 있던 오사카 시내의 경찰서 앞에서 조선인들이 파상적인 데모를 일으켰고, 다시 조선인 검거자가 속출했다. 이에 오사카의 재일조선인민족교육대책위원회는 다시 한 번 동포를 대거 동원하여, 시위를 단행했고 마침내 오사카부와 교섭했다.

4월 26일에도 조선인학교 폐쇄 반대 인민대회가 열렸다. 여기에 대해 해산 명령이 내려졌고, 당시 해산 명령은 3분 이내에 해산하라는 것이었다. 1만 명 가까운 사람이 3분 이내에 해산한다는 것은 불가능한 일이었다. 여기에 대해 오사카 경찰은 집회를 탄압하기 위해 경찰학교의 생도를 포함하여 8천 명을 동원했다. 일본 경관의 발포로 소년 김태일이 사망했고, 검거자는 군사재판에 회부되었다. 며칠 후 오사카에서는 김석송과 일본공산당원 등 수십 명이 체포되어 미군의 군사재판에 부쳐졌다. 이 가운데 재일조선인 김석송은 강제 추방당했다.

일찍이 4월 7일 고베(神戸) 시내에는 조선인학교 폐쇄 명령이 발령되었다. 그리고 고베시는 이를 집행하고자 했다. 여기에 대항해 조선인 학부모와 학생들의 저항이 나타났는데, 니시고베(西神戸)조선인소학교에서는 학부형이 몸으로 교문을 막고 항거했다. 이 사건은 이후 주요 투쟁의 고리가 되었다. 4월 7일 이후에도 고베시에서는 저항이 지속되었는데, 특히 4월 24일 조선인학교 폐쇄에 항의하는 조선인들이 효고 현청 앞에 결집하여 "학교 폐쇄 명령 철회" 등을 지사에게 요구하는 것으로 발전했다.

학교 폐쇄 명령의 철회에 대해 약 1시간 반에 걸쳐 교섭이 계속되었고, 효고현과 고베시 당국은 학교폐쇄 명령을 철회한다는 문서에 조인하고 서명했다.

첫째, 학교폐쇄령은 중지한다, 둘째, 차용하고 있는 일본학교는 그대로 계속 사용한다, 셋째, 15일에 피검된 63명은 즉시 석방한다, 넷째, 이후의 일은 양측에서 대표를 통해 협의한다, 다섯째, 본일 교섭회장에 대한 책임을 재일조선인에게 부과하지 않는다는 내용이었다. 그러나 그날 밤 효고현 군정부가 전후 유일한 '비상사태 선언'을 발하고 지사가 서약한 사항을 모두 무효라고 하면서 미군과 일본 경찰이 조선인 및 일본인 지원자를 무차별하게 검거했다. 검거자 총수는 3,076명, 기소자 212명, 1948년 조사 현재 수형자 36명이었다. 총동원자는 1,003,000명, 부상자 150명, 사망자 1명 등이었다. 체포자 중 A급은 9명으로 군사위원회 재판에, B급 12명은 일반군사 재판에, C급 52명은 지방재판소의 재판에 회부되었다.

많은 희생을 치른 투쟁이었지만, 5월 3일 조선인교육대책위원회 책임자와 문부대신 간에 "교육기본법과 학교교육법을 따른다", "사립학교의 자주성 범위 내에서 조선인의 독자적인 교육을 행하는 것을 전제로 사립학교로서의 인가를 신청한다"는 각서가 교환되어 이듬해 1949년의 탄압 때까지 조선인학교는 지켜졌다. 그러나 1949년 10월 다시 학교 폐쇄 명령이 내려져 전국 대부분의 조선인학교가 폐쇄되었다.

1948년 한신교육투쟁의 빌미가 되었던 GHQ와 일본 정부의 민족 학교 탄압은 준비된 것이었다고 할 수 있다. 여기에 대해 조련은 조직적인 대응을 했고, 재일조선인은 일본 전역에서 전면적인 반대 투쟁을 전개했다. 이것은 해방 이후 재일조선인에 의한 전면적인 반일 투쟁으로 이념의 벽을 넘은 전 민족적인 투쟁이었다. 이 사건에 대해 조련은 4월 24일을 우리말, 우리글을 지킨 '교육투쟁 기념일'로 정했다.[53]

그런가 하면 조련 조선인교육대책위원회는 1948년 3회에 걸쳐 문부성과 교섭을 가졌다. 1월의 문부성 통고문이 전국의 조선인학교를 폐쇄하는 정책적인 근거가 되었고, 또 고베의 사례에서 보았듯이 지방자치제가 자주적인 역량을 갖고 있지 못했기 때문이다.

일본 문부성은 민족교육 운동을 일부 정치세력이 이 문제를 재일조선인에게 선동하여 강력한 불씨로 삼았다면서 군국주의적인 형태를 벗은 쇄신된 일본의 교육제도에 복종해야 한다는 견해를 바꾸지 않았다.

여기에는 이들의 민족교육의 탄압은 원래부터 GHQ의 정책이라는 배경도 있었지만, 내면적으로는 일본당국이 민족교육의 원리를 생각하는 사상적 자세가 결핍되었기 때문이기도 했다. 당시 문부성은 재일조선인의 교육에 관련해서 역사적인 분석이나 관심이 조금도 없으며, 권력적으로도 사상적으로도 오직 행정적으로 처리하려는 강경함만을 지니고 있던 것이었다.

---

53) 김경해 지음, 정희선 외 옮김, 『1948년 한신교육투쟁』, 경인문화사, 2006, 정희선, 김인덕, 신유원 역, 『재일코리안 사전』, 선인출판사, 2012, 8.

1948년 5월 5일 재일조선인 단체와 일본정부 사이에 조인된 양자의 각서는 일본의 학교교육법을 재일조선인이 준수할 것을 약속한 것이었다. 다음날 6일 발표한 학교교육국장 통고문은, 이미 주도권이 문부성 쪽으로 넘어갔음을 보여준다. 문부대신 당시 모리토 다쓰오(森戸辰男)와 조선인교육대책위원회 책임자 최용근(崔瑢根) 사이에 각서가 체결되었다. 조인에 이어서 문부성은 각서의 구체적 조치를 규정한 통고문을 도도부현 지사 앞으로 보냈다.

통고문에서는 재단법인을 가지고 있으면서 설치 기준에 도달한 조선인학교는 사립학교로 인가하고, 일본인학교에 전학하는 조선인학생에게는 특별히 편의를 제공하고 일본인 학생과 동일하게 취급하며, 각 지방청은 조선인학교 책임자의 의견을 충분히 청취한다는 등의 사항을 정하고 있다. 그러나 가장 핵심적인 사항은 '조선인 독자의 교육'을 어디까지 허용할지 그 범위를 규정한 데에 있었다.

이와 같은 5월의 통고문은 기본적으로 1월의 통고문을 반복한 것임이 분명하다. 게다가 그 전문(前文)에 "이 때 조선인의 교육 및 취급에 대해서는 선의와 친절을 으뜸으로 하고, 장차 양 민족의 친선에 기여하도록 조처할 것을 요망한다."고 명기하였다. 문부성은 조선인에게 굴욕과 차별임이 분명한 '일본인과 구별하지 않는 교육'이라는 행위를, '선의와 친절'인 것처럼 간주하고 있었다. 이 같은 시각은 이후에도 재일조선인 교육정책의 근간으로 계속 유지되었다.

한편 각 지방자치단체는 이 통고문을 기초로 즉각 행동에 옮겼다. 오사카에서는 재일조선인 측이 부지사와 교섭을 재개하고 6개월 만에 각서를 매듭지었다. 첫째, "조선인 사립학교에서 조선인 독자의 교육을 행하기 위해 1학년에서 3학년까지도 자유연구시간을 설정할 수 있다.”는 것을 인정받아 ‘조선인의 독자적인 교육’을 할 수 있는 조건을 만들었다. 그리고 둘째, “앞서 언급한 자유 연구 시간 수업을 희망하는 아동 학생의 수가 한 학급을 편성할 수 있을 정도일 때는 공립 소·중학교에서 과외시간에 조선어·조선의 역사·문학·문화 등에 대해 수업을 할 수 있다.”는 것을 약속받았다. 이른바 민족학급의 발족을 보게 되었다. 당시 이것은 오사카만의 독자적인 제도였다.

5) 초기 한국 정부의 민족교육 대책

1948년 대한민국 정부가 수립된 이후 첫 방일을 앞두고 이승만 대통령은 재일조선인과 관련해 발언했다. 그는 여기에서 “일본에 큰 재산을 두고 온 사람이 많은데 일본정부와 타협이 아직 없어 못하고”있어 재일조선인의 재산권에 대한 대책이 수립되지 못해 귀국하지 못하는 사람이 있다면서 맥아더장군과 타협할 작정이라고 했다.54) 이후 이승만대통령은 맥아더사령부에 요청하여 반출금액 상한액을 10만엔, 귀환동포의 하물중량규제를 철폐하게 만들었다. 실제로 일본 사회에서 재일조선인은 이중적 존재였는데, 법적 지위가 시간이 지날수록 점차 불리해져 갔다.55)

이에 주일대표부의 정항범 대사는 1949년 5월 재일조선인의 법적지위를 처음으로 논의했다.56) 6월 21일 민단 내 일본국적 소지자는 대한민국

---

54) 『한성일보』 1948년 10월 9일자.
55) 김봉섭, 「이승만정부 시기의 재외동포정책」, 한국학중앙연구원 한국학대학원 박사학위청구논문, 2009, 81쪽.

국적을 회복할 때까지 대한민국 국민이 아니라는 주일대표부의 유권해석과 함께 한국의 외교부는 같은 해 8월 1일 재외국민등록령(외무부령 제4호)을 시행했다. 이것은 외국에 체류하는 국민의 신분을 명확히 하고 그 보호를 적절히 하기위해 그 등록을 실시함을 목적으로 했다. 결국 국회를 통과하고 맥아더사령부에 요청에 근거하여 재외국민등록법이 제정되어 재외국민에게 등록을 요구할 수 있는 법적 근거가 마련되었다. 그러나 이 법은 이승만의 의지나 기대에 부응하여 성과를 거두지 못했다.[57]

이런 일련의 재일조선인에 대한 법적 지위에 대한 공식적 논의 이후 양국 정부는 법적 지위문제를 비롯한 일련의 재일조선인 문제는 정상적인 국교 수립이 우선이라는데 공감하게 되었다. 당시 외교부의 외교역량으로 재일조선인 문제에 성과를 거두기는 곤란했다. 정부 내의 각종 문제에 재외동포문제가 우선순위에서 밀렸기 때문에 더욱 그렇다고 할 수 있다.

당시 재일조선인의 민족교육문제는 실질적으로 문교부의 보통교육국 특수교육과에서 담당했다.[58] 귀국한 박열이 1949년 5월 3일 기자회견에서 열악한 재일조선인의 교육환경을 거론했지만 대한민국정부는 적극적으로 대처하지 않았다. 특히 1948년 10월 19일에 시행된 민족학교 강제 폐쇄에 대해서도 제대로 사태파악을 못하고 있었다.

이렇게 대한민국 정부의 초기 재일조선인 민족교육에 대한 인식과 대처는 피상적인 수준에 머물 수밖에 없는 한계가 보인다.

---

56) 「1~3차 한일회담 재일한인의 법적지위위원회 토론의개요 및 제4차 한일회담 예비교섭에서의 재일한인 법적지위 관계문제」, 『제4자 한일회담 재일한인의 법적지위위원회 회의록』, 참조.
57) 김봉섭, 앞의 논문, 84쪽. 그 이유를 김봉섭은 공산당의 선전과 하와이국민회의 국민등록 거부를 들고 있다.
58) 김봉섭, 앞의 논문, 88~89쪽.

6) 민족교육의 탄압과 민족학급의 발생

1948년 4월 566개교에 48,930명의 아동을 수용하고 있던 조선인 소학교는 1948년 한신교육투쟁 이후 1949년 7월에는 331개교, 34,415명으로 감소되었다. 이는 GHQ와 일본정부의 정책이 조선인학교의 발전에 타격을 준 것은 분명하며, 특히 약 15,000명이 조선인학교에서 일본인학교로 전학하든가 아니면 취학하지 않았음을 알 수 있다. 교수 용어와 교육 내용을 전혀 달리하는 일본인학교로 전학한다는 것은 이들이 조선인으로서 살아갈 길을 짓밟는 행위였다. 뿐만 아니라 일상적인 수업내용도 이해하기 어렵게 하여 비행으로 내모는 원인이 되기도 하였다.

1949년 9월 8일에 조련이 단체등규정령(團體等規定令)에 의해 해산을 당하게 되자, 10월 12일 각의는 「조선인학교 설치 방침」을 결정하였다.

1949년 10월 12일 일본정부는 「조선인학교 설치 방침」을 결정하여, 일본정부에 등록을 하지 않은 학교는 등록을 시키고, 방침에 따른 조건을 갖추지 못하는 학교는 폐쇄하여 그 학생들을 일본인 학교로 전학시키도록 지시하였는데, 대부분의 조선인학교가 10월 13일에 폐쇄조치 통고를 받게 된다.[59] 이러한 통고문를 보낸 일본정부는 1949년 10월 19일(1차)과 1949년 11월 4일(2차)에 걸쳐 조선인학교 폐쇄조치를 하게 되었다.

10월 19일 오전 8시 전국의 조선인학교에 대해 학교개조 수속의 권고와 폐쇄(일부는 재산접수)의 통고가 있었다. 이에 대해 학부모들이 저항을 하여 분규가 생긴 곳도 있었으나 사건에 이를 만큼 큰 혼란은 없었다.

---

59) 김태기, 「일본 정부의 재일한국인 정책—미군에 의한 일본점령기를 중심으로—」, 강덕상·정진성 외 공저, 『근·현대 한일관계와 재일동포』, 서울대학교출판부, 1999, 418~419쪽.

이것은 이미 조련이 해산되어 조직적으로 저항을 할 수가 없었기 때문이다. 10월 19일 제1차 조치로서 2주 내에 사립학교 신청 수속을 밟으라는 개조통고를 받은 245개교(소학교 223, 중학교 16, 각종학교 6) 중에서 개조수속 신청을 낸 것은 128개교(소학교 118, 중학교 7, 각종학교 3)였다. 조련이 경영하는 학교로 간주된 92개교(소학교 86, 중학교 4, 각종학교 2)에 대해서는 폐쇄를 통고하였다.[60]

민단계의 학교에서도 일본인학교로 전학하는 자가 속출하고 민족교육시설은 폐쇄되어 겨우 몇 학교만 남는 상태가 된다. 이 조선인학교폐쇄령에 의해 학생 4만여 명이 일본학교로 전학하게 되었다.

1949년 11월 4일에는 제2차 조치로 일본 당국은 폐쇄명령을 각 지방에 집행하였다. 이때 오사카(40), 도쿄(12), 요코하마(18), 후쿠이(10), 시가(12), 기후(11), 도쿄(13) 이외에 거의 전 부현에 걸쳐 1개 내지 수개씩 설치되어 있던 조선인학교도 일제히 폐쇄되어 버렸다.

오사카의 경우를 보면, 2일까지 신청을 낸 35개 학교의 서류를 들고 같은 날 밤 담당관리가 상경하여 3일 문부성에서 심사를 받고, 다음 날인 4일 임시 오사카부교육위원회에서 내부적으로 이를 추인하는 형태를 밟았다. 조선인학교의 경우에 한해 문부성이 인가 결정권을 장악한 것이다. 그 결과, 32개 학교는 모태인 재단법인 조련학원의 설립 미인가를 이유로 폐쇄되고, 3개 학교는 따로 법인 설립을 신청했지만 미인가 처분을 받아 폐쇄되었다. 그 밖에 아직 신청 수속을 마치지 못한 5개 학교도 폐쇄되는 등 총 40개 학교에 대하여 지사의 이름으로 폐쇄 통고가 내려졌다.

---

60) 홍효정, 「재일동포 청소년 민족교육에 관한 연구」, 한양대학교 석사학위청구논문, 2006, 20쪽.

아울러 조선인 학생의 수용에 대해서는, "현주소의 학군에 해당하는 학교로 전학을 시키고, 연령에 맞는 학년에 편입시킨다. 조선어, 조선 문화·역사 등은 주 4시간 이내에서 과외수업을 인정한다."는 내용을 제시하였다. 재일조선인의 자주교육을 유린한 이와 같은 지사 담화는 "이에 전입학 하는 측이나 또 이를 받아들이는 측이나 모두 조일(朝日) 융화의 정신으로, 적극적으로 손을 내밀고 아이와 부모 모두 사이좋게 협력하여 아동학생이 공부에 정진할 수 있도록 부민(府民) 각위가 협력해 주기를 간절히 바란다."는 문장으로 매듭짓고 있다.

1949년 10월 당시 인가학교로는 소학교 209개교, 중학교 12개교이다. 1948년 4월 현재 566개교를 헤아리던 조선인학교 중 4할 미만만이 사립학교 인가를 받았다. 그밖에는 서류 및 설치기준 미비라는 이유로 폐교 또는 무인가 학교로 전락했다.

1949년 11월 4일 245개교가 인가를 신청했으나[61] 일본 당국이 그 결과를 심사하고 인가한 학교는 오사카의 백두학원이 경영하는 3교(소학교 1, 중학교 1, 각종학교 1)뿐이었다. 왜 백두학원만 남았을까? 학교 관계자에 따르면, 우선 백두학원이 조련계 학교가 아니면서, 실업계학교였기 때문이라고 한다.[62]

전술했듯이 1948년 5월 5일 문부성과 조선인 대표 사이에 체결된 양해각서 이후 도도부현에 통지된 학교교육국장 통달을 근거로 전국의 조선인 집주지역을 중심으로 공립학교의 과외 시간을 활용 한 조선인 아동·

---

61) 김환, 「재일동포 민족교육의 어제, 오늘, 그리고 내일」, 『교육월보』 1996. 10, 65쪽.
62) 김광민, 「재일외국인 교육의 기원이 되는 재일조선인 교육」, 『재일동포 민족교육』 (청암대학교 재일코리안연구소 국제학술회의자료집), 2013. 10, 18, 53쪽.

학생들의 특설 학급이 시작되었다.[63] 오사카에서는 특설 학급을 조선어 학급이라고 불렀고, 나중에 민족학급이라고 고쳐 불렀다.[64]

1952년 당시 전국의 77개 소·중학교에 특설 학급이 설치되었다. 민족학급이 있었던 지역은 오사카를 비롯하여 시가(滋賀), 이바라키(茨城), 교토, 효고, 아이치(愛知), 후쿠오카(福岡) 등 13개 부현에 걸쳐 있었다. 그 유형으로는 공립학교 내에 조선인학급이 편성되어 전문 교실에서 오전부터 조선인 교원이 민족 교과를 포함한 교육을 하는 시가현 유형, 일주일에 두 번 정도, 교육과정 이외의 과외학급으로 민족 교과를 가르치는 오사카 유형, 그리고 교육과정 내에서 조선인 아동을 선별하여 민족 교과를 가르치는 교토부 유형 등 있었다.

실제로 오사카에서는 통고문의 엄격한 규정을 다소나마 변형하는 형태로 '각서'가 매듭지어졌다. 학생 50명당 1명의 민족강사를 두도록 했다.[65]

1949년 10월부터 11월까지의 조선인 학교 강제 폐쇄조치 이후 조선인 학교의 쇠퇴는 현저해졌다. 효고, 아이치 등 일부 지역에서는 공적 입장을 전혀 갖추지 않은 자주적인 조선인 학교로 존속을 꾀하기도 했다. 결국 재일조선인 어린이들이 일본의 공립 소·중학교에 취학하게 된다.

63) 김환, 「재일동포 민족교육의 어제, 오늘, 그리고 내일」, 『교육월보』 1996. 10, 65쪽.
64) 김광민, 「재일외국인 교육의 기원이 되는 재일조선인 교육」, 『재일동포 민족교육』 (청암대학교 재일코리안연구소 국제학술회의자료집), 2013. 10, 18, 54쪽.
65) 김환, 「재일동포 민족교육의 어제, 오늘, 그리고 내일」, 『교육월보』 1996. 10, 65쪽.

7) 민전의 민족교육

　재일조선인은 조련의 강제해산 이후 재일조선인 운동을 이끌어나가기 위한 모체로 재일조선통일민주전선(이하 민전)을 결성하고, 운동을 전개했다. 1951년 1월 앞서 해산당한 조련을 대신하여 재일조선인의 통일조직으로 민전이 재건되었다.[66]

　민전에서도 결성 당시의 대회강령에서 "우리는 민족문화를 위한 교육의 자주성을 확보하는 데 전력한다"고 주장하고, 교육 목적을 "10만 재일조선인 아동을 조선민주주의인민공화국의 충실한 자녀"로 키우는 데 있다고 규정했다. 그리고 이것은 공립학교나 자주학교를 구별함이 없이 모든 조선인학교에 공통되는 목적이라고 했다.

　이 민전을 중심으로 해서 재일조선인은 재차 민족교육 탈환운동을 전개했다.[67] 이 시기는 동화교육체제기로 규정할 수 있고, 전후 재일조선인 민족교육의 역사에서 가장 고통스러운 때였다.[68]

　한국전쟁 아래의 동화교육체제 속에서, 재일조선인의 민족교육은 봉쇄당할 처지에 있었다. 재일조선인 자녀들은 공립학교체제 속에서 강제 전입시킨 형태로 교육을 받았다.

　도쿄도의 경우 교육위원회는 도내의 15개 조선인학교의 도립 이관을 단행했다. 1949년 12월 20일「도쿄 도립 조선인학교 설치에 관한 규칙」을 정하고, 공식적으로 도립조선인학교를 발족시켰다. 동시에「조선인학

---

66) 자세한 내용은 별도의 주가 없으면 정희선의 연구 참조.
67) 오자와 유사쿠 지음, 이충호 옮김,『재일조선인 교육의 역사』, 혜안, 1999, 332~334쪽.
68) 앞의 책, 274쪽.

교 취급요강」을 발하여 운영의 기본 방침을 제시하였다. 이것은 내용적
으로는 조선인학교에 대한 무혈점령이었다.

요시다(吉田) 내각은 재일조선인의 자주적인 민족민주교육을 폭력적인
방법으로 금지한 이래, 민족교육을 말살하여 학령 아동의 약 50%가 취학
을 할 수 없었다. 여기에 대한 '공비에 의한 조선인 교육의 보장' 요구였다.

도립 조선인학교의 교육과 활동이 친북(親北)적이라고 생각한 미군과
일본정부는 도립 조선고교의 학생이 반전 유인물을 갖고 있다는 구실로
무장경관을 조선학교에 보내 급습했다. 조선인학교가 공산주의의 본산으
로만 보였던 것이다.

한편 1952년 4월 민전은 강령과 규약을 기초로 「조선인학교 규정」(초
안)을 정리했다. 이와 함께 1951년 9월 샌프란시스코강화조약이 조인된
이후 공립 조선인학교의 사립화에 반대하였다. 아울러 "종래 투쟁해 온
'공립 분교'는 적절한 것이 아니므로 앞으로는 일본 정부의 교육비 부담을
요구하는 교육비 획득투쟁을 전개"하기로 했다.

「재일조선인 민족의 당면한 요구」 초안에서는 교육운동의 슬로건으
로, "교육비 일체를 국가가 부담하고 자국어에 의한 의무교육의 완전 실
시"를 내걸었다. 또한 이 요구 강령과는 다르게 공립 조선인학교를 수호
하고 민족학급을 증설하며 자주학교를 만들어 교육비의 부담을 요구하는
민족교육 충실화 운동을 전개했다.

일찍이 민전은 통일조직을 축으로 하여, 한국전쟁 아래 재일조선인은 민
족교육의 본질을 지키고 확장시켜 나가는 실천과 운동을 추진해 나갔다.

당시 도립 조선인학교에서는 '반일 공산주의교육'이 행해지고, 반정부
데모를 위한 모임이 조직되어 있는데, 이는 민전의 방침이기도 했다. 치안

관계자의 시각은 그대로 문부성 당국의 시각에 반영되었다. 이때에는 '강화'를 하나의 기회로 삼아 일본 국민의 교육에 대해서도 반공·재군비를 지지하는 교육이 '편향교육'을 시정한다는 명목으로 강행되기 시작했다.

그런가 하면 공립학교체제의 테두리에서 벗어난 비합법적인 자주학교로 조선인학교는 1952년 4월 현재 효고(17), 아이치(10), 히로시마(4)를 중심으로 가나가와, 시즈오카, 오카야마, 에히메, 교토, 미에, 오사카, 이와테 등에 1~2개 교씩 존속하여 전국적으로 44개교였다.[69]

1953년 10월 20일, 10·19학교폐쇄 4주년기념 조선인학교 연합운동회에서 20여명의 남녀 고교생이 가장행렬로 천황과 황후를 밧줄로 묶어 등장시키면서 '인간 천황, 바보의 상징'이란 플랭카드를 내걸었다. 천황을 특별시하는 일본의 정신적 풍토하에서, 일본정부가 이러한 절호의 비난거리를 그냥 넘어갈 리가 없었다. 국회에서까지 거론된 이 사건은 도립조선인학교 폐지론에 다시 불을 붙였다. 그리고 예산을 통한 조선인학교의 탄압이 시작되었으며, 후일 도립 조선인학교 폐교의 서막이 되었다.

결국 도립 조선인학교 폐지론이 일어났다. 당시 일본에서는 샌프란시스코조약 이후 외국인 교육에 도민의 세금을 쓰는 것은 '주권'을 회복한 일본의 입장과 모순된다는 새로운 비난의 논리가 등장했다. 결국 도립학교의 폐교로 일본은 나아갔다.

이상과 같이 민전은 민족교육이 가장 어려울 때 이를 지켜냈다. 첫째, 한국전쟁 아래 일본의 도립화를 통한 동화교육체제 아래에서도 재일조선인은 민족교육의 본질을 지키고 확장시켜 나가는 실천과 운동을 추진했다.

---

69) 오자와 유사쿠 지음, 이충호 옮김, 『재일조선인 교육의 역사』, 혜안, 1999, 참조.

둘째, 사립학교화를 일본의 양심세력과 함께 투쟁으로 맞섰다. 셋째, 도립학교 폐교에 적극 반대하여 나아가 새로운 민족교육을 전망하게 되었다.

4. 재일조선인 민족교육 성장 1기(1955~1965)

1) 한국정부와 재일조선인 민족교육

한국전쟁 시기와 그 이후 이승만 정부는 재일조선인 민족교육에 대해 별다른 대책을 세우지 않은 것 같다.[70] 1952년 4월 28일 샌프란시스코강화조약 발효 이후, 일본정부가 재일조선인의 일본국적 보유를 박탈한 상황임에도 한국 정부는 교육관 파견 추진과 국정교과서를 보낸 정도의 관심을 표출했다.

1952년 9월 27일 도쿄도 교육장이 일본법령에 따라 입학하는 자에게만 공립, 소, 중, 고등학교 입학희망자의 신규 입학을 허가한다는 내용이나. 1953년 2월 11일 일본문부성 초등교육국장 통달에서 재일조선인이 외국인으로 취급된다면서 교육도 그 연장선에서 의무교육 무상 원칙은 적용되지 않는다고 했다. 여기에 대한 이승만 정부의 적극적인 대응은 보이지 않는다. 특히 이승만 정부는 민족학교 추가 설치 요구에 부응하지 않았다.[71]

---

70) 유철종, 「한국민주주의와 재외국민문제: 재일교포의 민족교육실태를 중심으로」, 『극동논총』제2집, 1994, 9쪽.
71) 김봉섭, 「이승만정부 시기의 재외동포정책」, 한국학중앙연구원 한국학대학원 박

이 시기 이승만 정부의 성과는 1954년 4월 1일 금강학원 소학교의 중학교 병설, 4월 26일 도쿄한국학교의 초, 중등부 설립, 그리고 1960년 4월 1일 금강 소, 중학교의 고등학교 병설 정도였다고 해도 과언은 아니다. 실제로 이승만 정부는 재일조선인 사회의 재정 도움 요청에 쉽게 다가서기는 어려운 재정 상태에 놓여있었다.

이승만 정부의 재일조선인 민족교육 정책은 1955년 총련의 결성 이후 변화되는 모습이 보인다. 1957년 1월 문교부 장관 최규남은 재일조선인 교육 지도를 담당할 장학관 파견문제를 외교부와 교섭하여 연구한다고 밝혔다. 특히 재일조선인 교육 실태조사, 본국 교과서 보내기, 교육보조비 예산 편성과 동포교육교사 초청, 장학관 파견, 장학금제도 도입, 학교시설비 보조, 중고생 모국 수학 등을 추진한다.[72] 당시 경무대는 1957년 9월 15일 재일조선인 2세 중고생의 조국방문단 접견을 이승만대통령이 하게 만들었다. 특히 기존과 달리 이승만 대통령은 예산 편성에 재일조선인 학생을 대상으로 한 교육보조금 지급에 적극적이었다. 그리고 총련계 학교에 대한 실태조사와 조선대학교의 설립에 대해서 주목하기 시작했다.

북송을 전후해서 이승만 정부의 외교는 비난을 받았다. 이를 기점으로 이승만 정부는 새로운 재외동포정책을 내놓는데, 1959년 외무부는 적극적인 외교 활동의 전개를 내걸고, 재일국민 보호사업에 적극 나서겠다고 했다.[73] 문제는 권일의 회고대로 실효성이었다.[74]

이른바 재일조선인을 비롯한 재외조선인 민족교육은 이전과 달리 본

사학위청구논문, 2009, 106쪽.
72) 『국제교육백서』, 교육부, 2000, 참조.
73) 그 내용은 1959년 1월 국무회의에 보고된 '1959년 외무부 주요시책'이었다.
74) 鄭哲, 『民團今昔:在日韓國人の民主化運動』, 啓蒙新社, 1982, 135쪽.

격적으로 정부의 관심사가 되어 갔다.[75]

1960년 4월 혁명 이후 한국정부는 재일조선인 문제를 새롭게 인식한다. 1961년 2월 문교부는 '재일국민교육 조사단'을 일본에 파견하여 재일조선인 자녀의 민족교육에 대한 지원 의사를 개진한다.[76] 그리고 12월 9일 장학관 1명, 교사 9명을 파견하여 주일한국대표부 안에 장학관실을 설치했다. 교사를 도쿄, 교토, 오사카 등지의 전일제 한국학교와 홋카이도, 구라시키 등지의 야간 한국학원에 배치하여 국어, 국사 등 민족교과를 담당하게 했다.[77]

1960년대 한국정부 차원의 재일조선인에 대한 민족교육은 먼저 모국수학제도를 들 수 있는데, 1962년부터 한국 정부는 본국 수학을 희망하는 학생을 대상으로 이 제도를 마련해 지금까지 운영하고 있다. 그리고 1963년 전국적 규모로 한국교육문화센터[78]를 설치하여, 1963년 4월 일본의 10대 도시에 설치, 운영해 오고 있다. 같은 해 7월에는 재일한국인교육후원회가 설립되었다.[79]

1966년 재일한국인 법적지위 협정은 특수한 역사적 경위에 의해 배태된 재일조선인의 기득권을 사실상 포기하였다고 하여, 재일조선인 사회의 불만을 사게 되었다. 이에 한국 정부는 새로운 제도를 추진했다.[80] 1966

---

75) 유병용, 「한민족의 해외이주와 민족교육 문제」, 『근현대사강좌』 제1호, 한국현대사연구회, 2002, 59쪽.
76) 안광호, 「재일국민자녀교육의 개선방안에 관한 연구」, 연세대 석사학위 청구논문, 1976, 46쪽.
77) 김환, 「재일동포 민족교육의 어제, 오늘, 그리고 내일」, 『교육월보』 1996. 10, 66쪽.
78) 1977년 한국교육원이 되었다('재외국민교육에 관한 규정(대통령령 제8461호)'에 의거했다).
79) 이후 재단법인 한국교육재단이 되었다(『국제교육백서』, 교육부, 2000, 참조).

년부터 하계학교를 운영하여 대학생과 고등학생의 국내 연수의 기회가 부여되었고,[81] 이들 재일조선인 학생들을 중심으로 모국방문단을 조직하여 서울대학교 재외국민교육연구소에서 입소, 교육이 실시되었다.[82]

1967년부터는 도쿄, 교토, 오사카 등지의 한국학교가 합동으로 모국방문 수학여행을 실시하여 학생들로 하여금 모국의 산업시설, 역사유적지 등의 여러 곳을 견학하도록 했다.

2) 민단의 민족교육

전술했듯이 1949년 10월 12일 일본정부는 「조선인학교 설치 방침」을 내세워 대부분의 조선인학교를 폐쇄조치 하기로 결정하고, 1949년 10월 19일 제1차와 1949년 11월 4일 제2차에 걸쳐 대대적인 조선인학교 폐쇄조치를 단행하게 된다.[83] 이 조선인학교의 폐쇄는 주로 조련계 학교를 주

---

80) 김경근 외,『재외한인 민족교육의 실태』, 집문당, 2005, 16쪽.

81) 1977년부터 춘계학교(대학생 대상), 하계학교(중고교생 대상)로 개설되었다. 김환, 「재일동포 민족교육의 어제, 오늘, 그리고 내일」,『교육월보』1996. 10, 66쪽.

82) 안광호, 「재일국민자녀교육의 개선방안에 관한 연구」, 연세대 석사학위 청구논문, 1976, 47쪽.

83) 1차 폐쇄가 집행된 5일 이후 한국 주일대표부는 맥아더 앞으로 공문을 보냈다. "폐쇄된 58개교는 6,000명이 관계 조선인 자녀의 복지를 위해 개조 후 다시 문을 열 수 있도록 한국대표부에 인도해줄 것을 일본 문부성에 납득시키고자 한다. 이에 귀 외교국의 협력을 요망한다." 한편 이 요청과 함께 정항범(鄭恒範) 대사는 "교원은 한국지지자로 보충, 주일대표부의 책임 하에 민단에서 감독 경영하고, 일본 문부성의 방침을 지키고 한국역사와 한국어를 교수과목으로 하는 건에 대하여 교섭 중에 있다."고 본국에 보고하였다. 이는 조선인학교를 한국학교로 전환시키겠다는 의도로 GHQ와 교섭을 벌린 일이었으나 이 시도는 성공하지 못하였다. GHQ와 일본 정부는 재일동포 모두에 대해 엄격했기 때문이었다(森田芳夫,『在日朝鮮人處遇の推移と現狀』(法務研究報告書 第43 集3号), 法務研修所, 1955, 참조).

요 대상으로 했지만, 동시에 민단계 조선인학교도 폐쇄의 대상에 포함시킴으로써 재일조선인의 모든 민족학교와 자주학교를 규제하겠다는 태도를 분명히 했다.[84]

소수의 민단계 학교[85]가 당시 이러한 조치에 어떻게 대응했는지 잘 알수는 없다. 다만 그 당시 사립학교로 다시 인가받은 학교가 보이지 않고, 또한 현존하는 오사카, 교토, 도쿄의 4개 한국학교가 발족[86]한 것을 고려하여 볼 때, 학교폐쇄 조치에 의해 이 때 대부분 폐쇄된 것으로 보인다.

<표6> 민단계 한국학교의 설립연도

학교명	설립일
도쿄한국학교	1954. 04
교토국제학교	1947. 05
금강학교	1946. 04
건국학교	1946. 03

당시 민단계 학교에서 공부하고 있던 학생들은 대부분 일본인 학교로 전학하게 되었고 민족교육 시설은 버려졌을 것임을 쉽게 짐작할 수 있다. 이후 민단이 다시 학교교육의 의사표시를 한 것은 1953년 10월 23일 민

---

84) 이하의 민단의 활동 내용은 별도의 주가 없으면 다음을 참조한다(정희선, 『재일조선인의 민족교육운동(1945~1955)』, 재일코리안연구소, 2011, 226~231쪽).
85) 도쿄, 교토, 오사카 이외에 이후 상시학교가 되는 한국학교가 다카라즈카(寶塚), 구라시키(倉敷) 등에도 설립되어 있었다.
86) 도쿄한국학교는 1954년 설립된다.

단 전국대회에서였다.[87] 이 자리에서는 도쿄한국학원 설립을 결의했다. 이 결의를 기점으로 1954년 1월에 한국학원설립기성회가 결성되었으며, 4월 26일에는 개교식을 거행하였다.

이와 같이 민단계 학교는 학교 숫자에서도 커다란 한계를 가지고 있었을 뿐만 아니라 교육의 질적인 문제에서도 문제를 지니고 있었다. 사실 이들 한국학교에서도 민족의 주체성의 회복을 목표로 내걸고 한글 학습을 중시했다. 한일조약 조인 직후인 1965년 7월 교토한국학교를 방문한 대한교육연합회의 박명환 부회장은 "소학교는 일본인학교를 졸업하기 때문에 국어와 역사 교육에 애로사항이 있고, 민족주체 의식 교육 내용이 불충분하다."[88]고 밝히고 한국학교의 후진성을 만회하기 위한 4가지 개선책을 제안하였다. 이는 시기적으로는 1960년대에 제안되었지만, 1950년대 이후 재일조선인이 다닌 한국학교의 교육상황은 거의 변화하지 않았다.

당시 민단의 민족교육에 대한 관심은 총련계 학교의 민족교육에 비해 뒤떨어진 것이었다. 따라서 재일조선인 사회에서는 민단의 민족교육에 대하여 신뢰하지 않았다. 이와 같은 민단계의 민족교육열의 저조는 본국으로부터도 의심받았다.

그러나 이 점에 대해서는 그렇게 단순하게 결론을 내릴 수 있는 문제는 아니었다. 이 때의 민단계 재일조선인들은 초창기에 민족교육이라는 말만 믿고 조련계 조선인학교에 자녀를 보냈다가 그 내용이 좌경화되었다고 하여 다시 일본인학교로 전학시켰던 사례가 있었기 때문이다. 그들은 또

---

87) 김봉섭, 「이승만정부 시기의 재외동포정책」, 한국학중앙연구원 한국학대학원 박사학위청구논문, 2009, 178쪽.
88) 『新教育』 1965년 9월호 참조.

다시 민족교육이라는 이름만을 내세워 새로 설립된 민단계 한국학교로 다시 전학을 시키기에는 아직 분위기가 무르익지 않았다고 생각했던 것이다. 물론 여기에는 여러 가지 이유가 있었다.[89] 민단계 조선인들이 생각하는 이유로 첫째로는 경비가 많이 든다는 것이고, 둘째는 학력이 저하한다는 것이며, 셋째는 일본사회에 대한 대응 능력이 감퇴된다는 것이었다.

현실적으로 살펴볼 때 한국학교 역시 조선학교와 마찬가지로 법적으로는 각종 학교로 분류되어 한국학원을 졸업하고 일본인 대학에 응시하고자 해도 응시자격을 인정하지 않는 대학이 많았다. 또한 사회에 나가 취업을 한다고 해도 한국학원의 졸업장으로는 취업과 적응에 어려움이 많았다.

이러한 문제점을 해결하기 위해 한국의 대학에 재일조선인을 진학시킨다든지, 학비를 부담한다든지 등의 한국정부의 노력이 필요했다. 그러나 한국전쟁 직후 재정이 어려운 한국 정부로서는 그러한 지원을 하지 못하다가, 1958년에야 민단계 학교에 대한 재정적인 지원을 시작했다. 1958년의 지원금은 26,928,000엔에 불과했다.

민단계에서 민족교육에 심혈을 기울이지 않았던 이유가 여기에 있었다. 따라서 민단계 학교는 1959년에 이르러서도 그 학생 수가 2,169명에 지나지 않았다. 그 내용은 다음의 표와 같다.

하지만 당시 오사카의 금강학원, 백두학원은 민단계이기는 하나, 민단과는 직접적인 관련이 적었다. 그리고 한국정부가 본격적으로 재일조선인 자녀의 교육에 관심을 가지기 시작한 시기는 이승만 정부가 아니고 박정희 정부가 시작된 1960년대였으며, 그것도 한일조약이 체결된 이후에 지속적인 관심을 가지게 되었다.

---

89) 전준, 『조총련연구』(1), 고려대학교출판부, 1973, 467쪽.

한편 1954년 3월 13일 재일한국인교육자연합회 결성준비위원회가 오사카 금강학교에서 열렸다. 재일조선인의 민족교육기관에 재직하고 있는 교원의 친목, 교류, 자질향상 및 민족교육진흥을 위한 모임으로 결성된 이날 회의에서 회장으로 곽덕상(郭德祥) 금강학원장이 선출되었으며, 3월 15일에는 규약 초안이 작성되었다.[90]

<표7> 민단계 한국학교 현황[91]

학교명	부별	학급수	학생수
도쿄한국학원	초등부	6	141
	중등부	3	101
	고등부	3	90
금강학교	(유치원)	(1)	(18)
	소학부	6	201
	중등부	3	79
건국학교	소학부	6	162
	중등부	3	167
	고등부	7	698
교토한국학교	중등부	3	167

---

90) 『民團40年史』, 在日本大韓民國居留民團, 1987, 711쪽.
91) 『民團中總調査資料』1959. 5. 참조.

그 후 1956년 8월 21일 정식으로 재일본한국인교육자협회 창립 총회가 오사카 금강학교에서 개최되었다. 이 자리에서는 규약이 통과되고 활동 방침이 결정되었다. 주요 활동으로는 하계모국연수회 및 '재일조선인 교육자 급료보조비 지급 요청' 등을 민단 중앙본부 단장에게 요청, 단장은 이를 한국정부 문교부장관에게 전달하였다.

전술했듯이 북한은 조련에 이어서 총련을 발족, 적극적인 교육 사업을 펼치기 시작한다. 이에 한국정부는 재정을 지원하기 시작했고, 적극적인 대일 정책 시행으로 재일조선인 민족교육도 하나의 전환기를 맞이하게 되었다. 그러나 한일 간의 국교가 정상화되면서 일본인학교에 자녀를 입학하고자 하는 재일조선인들이 증가함으로 재일 한국학교에 입학한 학생 수가 상대적으로 감소하게 된다.[92]

3) 총련의 민족교육[93]

1955년 5월 25일 약 5년 동안의 민전 활동 이후 재일본조선인총련합회(이하 총련)가 결성되었다. 총련은 강령 제4조에서, "우리는 재일 조선동포 자제들에게 모국어와 글로써 민주민족교육을 실시하며 일반 성인들 속에 남아있는 식민지 노예사상과 봉건적 유습을 타파하고 문맹을 퇴치하며 민족문화의 발전을 위하여 노력한다."고 규정했다.[94] 특히 결성대

---

92) 김성대, 「일본 지역 한국계 민족학교 민족교육의 현황과 과제 및 발전 방안」, 『재일제주인의 민족교육』(심포지움자료집), 제주대학교 재일제주인센터, 2013. 10. 2, 22쪽.
93) 총련에 의한 민족교육은 1955년부터의 역사를 1965년, 1975년을 축으로 하여 구분하고 있다(조선대학교 민족교육연구소, 『재일동포들의 민족교육』, 학우서방, 1987, 24~51쪽).

회 보고에서는 "민주민족교육을 강화 발전시키자"는 제목 아래 학교교육을 강화하여 모든 청소년들을 북한의 입장에 충실한 사람들로 교육하며 성인교육 사업도 강화하고 교육 행정체계를 확립하여 학교 운영사업 및 진학 대책을 강화할 것을 교육방침으로 제시했다.

1955년 중앙과 각 현 본부에 교육전문부서가 설치되었으며, 중앙 상임위원 포스트 가운데 교육부를 두어 민족교육에 주력하게 했다. 1955년 10월 19일에는 교과서편찬위원회가 조직되고, 1957년 5월에는 시학제도가 실시되었다. 특히 이때는 각급 학교의 교과 과정안, 학생규칙, 문건 양식들도 북한의 교육규정에 의거해 제정되고 실시되었다.[95]

총련은 결성대회에서 고등 교육기관 설립을 결정했다. 학부모, 학생들 속에서 높아지는 고등교육에 대한 열망, 고급학교 졸업생에 대한 일본의 제도적 차별로 인해 일본대학 진학의 제한, 조선학교의 교원 양성문제 등이 발생했다.

1955년 10월말 조선대학교건설위원회가 대학 건설사업을 추진했다. 당시 대학 창립을 위한 사업은 "대학무용론"과 "시기상조론"의 입론이 제기되기도 했으나, 1956년 4월 10일 조선대학교를 창립했다. 조선대학교는 1958년 4월부터 4년제와 2년제의 학제로 개편하였다.

이와 함께 2년제 단기대학의 형식으로 교원 10여명, 학생 60여명으로 도쿄조선중고급학교의 교실을 빌려 시작했다. 총련에게 조선대학교의 창설은 초급학교로부터 대학에 이르는 민족교육의 체계를 완성하고, 민족교육을 발전시켜 나가는 계기였다.

---

94) 조선대학교 민족교육연구소, 『재일동포들의 민족교육』, 학우서방, 1987, 25쪽.
95) 조선대학교 민족교육연구소, 『재일동포들의 민족교육』, 학우서방, 1987, 26쪽.

그런가 하면 북한은 1957년 4월에 처음으로 재일조선인 자녀들을 위한 교육원조비와 장학금을 일본에 보냈다. 김일성은 1955년 9월 재일조선인 조국방문단을 만난 자리에서 교육원조비를 보낼 것을 거론했고, 북한을 방문한 일본의 국회의원단에 대해서도 일본정부가 송금을 승인하도록 협조해 달라고 했다.

북한 정부는 1957년 4월에 1억 2,109만 엔 상당의 금액을 교육지원금으로서 일시금으로 총련에 보냈다. 6개월 이후에도 재차 같은 규모의 지원금을 내놓았다. 당시 생활형편이 어려웠던 재일조선인들에게 있어 북한의 교육지원은 그들이 북한을 추종하는 계기가 되었다. 실제로 교육지원금은 민족학교의 운영비와 교원급료 등으로 사용되어 민족교육기관의 재정적 안정과 경영 기반을 강화하는데 역할을 수행했다. 가장 많은 지원으로 1975년 한 해에 37억 엔 가량을 지원한 것을 비롯하여 주로 1970년대에 지원이 이루어졌다. 2002년까지 총 448억 6천만 엔에 달하는 지원이 이루어진 것으로 알려져 있다.[96]

이상과 같이 1960년대 전반 총련의 재일조선인 민족교육은 발전했다. 이렇게 재일조선인 민족교육이 발전할 수 있었던 것은 북한으로의 귀국, 민족교육의 조직화, 교원의 양성 등이 주요한 요소로 작용했다. 1965년 총련계 학생 수가 4만 명을 넘었고, 1955년부터 1965년까지 135개교가 건립되었다.[97]

---

96) 金贊汀, 『朝鮮總連』, 新潮書房, 2004, 69~72쪽. 2012년 4월까지의 총액은 약 469억 엔이라고 한다(宋基燦, 『「語られないもの」としての朝鮮學校』, 岩波書店, 2012, 162~163쪽).
97) 조선대학교 민족교육연구소, 『재일동포들의 민족교육』, 학우서방, 1987, 33쪽.

5. 재일조선인 민족교육 성장2기(1965~1975)

1) 한국정부와 재일조선인 민족교육

1970년대 경제성장으로 한국 국민의 국제교류와 해외 진출이 늘어나자, 일본뿐만 아니라 미국이나 유럽 주재 국민에 대한 민족교육의 필요성이 높아졌다.[98]

1972년 이후가 되면 한국정부는 제3차 경제개발 5개년 계획과 함께 재일조선인 자녀에 대한 교육지원비를 늘리고 있다. 그 내역을 보면, 1972년 1,026,524달러, 1973년 1,038,081달러, 1974년 1,247,181달러, 1975년 1,508,865달러였다.[99] 문제는 1957년부터 1967년 사이만 보아도 북한의 지원액이 한국 정부의 7배에 달한 점이다.[100]

그런가 하면 재일조선인 민족교육의 상황은 수치상의 변화가 보인다. 1976년 12월 현재 주일 교육공무원은 교육관, 파견교사 등 55명, 전일제 한국학교 4개교에 학생 약 2천명이 공부했다. 그리고 35개소의 한국교육문화센터가 있었고, 성인교육을 담당하는 한국학원이 29개소, 그리고 국어강습소가 160여개 존재했다.[101]

그리고 일본정부는 재일조선인 민족교육에 대해 일제강점기 이후의

---

98) 김경근 외, 『재외한인 민족교육의 실태』, 집문당, 2005,
99) 한편 북한의 경우 1957년 이후 1975년까지 3,900 여만 달러였다. 이에 반해 같은 시기 한국은 831만 달러를 지원했다(안광호, 「재일국민자녀교육의 개선방안에 관한 연구」, 연세대 석사학위 청구논문, 1976, 66~67쪽).
100) 김주희, 「재일한인의 민족교육 실태」, 『학생생활연구』18, 성신여대 학생생활연구소, 7쪽.
101) 변우량, 「재일동포2세의 민족교육」, 『입법조사월보』99, 대한민국 국회도서관, 1976. 12, 14쪽.

모습을 이어 나가 동화적 정책을 표출했다. 1965년 12월 28일 전국 도도 부현 지사와 교육위원회에 보낸 일본 문부성사무차관 지시(문보진 제120호)는 다음과 같다. "(1) 조선인학교에 대해서는 학교교육법 제1조의 학교로 인정해서는 안 된다. (2) 조선인으로서의 민족성 또는 국민성을 함양하는 것을 목적으로 하는 한국인 학교는 일본 사회에는 각종 학교의 지위를 부여하는 적극적 의의를 가진다고 인정되지 않기 때문에 이것을 각종 학교로서 인가해서는 안 된다. 또 같은 이유로 의하여 이 종류의 조선인학교의 설치를 목적으로 하는 준학교법인의 설립에 대하여도 인가해서는 안 된다."[102] 이것은 분명 재일조선인 자녀에 대한 동화교육의 선언이라고 할 수 있다. 긴 안목으로 볼 때 재일조선인을 형식상으로나 내용적으로 일본 사회에 동화시키고자 한 것을 확인케 한다.[103]

1966년 일본 정부는 외국인학교법안을 국회에 제출했다. 여기에서는 외국인학교의 법제화를 명확히 하고,(제1항) 국익 개념을 도입해 반일교육을 규제하는 기준을 정했다.(제3항) 그리고 외국인 학교를 문부대신의 감독 아래 두어 간섭하는 방법을 제시하고 있다.[104] 이 법안은 광범위한 반대로 1968년 폐안되었다.

2) 민단의 민족교육

민단계 한국학교는 일본에서 인가를 받음과 동시에, 1960년대 초 한국

---

102) 김환, 「재일동포 민족교육의 어제, 오늘, 그리고 내일」, 『교육월보』 1996. 10, 65~66쪽.
103) 안광호, 「재일국민자녀교육의 개선방안에 관한 연구」, 연세대 석사학위 청구논문, 1976, 63쪽.
104) 홍효정, 「재일동포 청소년 민족교육에 관한 연구」, 한양대학교 석사학위청구논문, 2006, 26쪽.

정부가 관심을 갖게 되어 한국의 교육제도와 연계를 유지하게 된다.[105]
1971년의 경우 민단계 한국학교는 도쿄, 오사카, 교토의 3학원으로 구라시키(倉敷)와 다카라즈카(寶塚) 등지의 학교는 사설학원 수준이라고 했다.[106] 이후 아마가사키한국학원(1972년), 고베한국학원(1974), 나고야한국학원(1975년), 효고한국학원(1985년)은 각종 학교로 법인허가를 받았다. 이밖에도 1949년 교토명신학교가 있었다.[107]

이들 학교의 경우 연계가 긴밀해진 것은 한일조약이 체결된 이후로, 1971년 재적 학생 수는 초등부 466명, 중등부 372명, 고등부 476명으로 총계 1,314명이었다. 1975년에는 1,619명이 되었다.[108]

1973년 민단은 민족교육 진흥의 한 방안으로 '50시간 의무제 민족교육'을 제기했다. 당시 김환에 의해 제안되어,[109] 1975년부터는 민단 중앙본부가 이 제도를 문교 방침으로 제정하여 일본 전역에서 실시했다. 그 내용은 한국인으로서의 교양을 위해 50시간의 교육을 실시하자는 것이었다. 이 교육방법은 10여 년 동안 효과를 거두었다. 그러나 문제는 귀화자의 증가, 도의적 책임론에 입각한 민족교육이 한계에 이르러, 결국 실시되는 지방 본부와 실시 장소와 수강생이 줄었다는 점이다.

---

105) 오자와 유사쿠 지음, 이충호 옮김, 『재일조선인 교육의 역사』, 혜안, 1999, 383쪽.
106) 당시 3개 학원은 도쿄한국학교, 금강학교. 교토한국학교를 칭하는 것 같다. 앞의 책, 383쪽.
107) 김환, 「재일동포교육 어제, 오늘 그리고 내일」, 『재일동포교육 어제, 오늘 그리고 내일』(민단 창단50주년기념 재일동포민족교육서울대회 자료집), 1996, 22쪽.
108) 『재외국민교육현황』, 문교부, 1975. 12, 17쪽. 1975년 4월 30일 현재 재일동포 학생 현황을 보면 총 134,402명, 민단계 1,619명(1.3%), 총련계 30,566명(23.5%), 그리고 일본학교 96,904명(75.2%)이다.
109) 김환, 「재일동포 민족교육의 어제, 오늘, 그리고 내일」, 『교육월보』1996. 10, 67쪽.

이 시기 한국학교의 애로 사항은 각종학교였기 때문에 일본의 국, 공, 사립대학에 시험을 볼 자격이 없다는 점이었다. 이들 학교는 교육의 질적 인 면에서 문제를 안고 있었다. 민족의 주체성의 회복을 내걸고, 한글 학 습을 중시하여 '국어'라고 할 때 '한국어'라는 것을 인식했다. 문제는 전 교육과정에 철저히 민족 주체성 회복을 위한 교과과정이 전개되지 못하 고 있었던 점이다.[110] 실제로 1960년대 전일제 민족학교는 민족애, 현지 사회 적응력 배양과 함께 반공의식을 교육했다.[111]

한국정부는 1965년 이후 정책적으로 관심을 갖고, 한국학교의 지도육 성, 교육문화센터의 확충 강화, 모국방문 정려 등의 방침을 내걸고 대사 관, 영사관에 장학관을 파견하여 지도를 담당하게 했다. 그리고 한국학교 에 본국에서 교사가 파견되었다.[112] 이런 변화는 한국학교의 새로운 숙 제를 발생하게 만들었다. 이와 함께 「국민교육헌장」에 입각하여 국민교 육을 하게 되었다. 이런 지도에 따라 민단 중앙에서도 1969년 3월 「재일 조선인교육헌장」을 정했다.[113]

이에 따라 민단은 민족교육의 추진을 통해서 한국인으로서의 자각과

---

110) 오자와 유사쿠 지음, 이충호 옮김, 『재일조선인 교육의 역사』, 혜안, 1999, 383쪽.
111) 김창규, 「재일동포 민족교육 현황」, 『교포정책 자료』52, 해외교포문제연구소, 1995. 12, 94쪽.
112) 2007년 파견교사제도는 폐지되었다.
113) 한편 국민교육헌장의 이념과 재외국민교육목표(주일대사관)에 기초하여 '재일국 민교육의 목표'와 '재일한국인교육목표'가 작성되었다. '재일국민교육의 목표'는 1) 민족자존심의 함양, 2) 현지 생활능력의 배양, 3) 국제 시민의식 고취와 '재일한 국인교육목표'는 1) 대한민국 구민으로서의 자각과 투철한 반공, 애국정신의 함 양, 2) 재일국민으로서의 건전한 생활능력 배양, 3) 공동, 단결과 조화, 친선의 증 진이다.(李月順, 「在日朝鮮人の民族教育」, 『在日朝鮮人問題-歷史·現狀·展望』 (第2版), 明石書店, 1994, 157쪽).

자부심을 갖춘 인간을 육성하고 재일조선인 사회와 모국 발전에 참여하는 의식을 앙양하는 것을 목표로 하고 있었다.[114] 당시 도쿄한국학교는 본국 교과서는 국어, 도덕, 역사, 지리를 사용했고, 다른 교과서는 일본의 검인정 교과서를 채용했다.

3) 총련의 민족교육

1965년 6월 한일협정이 체결되었다. 그리고 재일조선인들의 외국인등록 증에 표기되어 있는 '한국'은 국적이고 '조선'은 기호에 지나지 않게 되었다. 일본 정부는 재일조선인들의 민족교육 특히 총련의 민족교육을 탄압했다.

전술했듯이 일본 문부성은 1965년 12월 28일 문부차관 통달을 통해 재일조선인 자녀들도 일본 학령 아동들과 같이 일본학교에 다닐 수 있다는 것, 조선인만으로 운영하는 학교는 인정하지 않다는 두 가지 통달을 하달했다. 조선학생들을 일본인과 같은 교육을 시킨다는 것은 동화교육의 강요이며 조선학교는 인정할 수 없다는 것은 조선학교를 없애라는 의미였다.

나아가 일본 정부는 「외국인학교법안」을 제정하여 조선학교의 교육내용을 규제하고, 학교 폐쇄를 의도했다. 이 법은 외국인학교의 절대 다수를 차지하는 조선인학교의 규제를 노린 것으로 관리운영, 교원 임명, 교육내용 강제조사, 수업중지 명령, 폐쇄명령 등을 할 수 있게 했다.[115]

---

114) 이 사업은 민단의 3대사업이었다. 강영우, 「민족교육의 효율화를 위한 역능의 재정립」, 『교포정책자료』(25), 해외교포문제연구소, 1987, 9쪽.
115) 조선대학교 민족교육연구소, 『재일동포들의 민족교육』, 학우서방, 1987, 35쪽.

1966년경으로부터 1971년까지 총련과 재일조선인들은 투쟁에 나섰다. 「외국인학교법안」의 분쇄를 위해 그리고 조선학교의 합법성을 고수하기 위해 싸웠다. 나아가 민족교육의 정당성을 선전하기 위해 활발하게 움직였다. 1967년 3월부터 1년 동안 총련과 민단 산하의 재일조선인들을 포함한 14만 여명이 참가했다. 결국 일본 당국은 법제화를 포기했다.

그런가 하면 일본 정부가 「외국인학교법안」의 입법화를 시도하는 동안, 재일조선인들은 조선학교의 법적인가를 획득했다. 학교설치 인가와 교육회법 인가를 획득했다.116) 특히 총련은 대학인가를 받아 냈다.

이 시기 총련의 민족교육은 조일교육 교류가 활발히 진행된 것, 교원과 학생들 속에서 국제적 친선과 연대가 고양된 점을 거론하기도 한다. 특히 1972년 7월 4일 남북공동성명의 발표는 북한 왕래의 길이 확대되었다. 이후 민족교육 관련자와 재일조선인 자녀들의 북한 방문이 전개되었다.

6. 재일조선인 민족교육 전환기(1975~현재)

1) 한국정부와 재일조선인 민족교육

1980년대 한국정부는 재외한인들이 전 세계로 퍼져 감에 따라 적극적인 재외한인 정책을 추진했다.117) 이에 따라 재외한인의 민족교육에도 상당한 변화가 있었고, 특히 교육개혁심의회에서 「해외교포교육발전방안」을 의결했다. 특히 일본에서는 한국교육원의 종합화를 서둘렀다.118)

---

116) 조선대학교 민족교육연구소, 『재일동포들의 민족교육』, 학우서방, 1987, 39쪽.
117) 김경근 외, 『재외한인 민족교육의 실태』, 집문당, 2005, 18쪽.

1995년 한국정부는 세계화의 과제를 선정했다. 이른바 북방 외교의 성과를 토대로 하여 세계화추진위원회는 「재외한인사회 활성화 지원방안」을 통해 재외한인정책의 기조를 명문화했다. 그리고 1999년에는 '재외동포 사회 활성화 지원방안'의 하나로 재외동포 사회의 요구를 수용하여 재외동포의 출입국과 체류, 한국에서의 재산권 행사 등을 자유롭게 했다.[119]

이런 분위기에 따라 재외한인의 민족교육에 대한 정책적 관심이 높아졌다. 특히 재외한인의 인적 자원을 개발하는데 모국 이해와 국내 연계성에 주목하는 경향성을 보였다. 여기에 재일조선인의 민족교육도 포함되어 있었다.

1988년 서울올림픽의 성공적인 개최와 2002년 한일 공동 월드컵 개최, 한류 붐을 계기로 한국의 국가적인 지위가 향상되면서 재일조선인 민족교육의 자원이 늘어났던 것도 사실이다. 이로 인해 한국학교의 수적 증가도 실제로 확인되는 부분이 있다.

2000년대 재일조선인의 민족교육은 유치원에서 대학교육에 이르기까지 다양한 유형과 형식을 포함한 체제를 갖추고 있다. 주요 재일조선인 민족교육기관은 한국학교, 조선학교, 토요한글학교, 한국교육원 등이 있었다. 그리고 민족학급과 한글교실 등을 통해 실시되고 있다.

2) 민단의 민족교육1(1980~2000)

1990년 민단 중앙본부가 간행한 『교육백서』에 따르면, 부모가 민족학

---

118) 진동섭, 『재외동포교육 활성화 방안 연구』, 교육인적자원부, 2003, 참조.
119) 김경근 외, 『재외한인 민족교육의 실태』, 집문당, 2005, 19쪽.

교에 보내지 않고 일본학교에 보내는 이유로 일본에서 살기 때문에 보낸다는 설문이 다수를 차지했다. 그리고 그 이유는 진학과 민족학교 교육내용에 대한 불만족, 그리고 장래 취업 문제 때문이라고 했다.[120] 이것은 이제 민족애나 동정론적인 차원에서 민족교육을 거론하기 어려움이 있다는 점이 이미 나타난 것을 확인시켜 주는 대목이다.

1990년대 재일조선인의 교육은 다음과 같은 형태로 운영되었다. 첫째, 학교교육을 들 수 있다. 전술했듯이 도쿄, 교토, 금강, 건국 등 전일제 4개 학교와 나고야,[121] 아마가사키, 고베, 효고 등지의 정시제 약간 4개 학원이 민족교육을 선도했다. 둘째, 일본학교 내 민족학급을 통한 민족정체성 교육을 들 수 있다. 셋째, 한국교육원이 중심이 된 지역 문화교육을 들 수 있다. 넷째, 다양한 형태의 민단 중심의 민족교육이 진행되었다. 구체적으로는 전술한 50시간 의무제 민족교육, 어린이를 대상으로 하는 임해학교와 임간학교, 1993년 1월부터 개설된 강좌 민족대학, 춘계와 추계 모국수학, 장단기 모국 유학 등을 들 수 있다.[122] 도쿄한국학교 내의 토요학교는 교직원의 노력과 민단과 정부의 지원으로 성공적으로 운영되었다.[123]

특히 재일조선인 성인, 일본 학교에 재학 중인 동포 자녀를 대상으로

---

120) 『교육백서』, 민단중앙본부, 1990, 106쪽.
121) 나고야한국학교 1962년 재일동포 1세를 위해 설립되어, 현재는 성인학생의 대부분이 일본인이다. 주말에는 초등부가 운영되고 있다. 설립은 정환기가 주도했다. (조영수, 「民族教育の實態と現況に關する一考察: 名古屋韓國學校を例として」, 충남대학교 대학원 석사학위청구논문, 2012. 2, 참조.)
122) 김환, 「재일동포 민족교육의 어제, 오늘, 그리고 내일」, 『교육월보』 1996. 10, 66쪽.
123) 강영우, 「재일동포 민족교육의 현황과 과제 그리고 진로―학교교육을 중심으로―」, 『재일동포교육 어제, 오늘 그리고 내일』(민단 창단50주년기념 재일동포민족교육 서울대회 자료집), 1996, 47쪽.

한 정시제 약간 한국학원은 사회교육의 일환으로 운영되고 있었는데, 보충 교육으로 한국어를 주로 가르치고, 한국사, 음악, 무용, 요리 등을 교육했다. 이곳은 성별, 연령, 국적의 구분 없이 입학을 허가했다. 주요 학교로는 아이치한국학원 나고야한국학교, 아마가사키한국학원, 고베한국학원, 효고한국학원 등이 있었다.124)

강좌 민족대학의 경우 주로 30, 40대 재일조선인을 대상으로 진행되었으며, 도시를 중심으로 실시되었다. 이 강좌는 일주일에 1회, 2시간 정도하고 모집인원은 200명이었다. 주요 강의 내용은 고대 한국 문화, 한일관계사, 재일동포사, 한국통사, 생활과 법률 등으로 수준 높은 내용으로 채워져 있었다.125)

3) 민단계 민족교육2(2000~현재)

일시적으로 2000년 남북정상회담 이후 재일조선인 사회는 변했다. 남북정상회담과 6·15공동선언은 대립과 반목이 심했던 재일조선인 사회에 큰 자극이 되었다. 6·15 공동선언 환영 8·15 광복절 55주년 기념행사가 2000년 8월 11일 오사카에서 열리기도 했다.

이전과 달리 재일조선인 민족교육에 주목되는 일이 있었다. 2000년 8월 10일 제16회 '원코리아 페스티벌'에서 히가시오사카조선중급학교 학생들과 건국초등학교 학생들이 통일의 노래를 불렀다. 이와 함께 리틀엔

---

124) 김환, 「재일동포 민족교육의 어제, 오늘, 그리고 내일」, 『교육월보』 1996. 10, 67쪽.
125) 도순자, 「재일한국인 교육의 현황과 조사분석」, 이화여자대학교 석사학위 청구 논문, 1994, 33~34쪽.

젤스 도쿄특별기념 공연에서 한국학생 200명과 조선학생 400명이 통일의 노래를 부른다. 이것은 6·15공동선언이 있었기 때문에 가능했다. 이후 한국학교와 조선학교 사이에 교류가 보다 많아졌다. 특히 축구 등 운동 분야에서는 팀별로 나가거나 예술 분야에는 같은 대회에 함께 출전하기도 했다. 학교 축제에도 서로 참여할 수 있었다.126)

한국 드라마의 일본 내 방영에서 본격적으로 시작된 한류는 일본 사회 내에 한국에 대한 긍정적 관심을 조성하고 재일조선인 사회에도 그 영향은 미쳤다. 이에 다양한 한국 관련 일에 재일조선인들이 관여하게 되었다. 이런 분위기는 이전에 없던 놀라운 역사적 사건이었다.

2006년 5월 17일 민단과 총련은 반세기 동안 반목과 대립을 화해와 화합으로 전환하고 8·15기념행사를 공동으로 개최했다. 그리고 민족교육과 민족문화 진흥사업 등 6개 항목으로 이루어진 공동성명을 발표한 일이 있었다.127) 그러나 이후 민단 내부의 반발로 인해 합의를 본 내용이 무의미해졌다. 여기에 북한의 미사일 도발로 인해 사실상 이런 공동성명은 구체적인 성과를 보지 못했다.

그런가 하면 한류로 인한 한국에 대한 긍정적 분위기가 확산되는 가운데 다른 모습도 존재했다. 일본의 신흥우익이라고 할 수 있는 '재특회(재일외국인의 특권을 용서하지 않는 시민의 모임)'가 이를 선도했다. 이 단체는 2007년부터 활동하여 한인 밀집 지역에서 혐한시위를 벌여, 한류 열풍으로 북적대던 신오쿠보(新大久保)거리를 한산하게 만들었다.128) 문제

---

126) 곽은주, 「재일동포 민족교육에 관한 연구」, 고려대학교 교육대학원 석사학위 청구논문, 2002, 43~44쪽.

127) 『조선일보』 2006. 5. 17.

128) 이수경, 「일본 '재특회' 활동과 시민의 양심, 재일동포 민족교육과 과제」, 『미·중·일

는 조용히 활동하던 우익들도 수면 위로 올라오고 있고, 이런 분위기가 정치적으로 한일 관계의 냉각을 불러오고 있는 사실이다.

이 가운데 재일조선인이 경제·심리적 피해를 그대로 입고 있는 것은 현실이다. 나아가 재특회의 헤이트스피치는 법적 제재도 무시하는 경향을 보이고 있어 그 귀추를 주목하고 있다.

그런가 하면 2013년 3월에는 7천 여 명 규모의 재일조선인들과 일본인들의 시위가 있었다. 같은 해 4월에는 학부모들이 대거 직접 유엔에 찾아가 호소했다.[129] 그 이유는 아베정권의 조선학교 탄압 때문이다. 아베정권의 조선학교 탄압은 현재 일본에서 횡행하고 있는 재일조선인 전반에 대한 민족 차별과 같은 맥락에 있으며, 동시에 과거사를 부정 왜곡 말살하려는 신식민지주의에 기반한 것이다.[130]

이런 가운데 최근 한국학교의 고민은 학생 모집이 핵심이다. 이와 관련한 다음의 내용은 주목된다.[131]

이곳 학교들의 공통적인 고민이 학생 모집입니다. 공히 모집이 안되어 매년 고민하고 있습니다. 이유 중 하나는 등록금문제입니다. 한국정부에서 한국 학생들에게 지원하는 만큼 − 중학교 무상. 고등학교 가정이 어려운 학생에게 지원해주는 만큼−만 해주었으면 좋겠습니다.

또한 우수한 교원 확보방안입니다. 다른 사립학교에 비해 환경이 열악하다보니 지원자가 많지 않습니다. 한국에서 오는 교사의 경우도 이

교포사회의 현안과 정책과제』(2013 교포정책 포럼), 해외교포문제연구소, 2013, 48쪽.

129) 5월 21일 유엔 사회규약위원회가 "일본 정부가 고교무상화 제도에 조선학교를 배제하는 것은 차별로서 우려하는 바이다." 최종 견해를 발표했다.

130) 「유엔 "일본 정부 고교무상화 조선학교 배제는 차별"」, 『worldkorean』 2013년 5월 23일(인터넷판).

131) **학교 ***선생님 제언(2013년 11월 12일)

전에는 공립학교를 대상으로 한 파견일 경우 한국과 일본에서 급여를
받고, 가산점이 있었던 모양입니다. 현재는 초빙으로 하고 있어서 한국
에서는 휴직이고, 이곳에서만 급여를 받고 있으나 주택수장을 제외하
고 실 수령액은 한국에서 수령액보다 적습니다. 한국 정부에서 이 부분
적어도 급여에서만큼은 한국의 경력을 100% 인정해주라는 정식 요구
라도 있었으면 합니다.

　아시겠지만, 일본 학교에서 일본어로 수업하다보니, 오히려 한국학
교임에도 교사도 학생도 역차별을 받는 경우가 있습니다. 언어문제로
인한 상대적인 무시와 아이들 사이에서는 그에 따른 자격지심이겠지
요. **학교는 재정상 이를 하지 못하고, 한국어와 일본어로 방과 후 학
습의 형태로 학생들을 위한 일본어 보충수업을 진행하고 있습니다. 그
래도, 수업에서 실제 간사이벤을 하고 있는 일본 학생들을 대상으로 수
업하기는 참 힘이 듭니다. 상대적으로 좋은 대우를 바탕으로 한국 교사
들을 수적으로도 많이 확보해야겠다는 생각입니다. 그러기 위해서는
절대적으로 대우의 문제가 대두되지 않을까 합니다.

　현장의 이런 선생님들의 제언은 민족학교가 안고 있는 문제를 잘 보여
주는 사례이다.

　4) 최근의 한국학교

　잘 알려져 있듯이 현재 전일제 한국학교는 도쿄한국학교, 교토국제학교,
건국학교,132) 금강학교이다. 이들 학교를 중심으로 재일조선인 민족교육

---

132) 건국학교의 법인은 백두학원인데 원래 중립을 표명했다. 한국경제의 상대적 발전
　　과 일부 동포사회의 국적 있는 민족교육에 대한 요구가 더해서 1974년 9월 이
　　종석교장 취임 이후 1976년 6월 이사회에서 한국계 민족학교로의 노선을 정하고

이 진행되고 있는데, 건국학교와 금강학교는 일본의 학교교육법 제1조에 의거해 인가된 정규학교이고, 나머지는 각종학교이다. 특히 교토한국학교가 교토국제학교로 2004년 4월 1일 명칭을 변경했다.[133] 그리고 국제학교로 2008년 4월 코리아국제학원이 설립한 코리아국제학교(KIS)가 있다.

한국학교의 2013년 최근 상황은 다음과 같다.

<표8> 재일조선인 한국학교 학생 및 교직원 현황

학교 연도	도쿄한국학교		건국학교		금강학교		교토국제학교		총계	
	학생	교직원	학생	교직원	학생	교직원	학생	교직원	학생	교직원
1960			742		462					
1967									2,364	
1970			746		627					
1982			363		470					
1985									1,577	
1988									1,745	

1977년 8월 15일 제32회 광복절기념식에서 태극기를 게양하고 이를 내외에 알렸다(『교육백서』, 민단중앙본부, 1990, 110쪽). 이로 인해 학생수가 줄어드는 현상이 나타나기도 했다. 1986년에 가서 원상회복되었다.

133) 여기에는 학생 모집의 어려움이 크게 작용했다. 강영우, 「재일동포 민족교육의 현황과 과제 그리고 진로-학교교육을 중심으로-」, 『재일동포교육 어제, 오늘 그리고 내일』(민단 창단50주년기념 재일동포민족교육서울대회 자료집), 1996, 47쪽.

1992	843	43	634	65	298	36	119	24	1,894	168
1993	884		586		236		125		1,831	
1994	837		597		229		119		1,782	
1995	866		594		195		105		1,760	
1996	869		598		253		88		1,736	
2003	854	69	437	69	319	43	107	24	1,717	205
2006	933	73	431	55	378	40	134	25	1,876	193
2012	1,150	64	413	39	291	31	142	23	1,996	157
2013	1,161				291		121			

* 1960, 1970, 1982년은 김주희 논문(「재일한인의 민족교육 실태」, 『학생생활연구』18, 성신여대 학생생활연구소, 7쪽) 참조.
* 1967, 1988, 1996년은 강영우 논문「재일동포 민족교육의 현황과 과제 그리고 진로 —학교교육을 중심으로—」(『재일동포교육 어제, 오늘 그리고 내일』(민단 창단50주년기념 재일동포민족교육서울대회 자료집), 1996, 46~47쪽) 참조.
* 1985년은『교육백서』(민단, 1990, 105쪽.) 참조.
* 1992년은『재외국민교육기관현황』(교육부, 1992, 9쪽.) 참조.
* 1993~1996년은 김환의「재일동포교육 어제, 오늘 그리고 내일」(재일동포교육 어제, 오늘그리고 내일』(민단 창단50주년기념 재일동포민족교육서울대회 자료집), 1996, 20쪽). 참조.
* 2012년은『재외동포 교육기관현황』(재외동포재단, 2012, 9쪽.) 참조.

이 가운데 도쿄한국학교는 제2교 설립을 추진 중이다.[134] 그 이유는 학생 수의 증가인데, 다른 지역과 달리 도쿄지역에 학생 수가 늘어나는 것은 외교관, 주재원, 특파원 등의 자녀가 증가하기 때문이다. 이와 함께 도쿄한국학교는 재일반과 모국반이 운영되고 있다. 그리고 사이타마현을 중심으로 국제학교 설립이 추진 중에 있다.

한편 한국학교는 재외국민의 국내입시에도 적극적이다. 한국대학 진학을 희망하는 학생들에게는 실력에 맞는 학교와 적성에 맞는 학과 선택이 가장 중요하다. 특히 본인의 적성과 실력에 맞는 학과를 선택하는 것이 대학 입학 이후 학과 공부를 하는데 중요하다. 그리고 본인이 원하는 학과를 잘 선택하는 것은 그 시기가 빠를수록 유리하다. 좋은 결과를 얻기 위해서 자기소개서, 추천서 등을 미리 준비하는 것이 꼭 필요하기 때문이다.[135]

아울러 일본 내 대학입시에도 주목하고 있다. 이에 따라 자격 심사는 대단히 중요하다. 시험은 EJU시험 성적을 기본으로 문과의 경우는 영어와 일본어, 면접 이과의 경우는 영어와 수학과 과학 그리고 면접이다. 내신도 대단히 중요한 관건이 되므로 학교수업에도 충실해야 한다.[136]

최근 민단이 추구하는 민족교육은 '민족사회교육'으로, 그 개념은 한일간의 가교, 인권 교육, 공생교육에서 출발한다. 그 내용은 다음과 같다.

---

134) 현재 본교는 다른 민족학교와 달리 학생수가 늘고 있다. 이것이 제2교 추진의 계기가 되었는데, 여기에는 2006, 2007년 도쿄한국학교 내부의 국민교육과 민족교육을 둘러싼 일련의 사건이 작용한 부분도 있다고 보여 진다. 여기에 대한 자세한 내용은 김웅기의 글을 참조. 김웅기, 「기로에 선 재일동포 민족교육: 도쿄 한국학교 분규사태를 중심으로」, 『한민족연구』 제6호, 한민족학회, 2008. 12.
135) 고정희, 「진로지도에 관한 과제와 제언」, 『民族教育의 現在와 課題−在日同胞의 歷史를 되돌아 보며−』(2013学年度 第50回 在日本韓国人教育研究大会), 在日本韓国人教育者協会, 2013, 97쪽.
136) 고정희, 「진로지도에 관한 과제와 제언」, 2013, 100쪽.

해방 후에서 80년대까지는 대립과 저항의 민족적 긍지개념이 짙었으며, 식민사관의 극복, 그리고 인간회복에 의의가 있었다. 21세기에 들어서서는 한일 간의 상호 이해와 국제사회 속의 한일 간의 바람직한 관계를 위한 가교적 역할과 인권교육, 그리고 이민족 공생사회의 문화의식이 중요하다고 하겠다. 체계적인 교육이 바람직하나 민단은 한민족의 일원으로서의 자각의 계기 마련과 분산거주하고 있는 동포의 연대의식, 그리고 민족문화를 체감하는 계기를 마련하는 데에 중점을 둔 민족 사회교육사업을 전개하고 있다.137)

민단의 관심도 지금까지 '재일조선인이라면 민족교육이 필요했다'는 수준에 머물러 있지 않다. 향후에는 누구를 위한 '민족 교육'인가, 무엇을 위한 '민족 교육'인가에 대한 문제가 대두되고 있다.

이상의 한국학교의 경우 재정 자립도가 높지 않다. 특히 2011년의 경우, 총세입은 증가하나 이 가운데 국고지원은 도쿄한국학교의 경우 2010년 이후 비약적으로 늘어 2011년에는 2,733,602달러가 되었다. 그런가하면 오사카의 금강학교는 학부모 부담금이 줄어드는데 이것은 학생수의 감소에 기인한 것으로 추정된다.138)

---

137) 정영철, 「민단의 민족사회교육」, 『民族敎育의 現在와 課題-在日同胞의 歷史를 되돌아 보며-』(2013学年度 第50回 在日本韓国人教育研究大会), 在日本韓国人教育者協会, 2013, 57쪽.
138) 『일본 간사이지방 민족교육 활성화 방안 마련』, 서울대학교 국제개발협력센터, 2013, 35~37쪽.

<표9> 재일조선인 한국학교 세입 현황(2009~2011)[139]

학교명	총세입액(단위:USD)		
	2009	2010	2011
도쿄한국학교	6,791,779	11,929,399	10,697,380
건국학교	5,272,950	4,657,206	5,352,216
금강학교	2,984,846	3,353,304	4,896,561
교토국제학교	3,073,566	3,142,968	3,184,454

전체적으로 인건비의 지출이 제일 많고 시설비도 늘어나는 추세라고 한다. 특히 현지교원 인건비의 비중이 늘어나고 있다고 한다. 그리고 학생 1인당 교육비의 증가가 확인되기도 한다.

5) 총련의 민족교육

총련의 민족교육은 1975년부터 1986년 세대교체에 따라 개선되었다. 1970년대 이후 2세, 3세가 동포사회의 주역으로 등장하면서 이들의 욕구에 따라 민족교육의 개편이 불가피했다.

특히 총련은 1977년과 1983년 두 번에 걸쳐 교과서를 크게 개편했다. 고등학교 2학년부터 사회과학계통과 자연과학계통으로 학급을 편성했다. 특히 총련은, 일본이 부분적이지만 국제인권규약을 1979년 비준한 조건에서 재일조선인에 대해서도 그에 상응하게 대처할 것을 요청했다.

---

139)『일본 간사이지방 민족교육 활성화 방안 마련』, 34쪽.

총련은 조선학교에 대한 교육조성금을 받아내기 위한 운동에 적극적이었다. 그 결과는 1980년 3월 도쿄도 오오타구의회가 조선학교에 조성금을 내기로 했다. 이후 일본 지방자치체들에서는 여러 가지 명목의 교육조성금을 냈다.

그리고 전술했던 2000년 6월 6·15공동선언은 한국의 정당, 사회단체, 시민단체 인사들과 총련동포, 조선학교와의 교류를 일시적으로 활성화시켰다.

그런데 2002년 9월 17일 이후, 일본 정부와 언론은 납치문제를 극대화시켰다. 이것으로 조선학교와 치마저고리를 입은 여학생들이 공격을 받았다. 그런가 하면 조선학교는 2003년 이후 2005년에 걸쳐 교과과정의 개편과 교과서의 전면적인 개정을 시행했다. 이것은 1995년까지 개편되었던 일련의 성과에 기초한 것으로 후속 조치의 성격이 강했다. 여기에서는 일본의 교육과정을 염두에 두면서 일본의 실정에 부합하는 내용으로 진행되었다.

한편 총련의 결성 이후 북한으로의 귀환사업의 고조와 더불어 학생수가 증가했으나, 1970년대에 들어 급격히 감소되었다. 1955년 5월 총련 결성 당시 민족학교 학생수는 17,604명이다.[140] 1959년 학교 260, 교원 1,128, 학생 30,484명, 1960년 학교 3741, 교원 1,618, 학생 46,294명이었다.[141] 그리고 1970년대 중반기~1980년대 전반기의 10년간에 연간 평균 감소 수 736명이었다. 또한 1980년대 중반기~1990년대 전반기의 10년간에 연간 평균 감소 수 322명, 1990년대 중반기~2003년도까지의 10년간에 연간 평균 감소 수 약 400~600명 정도였다. 2003년도에는 유치

---

140) 김봉섭, 「이승만정부 시기의 재외동포정책」, 180쪽.
141) 김봉섭, 「이승만정부 시기의 재외동포정책」, 182쪽.

반과 조선대학교를 포함해서도 약 1만 2천명 정도(초급 · 중급 · 고급부 재학생수는 1만 명 전후), 2013년 현재로는 약 5천 5백 명 전후로 추측된다. 최근 10년간에 연평균 650명씩 계속적으로 감소되고 있다.

<표10> 조선학교 시기별 통계 현황

연 도	총학교수(소재지수)	연 도	총학교수(소재지수)
1955	110	1960	135
1965	140	1970	155
1975	161	1980	153
1985	154[142]	1990	152(97)[143]
1994	143[144]	2003	121(77)
2005		2009	(73)[145]
2011		2012	(99)[146]
2013	102(64)		

* 대학은 1955년 이후 조선대학은 1개교이다. 이 수치는 포함된 것이다.

그런가 하면 조선학교는 1967년 총 94개교, 35,580명이었다.[147] 1985년 152개교, 총19,562명,[148] 1988년 153개 20,562명,[149] 같은 해 총 152

---

142) 김경근은 152개교로 본다. 『교육백서』, 민단, 1990, 105쪽.
143) 김덕룡조사 자료, 90개교라는 수치도 있다. 김덕룡, 2013, 제주대발표문.
144) 149개교로 보기도 한다. 김환, 「재일동포 민족교육의 어제, 오늘, 그리고 내일」, 『교육월보』1996. 10, 69쪽.
145) 이 가운데 8개교는 휴교. 김덕룡, 2013, 제주대발표문.
146) 8월 통계이다. 宋基燦, 『「語られないもの」としての朝鮮學校』, 岩波書店, 2012, 145쪽.
147) 김경근, 『재일한인 민족교육의 실태』, 집문당, 96쪽.
148) 『교육백서』, 민단, 1990, 105쪽.
149) 강영우, 「재일동포 민족교육의 현황과 과제 그리고 진로-학교교육을 중심으로-」

개교이다.[150] 1994년 학생 수는 1월 현재 149개교, 1만 7천 여명이다.[151] 1996년 총 149개교, 학생 17,400명이었다.[152]

2012년 4월은 98개교(유치원 38)이었다.[153] 같은 해 8월 조선학교는 총 99개교이다.[154] 그리고 2013년도 현재는 조선학교의 소재지 수는 64개소로 알려져 있다.

일본정부는 지난 민주당 정권 아래 2010년도부터 이른바 '고교무상화법'에 따라 고교 수업료를 전액 또는 일부 면제해주는 제도를 시행해오고 있다. 하지만 외국인학교, 각종학교, 전수학교 등 모든 고교생의 교육의 권리를 보장하고자 실시된 이 제도는, 전문가들의 객관성 결여 등에 대한 이견에도 불구하고 아베정권이 집권한 이후에는 조선학교만을 유일하게 배제했다. 문제는 일본에서 고교 무상화가 시작되었으나 조선학교는 민족 교육의 강화와 북한의 일본인 납치문제 등으로 인해 고교 무상화 대상에서 제외되었다는 점이다. 이에 따라 재일조선인과 일본 시민단체가 일본 정부의 차별에 대한 항의운동을 전개하고 있다.[155]

이상과 같은 조선학교 민족교육은 재일조선인의 정체성 유지를 위한 역할을 수행해 왔다.[156] 동시에 북한 국민 교육을 강요하거나 교원 인사

(재일동포교육 어제, 오늘 그리고 내일』(민단 창단50주년기념 재일동포민족교육 서울대회 자료집), 1996, 46쪽.

150) 『교육백서』, 민단중앙본부, 1990, 114쪽.

151) 김환, 「재일동포 민족교육의 어제, 오늘, 그리고 내일」, 『교육월보』1996. 10, 69쪽.

152) 『在日韓國人社會の槪要』, 民團中央本部, 1996. 참조.

153) 中島智子, 「第2部 コリア系學校」, 『「外國人學校」の社會學』, 大阪大學, 2013, 76쪽.

154) 그리고 유치원이 3개소, 총 102개의 학교는 66개소에 설치되어 있다. 宋基燦, 『「語られないもの」としての朝鮮學校』, 岩波書店, 2012, 145쪽.

155) 연합뉴스 2013년 3월 31일.

156) 『재일동포사회 단합과 자생력 확보를 위한 미래발전방안』(2012년 재외동포재단

권을 총련이 장악한 점, 각종 교과서를 총련 중앙상임위원회 산하 교과서 편찬위원회에서 편찬하고 있는 점 등의 문제가 있다.

그러나 조선학교에는 한국국적의 학생이 60%를 상회하고 있어, 의무교육 차원에서 인식할 필요성도 거론되고 있다.[157] 현실의 조선학교는 일본정부의 고교무상화[158] 대상에서 벗어난 외국인학교로, 향후에도 경제적인 어려움이 쉽게 해결되지 않을 것이다.

6) 민족학급

전술했듯이 1948년 5월 5일 문부성과 조선인 대표 사이에 체결된 양해각서 이후 특설 학급이 시작된 것이 민족학급의 시작이었다. 당시 오사카에서는 특설 학급을 조선어학급, 나중에는 민족학급이라고 했다.

1952년 당시 전국의 77개 소 · 중학교에 특설 학급이 설치되었다. 이 민족학급은 일본인학교 안에 특별히 설치한 학급으로 초창기에는 어쩔

조산연구 용역사업), 해외교포문제연구소, 2013, 82쪽.

157) 『재일동포사회 단합과 자생력 확보를 위한 미래발전방안』(2012년 재외동포재단 조산연구 용역사업), 해외교포문제연구소, 2013, 82~83쪽.

158) 일본의 고교무상화는 고교무상화법에 의거하는데, 이 법률은 '공립고등학교에 드는 수업료의 불징수 및 고등학교 등 취학지원금의 지급에 관한 법률'이다. 2010년 3월31일 민주당 정권에 의해 제정되었는데, 공립 고등학교는 수업료를 면제받고, 사립 고등학교 및 전수학교, 각종학교 인가를 받은 외국인학교 등 고등학교 수준의 학교에 다니는 학생들에게는 공립 고등학교의 수업료에 상당하는 취학지원금을 지불한다는 내용이다. 문제는 2012년 12월 28일 문부과학성 장관이 납치문제를 이유로 이 법에서 배제하겠다는 방침을 밝혔다. 그리고 2013년 2월 20일 문부과학성은 조선학교를 대상에서 불지정하는 처분을 내렸다(『일본의 조선학교』(김지연 사진집), 눈빛, 2013, 272쪽). 이것은 자유권규약 제27조가 보장하는 소수자의 교육권을 침해하는 것이었다.

수 없이 이를 받아들인 민족교육의 한 형태였다. 실제로 오사카에서는 통고문의 엄격한 규정을 다소나마 변형하는 형태로 '각서'가 매듭지어졌다. 학생 50명에 민족강사를 1명씩 두도록 했다.

이런 민족학급은 1970년대 초에는 처음 수준의 1/3 수준인 10개교, 11명의 강사만 남았다. 특히 1972년 특별활동 형식의 민족학급이 등장하면서 오사카 주변으로 확대되었다.159)

1996년 현재 일본에는 오사카지역을 중심으로 초등학교 51개 학급 1,339명, 중학교 35개 학급 584명, 합계 86개 학급 1,923명이 민족교육을 받았다.160) 1998년에는 77개의 민족학급이 설치되었다.

이러한 민족학급을 중심으로 한 민족교육 운동은 민족교육촉진협의회와 코리아NGO센터의 역할이 있었다. 특히 이들의 교육에는 민족정체성 문제에 주목하여 특히 본명사용에 유독 강조하는 시기도 있었다.161)

실제로 민족학급은 일본학교 내 재일조선인 학생의 보호울타리의 역할도 하고 있는 것이 사실이다. '숨어 사는 조센진이 긍지 갖은 자이니치로 바뀌는 경우가 확인되는 것'은 민족교육의 현장에서 느끼는 변화이다. 그러나 아직도 민족학급의 제한적 역할은 현실 속 차이의 어려움을 돌파하는 데에 한계를 노정한다. 일본의 부정이 아닌 긍정을 통한 자존의 길을 모색하는 것은 결코 쉬운 일은 아닐 것이다.

---

159) 송기찬, 「민족교육과 재일동포 젊은 세대의 아이덴티티–일본 오사카의 공립초등학교 민족학급의 사례를 중심으로–」, 한양대학교 대학원 석사학위청구논문, 1999, 54쪽.
160) 송기찬, 「민족교육과 재일동포 젊은 세대의 아이덴티티–일본 오사카의 공립초등학교 민족학급의 사례를 중심으로–」, 한양대학교 대학원 석사학위청구논문, 1999, 12쪽.
161) 히라오카소학교 민족학급의 경우에서 확인된다(송기찬, 「민족교육과 재일동포 젊은 세대의 아이덴티티–일본 오사카의 공립초등학교 민족학급의 사례를 중심으로–」, 한양대학교 대학원 석사학위청구논문, 1999, 86~87쪽).

7) 한글학교

재일조선인 민족교육 가운데 가장 다양한 모습으로 운영되는 것이 한글학교이다. 한글학교는 개인이나, 단체, 한국정부기관 등이 설립하여 운영하는 비정규 학교이다. 일본에서의 한글학교는 야간과 주말을 이용하여 재일조선인과 일본인을 대상으로 한글을 가르치고 있다.

1990년대 이후 집중적으로 설립되었다. 학생과 성인을 대상으로 일본 내의 전체 한글학교의 2/3는 1991년 이후 설립되었다.[162] 2006년에는 9개의 재일본 공관 관할지역에서 73개의 한글학교가 확인되었다. 이곳에서는 4,685명이며 교사는 245명이었다.[163]

민단은 토요학교를 운영하는데 도쿄한국학교 내에 설치하여 큰 성과를 거둔 것은 유명하다. 대체로 일본 공립학교의 토요 휴일제도를 활용하여 1991년부터 시작되었다.

이밖에도 한국문화원 내에 한글학교가 있다. 특히 일정한 시설과 교사 등의 자격을 심사하여, 한글학교로 등록하여 한국정부의 지원을 받기도 하고 있다. 이것은 민간기관으로 향후 주목되는 한글학교의 형태이다.

도쿄에서는 한국문화원의 경우 다양한 학생의 청강이 확인되고, 대규모로 공식 건물에서 정규 학교에 가까운 교과과정으로 운영되고 있었다.[164] 오사카의 경우는 민단 내 청년회와 부인회에서 별도로 학생을 모집하여 초급, 중급반을 운영하고 있었다.[165] 아울러 후쿠오카현(福岡県)

---

162) 김경근 외,『재외한인 민족교육의 실태』, 집문당, 2005, 106쪽.
163) 김정숙 외,『재외한인 민족교육 모형개발과 네트워크 구축』, 북코리아, 2008, 91쪽.
164) 도쿄한국학교 한글교사면담(담당: 정희선소장, 2013년 10월 25일, 도쿄한국문화원)

고쿠라시(小倉市)에서는 민간기관으로 소규모 한글교실이 별도로 조직되어 운영하는데, 교재의 아쉬움을 얘기하고 있다.[166] KEY의 경우는 민간기관이지만 대규모로 오사카 시내에서 자신의 공간을 갖고 교육을 진행하고도 있었다.

이 가운데 동그라미 한글학교는 대표가 김임숙(金任淑),[167] 상근교사는 김령순(金令順)이 근무하고 있다. 위치는 전술한 고쿠라시이다. 김령순의 인터뷰 내용을 통해 학교의 현황을 정리해 보면 다음과 같다.[168]

> 학교의 출발은 무료 민족정체성 교육에서 시작했습니다. 선생님은 4명이고, 학생은 2013년 8월 현재 15명으로 대부분 자이니치입니다. 학급은 한글반 2개로 교재는 한국교육원에서 지원하고 있습니다. 수업은 무료로 매주 토요일 2시간 씩 진행하고 있습니다. 작년 등록하고 현재 한국으로부터 30만엔의 지원을 6개월마다 받고 있습니다. 민단 사무실에 가서 적극 학생 모집에 대해 도움과 그 필요성을 강조해 얘기하고 있으나 잘 되지 않고 있습니다.
> 강의는 1주회 단계별로 진행되고, 1회 50분이고, 교재는 주로 한국에서 제작된 것과 일부는 자체 기관이 별도로 준비하기도 하고 있습니다.

강의는 1주회 단계별로 진행되고, 1회 50분이고, 교재는 주로 한국에서 제작되었지만, 일부는 자체 기관이 별도로 준비하기도 하고 있었다.

---

165) 오사카민단 박미자(부인회), 김나서미(청년회) 면담(2013년 7월 24일, 오사카민단중앙본부)

166) 동그라미한글학교 김령순선생님 면담(담당: 최영호, 2013년 8월 19일, 고쿠라 동그라미한글학교)

167) 초중고조선학교 졸업, 조대 영문과 졸업, 5년 조선학교 교사, 1973년생이다.

168) 동그라미한글학교 김령순선생님 면담(담당: 김인덕, 2013년 8월 21일, 지리산(인사동 한정식 식당)).

8) 모국수학

모국수학은 민단의 요청으로 1962년 11명의 희망자를 서울대학교 어학연구소가 수용하여 교육을 시켜 대학을 보낸 것이 시작이다. 이후 1968년 서울대학교에 재외국민교육연구소가 부설되어 1년 동안 대학입학 예비 과정을 운영했다. 1970년에는 124명으로 늘어났고, 1971년에는 고등학교 예비교육과정이 신설되었다.[169]

1977년 재외국민교육원 설치령이 공포되어 서울대학교 부설 재외국민교육연구소가 서울대학교 재외국민교육원으로 개편되었다. 이후 교육의 질을 제고할 수 있어 해외 교원을 초청하거나, 국내 모국 수학 학생의 생활지도, 해외동포에게 교재 개발과 보급 업무 등을 했다. 특히 기존의 모국 수학 학생이 재일조선인이었는데, 1984년 대만 교포 학생 2명이 수학한 것을 효시로 하여 1986년부터는 미주로 확대되었다.

1992년 교육부와 소속 기관 직제 개편으로 국제교육진흥원이 탄생했고 서울대학교 재외국민교육원을 흡수했다. 예비교육과정과 단기교육과정을 설치 운영해 왔다. 1994년 기숙사를 신축해 운영했다.

2001년부터는 행정서비스의 질적 향상을 위해 책임운영기관으로 지정된 재외동포 교육전문기관으로 국제교육 교류협력의 중심기관으로서의 역할과 기능을 수행했다. 2008년에는 국립국제교육원으로 대통령령 제20897호에 의거하여 명칭을 변경했다.[170]

---

169) 김종기, 「재일동포 모국수학 현황과 전망」, 『재일동포교육 어제, 오늘 그리고 내일』(민단 창단50주년기념 재일동포민족교육서울대회 자료집), 1996, 109쪽.
170) 국립국제교육원 홈페이지(http://www.niied.go.kr), 참조.

현재 국립국제교육원은 재외국민의 교육지원, 국비 해외유학 지원, 국제교육 교류 협력, 외국인 유학생의 초청 · 유치 · 지원, 외국어, 재외국민 · 국제교육, 담당 교원의 연수, 한국어 능력시험의 운영, 외국어 공교육 지원 등의 업무를 수행하고 있다.

주요 교과목으로 한국어를 비롯해 한국사, 전통문화와 영어와 수학을 가르치고 있다. 아울러 한국인의 전통예절과 인성 교육에도 주목하고 있다.

최근의 모국수학 과정을 보면, 먼저 목적은 "모국 이해에 필요한 실용 한국어 구사 능력과 미래 국제사회 적응 능력을 배양하며, 한국의 역사와 문화를 익혀 한민족으로서의 폭넓은 소양을 갖추고 국제 사회에서 활약할 세계인이 된다."고 한다.

그리고 교육대상은 외국에서 9년 이상의 교육과정을 마친 자, 또는 이와 같은 수준 이상의 학력이 있다고 인정되는 재외동포로서 공관장의 추천을 받은 자로 되어 있다. 교육 내용은 한국어, 한국문화 및 역사, 현장체험학습, 동아리활동, 글로벌리더쉽 훈련, 대학진학지도 등으로, 운영은 국내대학 위탁교육으로 시행하고 있다.

공주대학교 한민족교육문화원에서는 모국과 재외동포 간의 네트워크를 구축하고 이를 바탕으로 모국과 재외동포 사회의 동반성장의 방법을 모색하고자 교과부 산하 기관인 국립국제교육원으로부터 '재외동포 모국수학 교육과정'을 위탁받아 교육하고 있다.171)

재일조선인 학생의 모국 수학은 많은 성과를 거두었다고 할 수 있다. 국내 대학의 모국수학생의 현황은 1990년을 고비로 그 수가 줄었지만 아

---

171) 한민족교육문화원 홈페이지(http://www.hansaram.kr/), 참조.

직도 다수가 재일조선인 학생들이다. 1980년 334명, 1985년 244명, 1990년 496명, 1995년 321명으로 줄어들고 있다. 최근에는 2009년 37명, 2010년 55명, 2011년 36명, 2012년 66명이 수학했다.[172] 2013년에는 41명이 공부하고 있다.

7. 결론

재일조선인 민족교육의 문제는 민족 공동체 존망의 차원에서 생각하고 실천해야 한다.[173] 현실에서는 도덕적 의무로 하는 민족교육은 설득력이 없다. 실제로 재일조선인은 세대에 따라 다른 구조 속에서 일본 사회와 대결해 왔다. 1세와 2세는 차별과 싸우면서 일본 사회 속에서 생활의 근거를 마련했다. 그리고 3세와 4세는 '또 하나의 나', 즉 '민족으로서의 나'와의 싸움을 전개하고 있다. 이 가운데 정체성의 혼란을 경험하게 되고, 재일조선인의 민족교육은 여기에서 진행되고 있다.

역사적으로 볼 때 일제강점기 재일조선인 민족교육은 제국의 통치 구조 속에 있었다. 여기에 대해 재일조선인은 저항적 민족학교를 통해 민족교육의 내용을 채워가기도 했다. 이러한 열기는 항일민족운동과 연계되어 민족의 정체성과 저항 정신을 유지하는 역할을 수행했다.

1945년 해방 이후 조련은 약 1년 동안 학교 교육체제를 확립했고, 조선

---

172) 한민족교육문화원 홈페이지(http://www.hansaram.kr/), 참조.
173) 강영우, 「재일동포 민족교육의 현황과 과제 그리고 진로—학교교육을 중심으로—」, 『재일동포교육 어제, 오늘 그리고 내일』(민단 창단50주년기념 재일동포민족교육 서울대회 자료집), 1996, 70쪽.

어 교과서를 사용하여 교육을 하게 되었다. 1947년부터 신학기체제를 확립하고, 조선인학교 조직의 운영세칙을 마련했다. 민족교육 투쟁을 강화하고자 했다. 해방 공간의 재일조선인 민족교육을 살펴보면, 조련의 교육 내용에 의구심을 나타낸 재일조선인들은 자신의 자녀를 퇴교시켜 일본인학교로 전학을 시키는 현상까지 나타났다. 그리고 일부는 새로운 학교를 설립 자주운영을 시작하게 되었다. 민단계 학교는 1946년 3월에 건국학교가 설립되고, 이후 교토한국중학, 다카라즈카한국소학교, 금강소중학교, 구라시키한국소학교 등이 설립되었다.

민단계의 민족교육열의 저조는 본국으로부터도 민족의식을 의심받았고, 한국전쟁 직후 재정이 어려운 한국 정부로서도 지원을 하지 못하다가 1958년에야 민단계 학교에 재정적인 지원을 시작했다. 한국정부가 본격적으로 재일조선인 자녀의 교육에 관심을 가지기 시작한 것은 이승만 정부가 아니었다. 이승만 정부는 재일조선인에 대한 법적 지위에 대한 공식적 논의 이후, 재일조선인 문제에 앞서 정상적인 국교 수립이 선행되어야 한다는 생각을 하게 된다.

이승만 정부의 재일조선인 민족교육 정책은 1955년 총련의 결성 이후 변화된다. 대립적인 관점에서 본격적으로 정부의 관심거리가 되었다. 1960년대 한국정부 차원의 재일조선인에 대한 민족교육은 먼저 모국 수학제도로부터 시작되었다. 1966년부터 하계학교를 운영하여 대학생과 고등학생의 국내 연수의 기회가 부여되었다. 1972년 이후가 되자 한국정부는 재일조선인 자녀에 대한 교육지원비를 늘렸다. 1980년대 한국정부는 적극적인 재외한인 정책을 추진하는데, 1990년대 재일조선인의 교육은 민족학교 교육, 민족학급을 통한 민족정체성 교육, 한국교육원이 중심이 된 지역 문화교육, 다양한 형태의 민단 중심의 민족교육이 진행되고 있다.

2000년 남북정상회담 이후 재일조선인 사회는 변하기도 했다. 반목과 대립을 화해와 화합으로 전환하고 8·15기념행사의 공동개최하기도 했다. 일본정부는 2010년부터 이른바 '고교무상화법'에 따라 고교 수업료를 전액 또는 일부 면제해주는 제도를 시행하나, 조선학교는 여기에서 논외가 되었다. 여기에 대항하여 재일조선인 사회는 항의운동을 전개해 오고 있다.

그런가 하면 1955년 결성된 총련은 교육 사업을 펼치기 시작했다. 이에 대항하여 한국정부는 민단에 대한 재정을 지원하기 시작했고, 적극적인 대일 정책 시행으로 재일조선인 민족교육도 하나의 전환기를 맞이하게 되었다. 1960년대 전반 총련의 재일조선인 민족교육은 발전했던 것이 사실이다. 이렇게 재일조선인 민족교육이 발전할 수 있었던 것은 북한으로의 귀국, 민족교육의 조직화, 교원의 양성 등이 주요한 요소로 작용했다.

일본 문부성은 1965년 12월 28일 문부차관 통달을 통해 재일조선인 자녀들도 일본 학령 아동들과 같이 일본학교에 다닐 수 있다는 것, 조선인만으로 운영하는 학교는 인정하지 않는다는 두 가지 통달을 하달했다. 나아가 일본 정부는 「외국인학교법안」을 제정하고자 했다. 그러나 이루어지지 않았다. 1972년 7월 4일 남북공동성명의 발표는 북한 왕래의 길이 확대되었다. 이후 민족교육 관련자와 재일조선인 자녀들의 북한 방문이 가능해졌다.

총련의 민족교육은 1975년부터 1986년에 걸친 세대교체에 따라 개선되었다. 총련은 1977년과 1983년 두 번에 걸쳐 교과서를 크게 고치고 1977년과 1983년 두 번에 걸쳐 교과서를 전면 개편했다. 2013년 현재로는 약 5천 5백명의 재학생이 있는 것으로 추측한다. 조선학교의 소재지 수 64개소로 알려져 있다.

이른바 총련의 관할 아래 있는 조선학교 민족교육은 재일조선인의 정체성 유지에는 역할을 수행해 왔다. 동시에 북한 국민 교육을 강요하거나 교원 인사권을 총련이 장악한 점, 각종 교과서를 총련 중앙상임위원회 산하 교과서편찬위원회에서 편찬하고 있는 점 등의 문제점이 있다.

한편 1948년 5월 5일 문부성과 조선인 대표 사이에 체결된 양해 각서 이후 도도부현에 통지된 학교교육국장 통달을 근거로 전국의 재일조선인 집주지역을 중심으로 공립학교의 과외 시간을 활용 한 조선인 아동 · 학생들의 특설 학급이 시작되었다. 이것이 민족학급의 시작이다. 민족학급은 일본인학교 안에 특별히 설치한 학급, 법률 밖에 있는 자주적인 조선인 학교였다. 1952년 당시 전국의 77개 소 · 중학교에 특설 학급이 설치되었다. 민족학급을 중심으로 한 민족교육 운동은 민족교육촉진협의회와 코리아NGO센터의 역할이 있어 왔다.

재일조선인 민족교육의 또 다른 형태가 한글학교 교육이다. 재일조선인의 민족교육 가운데 가장 다양한 모습으로 운영되는 것이 바로 이 한글학교이다. 한글학교는 개인이나, 단체, 한국정부기관 등이 설립하여 운영하는 비정규 학교로, 야간과 주말을 이용하여 학생과 성인을 대상으로 재일조선인과 일본인에게 한글을 가르치고 있다. 1990년대 이후 집중적으로 설립되어, 한류 붐과 함께 급증했다.

재일조선인은 모국수학을 통해 국내 교육의 기초를 마련해 왔다. 이 모국수학은 1962년 11명의 희망자를 서울대학교 어학연구소가 수용하여 교육을 시켜 대학을 보낸 것이 시작이었다. 현재는 공주대학교 한민족교육문화원에서 교육부 산하 기관인 국립국제교육원으로부터 '재외동포 모국수학 교육과정'을 위탁받아 교육하고 있다.

재일조선인 민족교육의 변화 움직임은 탈(脫)이념화, 초(超)민족화 움직임으로 요약할 수 있다. 시대의 변화에 따라 남북한 정치상황에 따른 정치이념이 점차 민족교육의 장에서 퇴색되고 재일조선인 사회의 교육적 수요에 맞추어 점차 인터내셔널스쿨 형태로의 변화를 통해 민족교육의 생존을 모색하고 있다. 특히 조선학교는 민족교육의 어려움을 극복하고 생존해 가기 위해서는 시대의 변화를 직시할 필요가 있다. 한국학교도 정체성 교육을 견지하는 국제화 교육기관으로 거듭나는 일이 중요하다.

제2장: 재일조선인 민족교육의 양상

Ⅰ. 재일조선인 민족교육 관련 연구 현황

1. 서론

일본에서의 민족학교라고 불릴 수 있는 학교에는 크게 총련[1]의 통제를 받는 조선학교와 한국계 학교로 나눌 수 있다.

2010년 8월 현재 조선학교는 총 99개교로 초급학교는 55개교, 중급학교 33개교, 고급학교 10개교 대학교 1개교였다. 그리고 한국계 학교는 총 5개교로 백두학원(건국학교 유·소·중·고등학교), 금강학원(유·소·중·고등학교), 교토국제학원(국제중학교·고등학교), 도쿄한국학교(초등부·중고등부), 코리아국제학원(중등부·고등부)이 운영되고 있다.[2]

역사적으로 볼 때 해방 공간 재일본조선인연맹[3]의 최초 활동 중 가장 활발한 것은 조선인 귀국운동이었다. 귀국 사업과 병행하여 주력한 것은 민족교육 사업이었다. 이는 당시 재일조선인 사회에서 또 다른 중요한 문

---

1) 재일본조선인총연합회(在日本朝鮮人總聯合會)을 말한다. 한국에서는 '조총련'이라고 약칭하나 필자는 일본에서 일반적으로 약칭하고 있는 '총련'을 채택한다.
2) 宋基燦, 『「語られないもの」としての朝鮮學校』, 岩波書店, 2012.
3) 김인덕, 『재일본조선인연맹 전체대회 연구』, 2007, 경인문화사.

제였다. 그것은 민족교육이 재일조선인 자녀들에게 민족의 고유한 문화와 전통을 습득시키고 '동포사회'에서 민족성을 지켜 나가는데서 매우 중요한 역할을 하기 때문이다. 이후 재일조선인은 최근까지 민족교육에 헌신해 오고 있다.

본 연구사는 재일조선인과 단체가 주도한 민족교육의 역사와 현황을 정리하기 위해 작성되었다.[4]

2. 국내외 주요 연구의 현황

1) 일본 내 연구

(1) 통사적 연구

재일조선인 민족교육은 진행된 역사에 비해 그리 주목받지 못해 왔다. 그럼에도 불구하고 재일조선인 민족교육의 역사 연구는 오자와 유사쿠(小澤有作)와 김덕룡, 박삼석 등에 주목하고 있다.

특히 재일조선인 민족교육에 대한 전면적 연구로서 대표적인 것은 오자와 유사쿠의『재일조선인교육론(在日朝鮮人教育論)』이다. 그는 재일조선인 민족교육문제를 구체적인 자료를 제시하면서 역사적으로 접근하고 있으며, 서술의 중심을 '동화교육' 문제에 두고 있다.[5]

---

4) 주요 내용 가운데 별도의 주가 없으면 필자의 글을 참조. 김인덕, 「재일조선인 민족교육 연구 현황과 과제」,『재일한국인 연구의 오늘과 내일』, 제주대학교 재일제주인센터, 2013.

김덕룡은 민족교육상은 통일조국을 전제로 하는 교육상, 일본시민 교육으로서의 민족교육상 그리고 국제화시대, 동북아시아적 시점에 선 민족교육상이 요구된다고 보았다.[6] 그는 1945년부터 1972년까지의 25년의 역사를 통사적으로 살펴보고, 조련과 재일조선통일민주전선(이하 민전) 그리고 총련의 민족교육을 학교 설립, 교재 편찬, 교원 양성 등의 주제를 중심으로 서술하고 있다.[7] 이 책은 필자 자신의 선행 연구[8]와 많은 1차 자료를 통해 민족교육의 상황을 기초로 한 서술체계를 갖고 있다.

이와 함께 조선학교에 대해서는 민족적, 국제관계학적인 관점에서는 오규상[9]과 최영호의 글[10]이 참고가 된다.

(2) 회고적 연구

민족교육의 일선에 섰던 김경해, 양영후, 홍상진 등은『재일조선인의 민족교육(在日朝鮮人の民族教育)』을 출간하여 대중적 민족교육의 지평을 넓히는데 기여했다. 여기에서 이들은 재일조선인 자녀의 교육문제를 해방 전후로 구분하여, 1945년 해방 이후의 경우 재일조선인 자녀들의 교육 문제, 그리고 총련계 학교 및 민단계 학교 등의 교육현상에 대해 서술

---

5) 小澤有作,『在日朝鮮人教育論』, 亞紀書房, 1988.
6) 김덕룡,「재일동포 민족교육의 현황과 전망-재일조선학교를 중심으로-」, 김덕룡,「재일조선학교의 발걸음과 미래에의 제안」,『世界』, 이와나미서점, 2004년 3, 4월호, 참조.
7) 金德龍,『朝鮮學校の戰後史 -1945~1972-』, 社會評論社, 2002.
8) 조선대학교 민족교육연구소,『재일동포들의 민족교육』, 학우서방, 1987, 김창호,『조선교육사』(3), 사회과학출판사, 1990.
9) 오규상,「조선학교가 걸어온 길」,『민중의 소리』, 2007년 8월 5일, 참조.
10) 최영호,「조총련에 의한 민족교육의 어제와 오늘」,『황해문화』47호, 2005년 4월.

하고 있다.[11] 문제는 이들의 서술이 자신들의 경험에 따른 내용만이 주를 이루고 있다는 점이다.

초기 재일조선인 민족교육 관련자인 어당의 회고는 흥미롭다. 특히 이 글은 교과서 편찬과 관련하여 주목되는 논고이다.[12]

이와 함께 1948년 한신(阪神)교육투쟁에 대해서는 다른 어떤 연구 주제보다 많은 성과가 나와 있는데, 김경해, 양영후 등은 각종 구술과 실증적인 연구서를 내고 있다. 특히 최근에 사망한 김경해는 한신교육투쟁에 대한 자료집을 발간하여 연구의 토대를 형성하는 데에 일정하게 기여했다.[13]

별도의 개별적인 연구서를 내지는 않았지만 재일조선인과 관련한 박경식의 연구 속에서는 경험에 기초한 민족교육과 관련한 서술 내용이 산일되어 있다.[14]

(3) 외국학교 연구의 일환으로의 연구

이 연구의 선도자는 나가시마 도모코(中島智子)이다. 그는 오랫동안 오사카 지역 민족학교의 실태에 주목하면서 본격적인 구술과 실태 조사 등을 통해 새로운 자료를 생산하고 발굴하면서 외국학교로서의 재일조선인 민족학교에 주목하고 있다.[15]

---

11) 金慶海·梁永厚·洪祥進, 『在日朝鮮人の民族教育』, 神戸學生青年センター, 1982.

12) 魚塘,「解放後初期の在日朝鮮人組織と朝連の教科書編纂」, 『在日朝鮮人史研究』(28), 1998.

13) 金慶海 編, 『在日朝鮮人民族教育擁護鬪爭資料集』(Ⅰ), 明石書店, 1988) 이은직의 회고담도 간행되어 주목을 받고 있다(李殷直, 『「在日」民族教育の夜明け(1945年10月~48年10月)』, 高文研, 2002, 李殷直, 『「在日」民族教育の夜明け(1948年10月~54年4月)』, 高文研, 2002).

14) 朴慶植, 『在日朝鮮人運動史-8·15解放後-』, 三一書房, 1989.

실질적인 지역 차원의 민족학교에 대한 본적적인 연구는 최근 정우종에 의해서 역사학적인 토대 아래 조사가 시도되고 있다.16) 그의 나카오사카조선학교 연구는 해방 이후 민족교육 역사를 전제로 최근의 조선학교 문제의 본질을 새롭게 음미하게 하고 있다. 아울러 지역 차원의 민족학급 문제, 교재 문제 등에 주목하면서 연구의 질이 제고되고 있다.

2) 최근 국내의 연구

일본 내의 연구에 힘입어 재일조선인 민족교육에 대해 국내에서도 연구논문이 나오고 있는데, 부분적인 차이는 보인다. 이들은 2차 사료에 근거하여 민족교육의 실천 사례, 민족학교 현황과 문제점, 일본 정부의 교육정책 등을 분석하고 있다. 이러한 연구는 사료적 한계와 나열적, 소재주의적 방식의 연구로 민족교육을 통한 재일조선인 사회의 정체성의 근원을 파악하지 못하고 있다.

최근 채영국이 '미귀환 한인'의 동향을 파악하는 차원에서 개설적으로 재일조선인의 민족교육을 운동적 차원에서 개관하고 있으나, 이것도 2차 사료에 의존하고 있다.17)

아울러 송기찬의 석사논문,18) 김대성, 정희선의 박사논문19) 등이 있다.

---

15) 中島智子, 「第2部 コリア系學校」, 『「外國人學校」の社會學』, 大阪大學, 2013. 정진성 교수에 의해 일본지역 민족학교 전수조사를 위한 예비조사가 진행되기도 했다.

16) 정우종, 「오사카조선학원의 탄생―오사카시립니시이마자토중학교의 자주이관재고―」(조선학교연구회 발표문), 2013, 7, 27.

17) 채영국, 「해방직후 미귀환 재일한인의 민족교육운동」, 『한국근현대사연구』(37), 2006년 여름.

주로 이들은 민족교육의 실천 사례 및 민족학교 현황과 문제점, 일본 정부의 교육정책 등을 분석한 연구 성과이다. 이와 함께 북한의 재외동포정책을 다루면서 민족교육에 대해 정리한 경우도 있다.[20] 그리고 정책보고서로 정진성에 의해 민족학교에 대한 표본조사가 진행되었다.[21]

최근에는 지역의 차원을 전국적 조망을 통해 연구하고자 하는 정아영의 재일제주인의 민족교육에 대한 흥미 있는 연구도 있다.[22]

재일조선인 민족교육에 대한 선행 연구는 국가, 민족적 한계 속에서 진행되어 왔다. 일정하게 민족적 정체성 구성을 시도하고는 있지만 구체성을 담보하는데 실패하고 있다.

3. 주요 민족교육 관련 주제별 연구

1) 민족학교사

일제강점기 재일조선인 교육사에서 가장 주목되는 성과로는 전술한

18) 송기찬, 「민족교육과 재일동포 젊은 세대의 아이덴티티」, 한양대학교 석사학위논문, 1999.
19) 김대성, 「재일한국인의 민족교육에 관한 연구」, 단국대학교 박사학위청구논문, 1996, 정희선, 「재일조선인의 민족교육운동 연구」, 강원대학교 박사학위청구논문, 2006.
20) 조정남 · 유호열 · 한만길, 『북한의 재외동포정책』, 집문당, 2002.
21) 정진성 외, 『민족학교(조선 · 한국) · 학급 전수조사를 위한 예비조사-도쿄권의 초 · 중 · 고 민족학교를 중심으로-』, 유엔인권정책센터, 2007.
22) 정아영, 「재일제주인과 학교교육」, 윤용택 외 편, 『제주와 오키나와』, 재일제주인센터, 2013.

오자와 유사쿠의『재일조선인교육론(在日朝鮮人教育論)』을 들 수 있다. 그는 재일조선인 교육문제를 구체적인 자료를 제시하면서 역사적으로 접근하고 있으나, 서술의 중심을 '동화교육' 비판에 두고 있다.[23]

재일조선인 민족교육의 전사에 대해서는 개별논문으로는 다나카(田中勝文), 오노(小野寺逸也)의 연구가 주목된다. 다나카는「전전에 있어 재일조선인교육」[24]에서 전전에 재일조선인이 왜 '야학교'를 다녔는지를 규명하고자 했다. 당시 재일조선인의 경우 취학을 희망하는 대다수는 빈곤 때문에 야학에서 공부했다고 한다. 그의 연구 성과가 주목하는 내용은 당시 조선인이 원하는 공부 내용은 일본어 읽기와 쓰기, 계산, 한글이었고 한글 공부는 민족성 유지의 중심이다고 하는 사실이다.

그런가 하면 오노는 1940년대 일본정부의 '일시동인' 교육 하의 혼합교육이 진행되는 가운데 아마가사키(尼崎)에서의 주민의 재일조선인 차별 속에서 진행된 분리교육의 실상에 대해 접근하고 있다. 당시의 이 교육은 철저한 동화교육으로 평가한다.[25]

본격적인 일제강점기 재일조선인 민족교육[26]에 대한 연구는 이토(伊藤悦子)의「오사카에서의『내선융화기』의 재일조선인교육」[27]과「1930년대를 중심으로 한 재일조선인교육운동의 전개」[28]가 있다. 전자인 이토

---

23) 小澤有作,『在日朝鮮人教育論』, 亞紀書房, 1988(오자와 유사쿠 저, 이충호 역,『재일조선인 교육의 역사』, 혜안, 1999).

24)『愛知縣立大學文學部論集』第18號, 1967.

25) 小野寺逸也,「1940年前後における在日朝鮮人問題の一斑－とくに協和教育との關連において－」,『朝鮮研究』第59號, 1967.

26) 김인덕,「재일한인 민족교육의 전사－일제강점기 오사카지역 재일한인 학령아동 민족교육과 '정체성'에 대한 검토－」,『정체성의 경계를 넘어서』(권희영 외 공저), 경인문화사, 2012.

27)『在日朝鮮人史研究』第12号, 1983.

의 연구에 따르면 공적 교육기간의 재일조선인에 대한 교육은 동화교육이지만 일정하게 현장 교육자의 의견과 여론이 반영된 교육정책이 근간을 이루었다고 한다. 물론 본질은 동화교육이었다는 것이다.

특히 후자인 이토의 글은 '민족해방운동'의 입장에서 야학 및 교육운동에 대해 서술하고 있다. 구체적으로는 노동야학, 민족학교, 친일야학, 공산주의계 학교, 합법야학, 비합법야학 등으로 야학을 구분하고 일본인에 의한 교육기관=동화교육, 재일조선인에 의한 교육기관=반동화교육, 민족교육으로 나누고 있다. 동시에 이토는 전전기에 재일조선인이 교육을 맡았던 조직은 68개 단체에 달한다고 수치를 들고 있다.

츠카자키(塚崎昌之)는 사례(濟美第4小學校 夜間 特別學級 濟2部)를 통해 재일조선인 융화교육의 실태에 접근하고 있다.[29] 아울러 아이치현(愛知縣) 지역에서 재일조선인을 상대로 한 교육의 실태 연구로 '조선보성학원(名古屋普通學校)'을 중심에 둔 니시히데(西秀成)의 연구가 있다.[30] 아울러 梁永厚의 오사카에서의 내선융화기 재일조선인 여자를 대상으로 한 교육에 대한 연구가 있다.[31]

실제로 일제강점기 재일조선인 민족교육과 관련해서는 『사회운동의 상황』(1929~1942)과 함께 『특고월보』, 『소화특고탄압사』, 『재일조선인관계자료집성』, 『조선문제자료총서』(1~15) 등의 기록과 『동아일보』,

---

28) 『在日朝鮮人史研究』第35号, 2005.
29) 塚崎昌之, 「1920年代の在阪朝鮮人「融和」教育の見直し－濟美第4小學校夜間特別學級濟2部の事例を通して－」, 『在日朝鮮人史研究』35, 2005.
30) 西秀成, 「1930年代・愛知縣における朝鮮人の教育活動－朝鮮普成學院(名古屋普通學校)とその周邊－」, 『在日朝鮮人史研究』35, 2005.
31) 梁永厚, 「戰前の大阪における朝鮮人女子の教育事情」, 『戰爭と平和』第3號, 1994.

『조선일보』,『중외일보』등을 통해 실상에 접근해 볼 필요가 있다.

최근에는 도쿄조선중학교(東京朝鮮中學校)의 창립에 대해 주목한 글이 있다. 이 글은『도꾜 조선중고급학교10년사』(창립10주년 기념 연혁사편찬위원회, 1956년 10월 5일)를 활용해 서술하고 있다.

2) 조선학교

송기찬의 민족학교에 대한 현장 조사를 통한 연구[32]가 주목되는 결과물을 생산하고 있다. 여기에서 그는 조선학교의 바른 보기에 주목하면서 최근 조선학교의 현실을 인류학적인 조사를 통해 사실적으로 규명하는 데에 성공하고 있다.

최근 그는 관서지역에서 조선학교 연구회를 선도하고 있다.

3) 민족학급

민족학급에 대해서는 선행하는 글[33]과 현장에서 활동하는 곽정의, 김광민의 민족학급에 대한 연구가 있다.[34] 그는 오사카 민족학급의 통사를 역사연구와 사례 조사를 통해 적극 시도하고 있다. 아울러 현홍철의 연구[35]도 있다. 현홍철은 현재, 민족학급 강사로 일본 오사카경제법과대학

---

32) 宋基燦, 『「語られないもの」としての朝鮮學校』, 岩波書店, 2012, 참조.

33) 岸田由美, 「在日韓國.朝鮮人民族學校の史的變遷及び現狀」, 筑波大學大學院修士論文, 1993.

34) 郭政義,「大阪の民族学級」, 金光敏,「在日外國人教育の起源としての在日朝鮮人教育」

35) ヒョンホンチョル,「民族學級の現況課題」, 일본대판경제법과대학아세아연구소.

아세아연구소와 중국 북경대학 조선문화연구소가 주최한 1990년 8월 제3차 조선국제학술토론회에서 오사카부하(大阪府下)에 있는 민족학급의 현황과 과제에 대하여 발표했다.

그는 1990년 3월 오사카부에 있어서의 민족학급 · 교실 또는 클럽 수에 대해 언급했다. 재일조선인과 일본 교원들의 힘으로 이루어진 민족학급은 오사카시(大阪市) 38개교(소학교22, 중학교16), 東大阪市 15개교(소학5, 중학교10), 守口市 2개교(소학교1, 중학교1), 高槻市 7개교(소학교3, 중학교 4), 八尾市 6개교(소학교3, 중학교3), 門眞市 9개교(소학교7, 중학2), 箕面市 1개교(중학교1), 吹田市 3개교(소학교3), 攝津市 4개교(소학4), 禮中市 1개교(중학교1), 貝塚市 2개교(소학교1, 중학교1), 泉大津市 1개교 (소학교1)로 합계 89개교(소학교50, 중학교39)로 보고했다. 이는 민족학급이 범위를 민족교실 내지는 클럽 활동반까지를 포함한 것으로 보고 정리하고 있다.

또한 그는 오사카부 지사와 교환한 각서에 기초하여 생긴 것이 민족학급이라고 명확히 발생사를 언급했다.

4) 한신(阪神)교육투쟁

1948년 한신교육투쟁36)에 대해서는 다른 어떤 패전 이후 재일조선인사 연구 주제보다 관련 연구가 상대적으로 많이 간행되어 있다. 특히 김경해, 양영후 등은 각종 구술과 실증적인 연구서를 내고 있다.37) 전술했

중국북경대학조선문화연구소, 『제3차조선국제학술토론회, 논문요지』(1990).
36) 4 · 24한신교육투쟁이라고도 한다.

듯이 김경해는 관련 자료집과 단행본 책을 발간했다.[38] 이는 한신교육투쟁을 이해하는데 기초가 되는 중요한 자료이다.

아울러 한신교육투쟁에 있어 주도적인 역할을 했던 재일본조선인연맹[39]에 대해서는 1945년 이후 재일조선인 단체 관련 연구에서 여러 성과가 나와 있다. 이 가운데 주목되는 것은 박경식, 최영호, 김태기, 김인덕 등의 것을 들 수 있다.[40] 특히 1948년 한신교육투쟁의 주요 구성원에만 주목하는 연구[41]가 나왔고, 여기에서는 군사재판에 회부된 재일조선인은 A, B, C급으로 판결을 받았다는 사실을 그 과정을 통해 서술하고도 있다.

5) 민족교과서 연구

조련은 초기부터 교재 편찬에 적극적이었다. 1948년 10월까지 편찬,

---

37) 金慶海, 『在日朝鮮人民族教育の原點』, 田畑書店, 1979(김경해 저, 정희선 외 옮김, 『1948년 한신교육투쟁』, 경인문화사, 2006); 梁永厚, 『戰後·大阪の在日朝鮮人運動』, 未來社, 1994; 朴慶植, 「解放直後の在日朝鮮人運動(4)－阪神教育鬪爭を中心としてー」, 『在日朝鮮人史硏究』(4), 1979; 梁永厚, 「大阪における四·二四教育鬪爭の覺え書き」 1, 『在日朝鮮人史硏究』 6, 1980; 梁永厚, 「大阪における4·24教育鬪爭の覺え書き」, 『在日朝鮮人史硏究』 7, 1980.

38) 金慶海, 『在日朝鮮人民族教育擁護鬪爭資料集』 I·II, 明石書店, 1988; 金慶海, 『在日朝鮮人民族教育の原點』, 田畑書店, 1979.

39) 이하 조련으로 줄인다.

40) 朴慶植, 『解放後在日朝鮮人運動史』, 三一書房, 1989; 최영호, 『재일한국인과 조국광복: 해방 직후의 본국귀환과 민족단체활동』, 글모인, 1995; 金太基, 「‘前後'在日朝鮮人問題の起源」, 一橋大學大學院法學硏究科 博士學位請求論文, 1996(다음의 책으로 출간되었다. 金太基, 『戰後日本政治と在日朝鮮人問題』, 勁草書房, 1997); 김인덕, 『재일본조선인연맹 전체대회 연구』, 2007, 경인문화사.

41) 金慶海, 『在日朝鮮人民族教育の原點』, 田畑書店, 1979, 신은영, 「4. 24 教育鬪爭 神戶 地方裁判所での裁判(C級)の判決文の分析」(한신교육투쟁 60주년 강연록), 2008. 4.

출판한 각종 교재는 93종, 120만여 부이고 그밖에도 24종, 30만부가 제작 보급되었다.[42]

실제로 확인 가능한 교재를 보면 제1기(1945년 10월~1946년 2월)는 7종, 제2기(1946년 2월~1947년 1월)는 21종, 제3기(1947년 1월~1947년 10월)는 28종, 제4기(1947년 11월－1949년 9월)는 35종이었다.[43]

전술했던 어당의 당시를 회고하며 쓴 교과서 편찬과 관련한 글이 주목된다.[44] 지정희의 프랭키 문고의 교과서를 통한 연구도 나와 있다.[45]

이후 총련과 민단 쪽에서 민족교육과 관련한 교재를 남쪽과 북쪽에서 지원을 받아 활용했다. 그리고 자체 제작하여 교육에 활용하고도 있다. 이러한 대부분의 교재는 본국지향성이 강해 재일조선인의 현실을 부차적으로 생각하는 경향성이 있다고 생각된다.[46]

4. 재일조선인 정체성 관련 연구 현황

1) 재일조선인 역사 연구 현황

그동안 재일조선인의 민족교육에 대해 주목하면서도 역사교육에 대해

---

42) 「조련 제3회 전체대회 문화부 활동 보고서」, 1946년 10월 1일, 9쪽.
43) 김덕룡, 『바람의 추억－재일조선인1세가 창조한 민족교육의 역사(1945~1972)－』, 선인출판사, 2009, 40~68쪽.
44) 魚塘, 「解放後初期の在日朝鮮人組織と朝連の教科書編纂」, 『在日朝鮮人史研究』(28), 1998.
45) 池貞姫, 「戰後占領期の朝鮮學校教科書に見る民族意識－ブランゲ文庫所藏の史料を通して－」, 『インテリジェンス』12号, 2012.
46) 자세한 내용은 송기찬의 책을 참조.

서는 거의 주목하지 않았다. 아울러 북한의 역사서술을 언급하면서도 재일조선인의 역사교육에는 주목하지 않고 있는 것이 현실이다. 단지 북한의 역사서술과 관련해 통일시대의 역사교과서를 언급할 때 이신철[47]이 재일조선인의 역사교육을 소개한 적이 있고, 김인덕의 연구[48]와 강성은의 글[49]도 주목된다. 특히 강성은은 「조선학교에서의 조선사교과서의 재검토와 변화」에서 총련의 교과서의 시기별 특징에 대해 서술하고 있다. 이런 가운데 필자의 연구는 재일본조선인총연합회의 한국사 교재인『조선력사』(고급 3)에 대한 분석이다.

한편 재일조선인의 역사교육을 살펴보기 위한 기초 연구로 최근 총련이 발행한 고급학교용 역사교재에 주목하기도 했다.[50] 최근의 연구는『조선력사』(고급 3)의 대표성에 주목하는데, 그 이유는 이 교재를 통

---

47) 이신철, 「한국사 교과서 속의 '북한', 그리고 통일을 향한 민족사 서술 모색」, 『한국사 교과서의 희망을 찾아서』, 역사비평사, 2003.

48) 김인덕, 「재일본조선인연맹의 민족교육 운동」, 『재일본조선인연맹 전체대회 연구』, 선인출판사, 2007, 김인덕, 「한·일 양국의 근·현대사 서술과 재일조선인사 인식」, 『東北亞歷史論叢』17, 2007. 9: 김인덕, 「재일조선인총연합회의 역사교재 서술체계에 대한 소고-『조선력사』(고급 3)을 중심으로-」, 『한일민족문제연구』(14), 2008. 6: 김인덕, 「재일한인 민족교육의 전사-일제강점기 오사카지역 재일한인 학령아동 민족교육과 '정체성'에 대한 검토-」, 『정체성의 경계를 넘어서』(권희영 외 공저), 2012, 경인문화사.

49) 강성은, 「통일교과서를 목표로 한 조선학교의 조선사교과서 개정에 대하여」, 『한·중·일 국제학술대회 "역사인식과 동아시아 평화포럼·글로벌화와 인권·교과서"(東京, 2003. 2. 27~3. 1) 발표 요지문』, 康成銀, 「朝鮮學校での朝鮮史教科書の見直しと變化」, 『朝鮮の歷史から民族を考える-東アジアの視點から-』, 明石書店, 2010.

50) 재일조선인총련합회에 의한 재일조선인 민족교육에 대한 시기구분은 1955년부터의 역사를 1965년, 1975년을 축으로 하여 구분하고 있다(조선대학교 민족교육연구소, 『재일동포들의 민족교육』, 학우서방, 1987, 24~51쪽). 본고에서 필자는 1975년을 축으로 한 민족교육의 최근 흐름 속의 역사교육의 기본이 되는 교재에 주목한다.

해 교육받는 피교육 대상이 갖고 있는 조건, 즉 고등학생으로 장차 사회에 진출하여 재일조선인 사회의 중추적인 역할을 해야 하는 조건에 따라 불가피하게 이들을 예비 사회인으로 교육하기 위해 총련이 대중성과 함께 정치적 입장을 견지하면서 교재를 편찬했기 때문이라고 했다.

2) 언어 교육 현황

이 연구는 김덕룡, 김미선 그리고 송재묵, 박교희 등의 연구가 있다.[51] 이중구조의 언어 학습은 세계적으로도 드문, 학교 현장에서의 성과를 생산하고 있다.

5. 연구의 새로운 모색

1) 현장 조사

현장 1만 2천 명 정도의 재일조선인 학생이 민족교육의 수혜를 받고 있다.[52] 이들의 현장의 목소리는 실로 중요하다. 장기적으로 사라질 것으로 추측하는 일부의 연구를 극복하기 위해서는 현장에 대한 면밀한 조사가

---

51) 송재묵, 「민족학교의 교과 내용 변천: 민족어(국어)를 중심으로」, 『남북 언어 통합과 재일동포 언어 국제학술대회 논문집』, 국립국어원, 2011, 朴校熙, 『分斷國家の國語敎育と在日韓國.朝鮮學校の民族語敎育』, 風間書房, 2013.
52) 中島智子, 「第2部 コリア系學校」, 『「外國人學校」の社會學』, 大阪大學, 2013.

요구된다. 특히 개별 민족교육의 현장에 대한 조사 연구가 요구 된다. 특히 조선학교에 대해서는 아직 제대로 된 실태 파악이 절실하다.

2) 사료의 체계적인 정리

재일조선인 민족교육을 연구할 때는 이민사, 한국현대사, 일본현대사 그리고 동아시아사의 새로운 이해를 위해 실사구시적인 방법을 넘어서 재일조선인 민족교육의 역사를 1차 사료와 함께 민족 정체성이 구체적으로 발현되는 과정을 중심으로 밝혀야 한다.

주목해야 할 관점은 1차 사료의 내용성, 구술 자료의 유의미성, 단체 · 시기별 민족교육의 특성, 최근 민족교육의 실상 등에 대해 공동 연구를 해야 한다.

특히 민족 정체성의 실체를 유지, 존속시키기 위한 활동을 역사주의적 관점에서 고찰하여 이를 분야별, 지역별로 분류할 필요가 있다. 동시에 민족교육의 보편성과 지역적 특수성을 각종 1차 자료를 중심으로 시간적 흐름 속에서 연구해야 한다.

3) 신 연구 방법론 모색

이민사, 디아스포라론 등에 대한 새로운 연구 방법론으로 재일조선인 민족교육의 특성론을 제기할 필요가 있다. 그리고 민족교육의 원론적 연구도 요구된다.

아울러 재외 한인에 대한 비교 민족교육 연구의 원점으로서 그 역할을
하는 연구방법을 강구해야 한다.

6. 결론

재일조선인 민족교육에 대해 최근 한국이민사박물관에서 특별전이 있
었다. 이 전시는 민족교육에 대한 최초의 본격적인 전시로 민족학교의 설
립과 지켜 왔던 과정, 그리고 왜 재일조선인 사회가 이를 지켜 왔는지를
보여주는 자리였다. 그리고 민족교육의 역사적 의의와 민족 정체성을 지
키기 위한 열망을 보여 주었다. [53]

역사적으로 재일조선인 민족교육은 일본의 조선인 거주지역을 중심
으로 시작되었다. 이 공간은 현재는 코리아타운, 이전에는 조선촌으로 지
금도 민족교육과 관련된 시설과 사람, 현장이 일본 전역에 남아 있다. 실
제로 일본 전역에 재일조선인은 존재한다. 그리고 일반 일반학교 가운데
생활하고 있는 것이 현실이다.

지금까지 재일조선인은 민족교육을 통해 민족의식을 고취했다.[54] 세
계사적으로 드문 이중언어 교육과 민족의식 교육은 재일조선인 민족적
정체성의 본질을 규정하고 있다.

---

53) 한국이민사박물관, 청암대학교 재일코리안연구소, 『자이니치(재일) 학교들−재일
한인 민족교육−』(한국이민사박물관 개관 5주년 기념 특별전), 2013.
54) 김인덕, 「재일한인 민족교육의 전사−일제강점기 오사카지역 재일한인 학령아동
민족교육과'정체성'에 대한 검토−」, 『정체성의 경계를 넘어서』(권희영 외 공저),
2012, 경인문화사.

현실의 재일조선인 사회는 급격히 변화하고 있다. 그 변화의 가운데 민족교육, 민족학교, 민족학급은 존재하고 재일조선인은 살아가고 있다. 일방적인 본국의 정책이 그들에게 강요할 수 없고, 그들은 기민의 과거사를 주목하고 있다.

동북아시아 공동체의 중심에 재일조선인은 존재한다. 또한 한민족 공동체의 한 가운데 이들이 존재하고 있는 것도 분명한 현실이다.

현실의 재일조선인 민족교육의 위기는 조선학교에 다가오고 있다. 그 내용은 다음과 같은 기사에서 확인된다.

주지하는 바와 같이, 작년 12월 16일에 실시된 일본 총선에서 자민당이 압승해 3년 3개월 만에 정권을 다시 잡았다. 12월 26일에는 자민당 당수 아베 신조(安倍晋三)가 5년 만에 다시 수상에 취임해 아베 신정권이 정식으로 출범했다. 그런데 제2차 아베내각의 문부과학상에 내정된 시모무라 하쿠분(下村博文)이 취임하기 전부터 소위 '고교무상화' 제도를 조선 고급학교에는 적용하지 않을 방침이라는 소식이 전해졌다.

실제로 12월 28일의 장관간담회에서 시모무라 문부과학상이 "납치문제에 진전이 없고 조선학교는 조선총련과 밀접한 관계를 가지고 있어 [조선학교의] 교육 내용과 인사, 재정 면에 영향을 미치고 있기 때문에, ['무상화' 적용 학교로] 지정하는 것은 국민들의 이해를 얻을 수 없다"고 주장하자, 아베 수상은 "그런 방향으로 착실히 진행해 달라"고 회답해, 그 자리에서 조선학교를 '무상화' 대상에서 배제하는 방침이 결정되었다고 한다.

『요미우리신문』 2012. 12. 28 석간.

II. 재일조선인 민족교육의 전사

1. 서론

세계사적으로 볼 때 현재 지구촌은 국민국가의 추락이 예상되면서 국민=민족적 동일성으로 환원할 수 없는 소수자의 존재도 무시할 수 없는 영향력을 갖고 있다는 사실이 밝혀지고도 있다. 즉, 세계가 하나의 시장 경제에 가속도로 편입되어 가면 갈수록 한편으로는 각종 하위집단이 스스로의 아이덴티티를 찾는 움직임을 강화하고 있는 것이다.[1] 거기에서 때로는 마이너리티 내셔널리즘이라는 말이 발생하게 되어 내셔널리즘이라고 인정되는 집단적 정치행위가 약동하고 있는 것도 사실이다.

이른바 소수자로 역사적 존재인 '자이니치(在日)', 재일조선인은 일본에서 살고 있다. 이러한 '在日'의 미래는 중요하다. 이것이 한국 민족주의 구성의 한 실체이기 때문이다. 본고는 한국 민족주의 구성체로서 실재하는 재일조선인 민족교육에 주목하고자 한다.

---

1) 윤건차, 「21세기를 향한 '在日'의 아이덴티티-'관계성'의 모습-」, 강덕상 외, 『근·현대 한일관계와 재일동포』, 서울대학교출판부, 1999, 285~286쪽.

민족교육이란 민족의식을 기반으로 민족주의 관념에 의거하여 민족문화에 기초한 교육으로 민족적 정체성을 보존하기 위한 일련의 활동이다. 특히 일제강점기 민족의 존엄성과 자유를 지키고 독립을 위해 전개된 한국의 민족교육은 그 어떤 민족교육 보다 주목된다.

이러한 민족교육의 전통은 1945년 일본의 패전과 해방의 소용돌이 속에서 일본에 살던 재일조선인에 의해 적극적으로 계승, 발전되었다. 재일조선인은 민족교육을 통해 민족의 정체성을 지켜내고 새롭게 발전시켰던 것이다.

이른바 민족의 정체성이란 민족의 변하지 않는 본연의 성질(性質)이다. 이 정체성은 1945년 이후 최근까지 한민족이 살고 있는 해외지역에서 가장 잘 보존된 지역이 재일조선인 사회라고 할 수 있다.

일제강점기 이후 오늘날까지 재일조선인은 민족교육을 통해 민족의 정체성을 지키고 수호하는 활동을 지속적으로 전개해 왔다. 1945년 해방 이후 재일조선인은 일본 사회에서 재력을 축적하여 경제력을 인정받고, 각종 사회 분야에서 실력을 쌓으면서도 민족교육에 높은 관심을 갖고 학교를 설립하여 각종 민족교육을 추진해 왔다. 이러한 재일조선인 민족교육에 대해서는 일정한 연구가 진행되어 왔다.[2]

---

2) 주요한 국내외 단행본 형태의 연구 결과는 다음과 같이 정리할 수 있다(金慶海·梁永厚·洪祥進,『在日朝鮮人の民族敎育』, 神戶學生靑年センター, 1982. 조선대학교 민족교육연구소,『재일동포들의 민족교육』, 학우서방, 1987, 小澤有作,『在日朝鮮人敎育論』, 亞紀書房, 1988(오자와 유사쿠 지음, 이충호 옮김,『재일조선인 교육의 역사』, 혜안, 1999), 김대성,「재일한국인의 민족교육에 관한 연구」, 단국대학교 박사학위청구논문, 1996, 金德龍,『朝鮮學校の戰後史—1945~1972—』, 社會評論社, 2002(김덕룡,『바람의 추억—재일조선인1세가 창조한 민족교육의 역사(1945-1972)—』, 선인출판사, 2009), 정희선,「재일조선인의 민족교육운동 연구」, 강원대학교 박사학위논

본고는 전후 재일조선인 민족교육의 전사로 일제강점기 재일조선인 학령아동을 대상으로 한 민족교육에 대해 살펴보고자 한다. 특히 학령아동을 대상으로 연구를 수행하는 이유는 재일조선인의 교육과 관련하여 민족의 정체성과 관련한 내용을 확인할 수 있는 가장 좋은 대상이기 때문이다. 구체적으로 본고에서는 먼저 재일조선인의 도항과 이로 인해 발생한 학령아동의 상황을 확인하고, 일본 정부의 교육정책에 대해 정리하겠다. 그리고 관변야학교의 상황과 재일조선인을 대상으로 한 교육기관 설립에 주목하겠다. 또한 여기에 기초하여 민족교육의 성격을 밝혀보겠다.3)

문, 2006) 특히 한신교육 투쟁과 관련해서는 별도의 연구가 진행되었다(金慶海,『在日朝鮮人民族敎育の原點』, 田畑書店, 1979(정희선 외 옮김,『1948년 한신교육투쟁』, 경인문화사, 2006), 朴慶植,「解放直後の在日朝鮮人運動(4)－阪神敎育鬪爭を中心として－」,『在日朝鮮人史硏究』(4), 1979, 梁永厚,「大阪における四·二四敎育鬪爭の覺え書き」(1),『在日朝鮮人史硏究』(6), 1980, 梁永厚,「大阪における4·24敎育鬪爭の覺え書き」,『在日朝鮮人史硏究』(7), 1980, 梁永厚,「解放後民族敎育の形成」,『三千里』(48), 1986, 魚塘,「解放後初期の在日朝鮮人組織と朝連の敎科書編纂」,『在日朝鮮人史硏究』(28), 1998).

3) 한국의 경우 야학을 중심으로 한 제도교육과 정규학교에서 소외된 교육에 주목하기도 한다(김형목,『대한제국기 야학운동』, 경인문화사, 2005, 천성호,『한국 야학운동사』, 학이시습, 2009). 본고는 이러한 국내의 연구에서도 소외된 부분이 재일한인을 상대로 한 민족교육이라고 생각한다. 소외된 재일한인의 민족교육은 주로 선행 연구에 기초하면서 大阪의 경우를 주로 채택하고 있음을 밝힌다. 실제로 일제강점기 재일한인 야학의 민족적 정체성과 관련한 연구는 거의 없다고 해도 과언은 아니라고 할 수 있다.

2. 재일조선인의 도항과 교육

1) 도항정책과 도항의 일반 상황

일제에 의해 강제로 합병이 된 이후 조선인의 도항은 일제의 필요에 따라 진행되었다.[4]

1910년대 조선총독부의 도항정책은 집단적인 노동자 관리를 목표로 단계적으로 취해졌다. 이 정책은 일본 내 자본가의 이익을 도모함과 동시에 조선 내의 노동력 사정과 관련되었다. 조선에서의 노동자 집단 모집이 급증한 것은 1917년경이다.

1920년 일제에 의한 만주통치가 강화되면서 조선인은 반일 감정에도 불구하고 일본 이주를 선택했다. 1922년 12월 여행증명제도가 철폐되고, 1923년에는 '도항증명제'가 실시되었다. 일본 경제는 1923년경부터 만성적 공황상태에 빠지게 되었고, 이에 따라 특수한 경우를 제외하고는 단체 모집이 허가되지 않았다.[5] 그러나 1923년의 관동대지진 때의 파괴된 시가지의 복구를 위해 노동력이 요구되자 일본 정부는 '도항증명제'를 폐지했다.[6] 일본 경제의 상황이 악화되자 내무성은 1925년 8월 도항을 제한해 달라는 요청을 했고, 조선인 노동자의 실업문제가 야기되어 1925년 10월부터 도항저지(제한)가 실시되었다.[7]

---

4) 김인덕, 『식민지시대 재일조선인운동 연구』, 국학자료원, 1996, 27~32쪽. 이하의 도항과 관련해서는 필자의 선행 연구를 참조한다.
5) 『朝鮮警察之槪要』, 朝鮮總督府警務局, 1925, 167쪽.
6) 『治安狀況』(1927), 519쪽.
7) 『治安狀況』(1927), 522쪽.

1928년 7월 조선총독부는 도항허가 조건을 까다롭게 하여 지참금을 60엔 이상 소지하고 노동브로커의 모집에 의한 것이 아닌 조선인의 도항만 허용했다. 1927년 3월 일본경제는 금융공황으로 큰 타격을 받게 되었고, 1929년 세계공황에 의해 보다 심화되자 일본 기업의 조선인노동자 단체 모집은 제한되었다. 도항은 재도항증명서제를 통해 보다 강력히 통제되었던 것이다.

1930년대 일제의 도항정책은 조선인의 도항과 일본 생활에 결정적인 영향을 미쳤다. 1930년대의 도항정책은 일시귀선증명서제도와 도항소개장 발급제도로 대변된다.[8]

1929년 8월에 내무성 경보국장이 각 부현에 내린 통첩 「조선인노동자 증명에 관한 건」을 통해, 조선인은 일시귀선증명서제도 아래 놓이게 되었다. 일본이 이 제도를 만든 것은 일본 내에서 필요한 한인노동자의 이동을 막고, 필요 없는 재일조선인을 귀국시키려는 의도에 기인한다. 즉, 그 대상을 어느 정도 확보할 필요가 있는 공장 및 광산노동자를 일시귀선 증명서제도로 묶어 두고, 그 밖의 다른 직업의 일본 거주 재일조선인이 일시 귀국한 경우에는 재도항을 막고자 하는 것이었다.

일시귀선증명서제도를 통해 도항조선인의 증가를 억제하는 효과는 있었으나, 아울러 도항 한인의 귀환율에도 영향을 주어, 재일조선인의 정주화를 강화하는 결과도 낳았다. 따라서 1930년대 중반부터 일본당국의 정책은 거주 조선인의 일본인화에 집중되었다.

---

8) 이하 내용 가운데 도항정책 관련 부분은 별도의 주가 없으면 다음의 성과를 참조한다(정혜경, 「일제하 재일한국인 민족운동의 연구 ―대판지방을 중심으로―」, 한국학대학원 박사논문, 1999).

일시귀선증명서제도는 1930년 7월에 약간의 보완을 거친 후 1930년대 전 시기동안 조선인의 도항을 통제하는 제도로서 역할을 담당했다. 그러나 일시귀선증명서제도를 한층 강화한 1930년대 도항정책의 결정판은 1936년 5월에 경무국이 발송한 규례통첩이라고 할 수 있다.[9] 이 통첩은 당시까지의 모든 도항 관련 규제가 갖는 문제점을 보완한 것으로, 주요한 것은 도항을 원하는 조선인은 본적지나 주소지 소재 관할경찰서장한테 '도항소개장'을 발급받아야 한다는 점과 일본거주 재일조선인의 피부양자 도항과 관련한 여러 기준을 마련한 점 등이었다.

이 규정에 의하면 피부양자가 도항을 할 경우에 일본에서 조회를 거친 후 관할경찰서장이 발급하는 도항소개장을 소지해야 했다. 이 도항규제를 통해 일본은 한인의 도항을 더욱 철저하게 저지하고자 했다. 이러한 규제는 강제연행기에 들어서면서 전면적으로 도항정책이 바뀔 때까지 도항정책의 근간을 이루었다.

일제강점기 조선인은 일제에 의해 강제연행되었다. 조선인은 강제연행 되어 일본뿐만 아니라 만주, 사할린, 남양군도, 남방지역으로 끌려갔다. 1939년 9월부터 1942년 2월까지는 이른바 '모집'이라는 방식으로 자행되었다. 1942년 3월부터 1944년 8월까지는 '조선인 내지 이입 알선요강'에 의거하여, 조선총독부의 외곽단체인 조선노무협회가 노동자의 알선, 모집사업의 주체가 되어 이른바 '관알선'을 정책적으로 채택했다. 그리고 제3기는 1944년 9월부터 1945년 8월 패전에 이르는 시기로 '국민징용령'이 적용되어, 공공연히 무차별적으로 강제연행이 자행되었다. 이렇

---

9) 內務省 警保局, 「特高警察通牒」, 朴慶植, 『在日朝鮮人關係資料集成』(3), 三一書房, 1975, 20~23쪽.

게 진행된 강제연행은 일제의 본질, 특히 인력 수탈의 본질을 극명하게 나타내고 있다.

일제에 의해 정책적 필요에 따라 일본에 간 재일조선인의 인구 이동의 추이는 <표1>과 같다.

<표1> 일제강점기 재일조선인의 추이[10]

연 대	인구 수	증가수	연 대	인구수	증가수
1904	229	–	1938	799,865	174,187
1915	3,989	3,760	1939	961,591	161,726
1920	30,175	26,186	1940	1,190,444	228,853
1923	80,617	50,442	1941	1,469,230	278,786
1924	120,238	39,621	1942	1,625,054	155,824
1930	298,091	177,853	1943	1,882,456	257,402
1931	318,212	20,121	1944	1,936,843	54,387
1935	625,678	307,466	1945	2,365,263	428,420

필자는 재일조선인을 대상으로 한 도항정책에서 주목되는 것이 일본으로의 도항을 억제하려는 목적에서 조선총독부가 실시한 1919년 4월 경부총감령 제3호라고 생각한다. 이것이 '조선인의 여행 취체에 관한 건'이

---

10) 오자와 유사쿠 저, 이충호 역, 『재일조선인 교육의 역사』, 혜안, 1999, 67쪽, 樋口雄一, 『日本の朝鮮·韓國人』, 同成社, 2002, 206쪽.

다. 이를 통해 한국인은 한반도 이외의 지역을 여행할 때 소관 경찰서에서 여행증명서를 받고 한반도를 떠나는 출발지의 경찰서에 이것을 제출하게 만든 것이다. 이후인 1920년, 1922년에 재일조선인수는 본격적으로 늘어났고, 특히 1929년 공황 이후 조선인의 일본 이주가 절대 다수 증가했다. 그리고 강제연행기에 들어서는 전면적인 증가의 경향을 보인다.

2) 유학생과 학령아동의 도항

재일조선인들의 증가와 함께 가족 이주가 증가하면서 자녀수가 점증했다.[11] 이에 따라 이들의 교육문제가 발생하게 되었다.

실제로 1920년대 조선인의 국외유학은 증가현상을 보였다.[12] 이러한 현상은 3·1운동 이후 국내의 향학열이 높아졌기 때문이며, 한편으로 한반도 내에서 일제의 제도교육이 전면적으로 조선인의 향학열을 수용하지 못했기 때문이었다. 따라서 외국유학은 필연적으로 늘어나게 되었고, 결국 일본에 다수의 조선인이 유학하게 되었다.

1910년 이전의 도항유학이 주로 정부 주도로 진행된 것에 반해 1910년 이후의 재일유학은 사비유학이었다. 1910년대까지의 유학이 주로 문벌

---

11) 田中勝文, 「戰前における在日朝鮮人子弟の敎育」, 『愛知縣立女子大紀要』第18號, 1967. 田中勝文은 한인의 도항이 늘어남에 따라, 그 뒤를 따라 도항하거나 결혼에 의하여 태어나거나 하여, 그 자제의 수도 점증하여 갔다고 한다. 그리고 학령아동 수도 증가하였지만, 그 정확한 통계는 알 수 없었다고 하는 편이 옳다고 하면서, 재일한인 인구에 따른 학령아동 추정수를 다음과 같이 말하였다. 1924년 4,000명, 1928년 21,000명, 1931년 40,000명, 1934년 81,000명, 1937년 125,000명, 1940년 202,000명으로 추정했다.
12) 일본 유학은 필자의 다음의 책을 참고한다(김인덕 『식민지시대 재일조선인운동 연구』, 국학자료원, 1996, 49~52쪽).

과 권세 있는 집안의 후예들이 주였다면 1920년대 유학생의 숫자가 늘어나고 구성도 다양해지면서 고학생이 늘어났다.[13]

고학생들은 신문배달, 인력거 차부, 일용노동자로 노동에 종사하면서 생계를 유지하고 학비를 벌었다. 이렇게 되자 유학기간이 길어졌으며 동시에 유학생은 현실문제에 자연스럽게 관심을 갖게 되었다.

특히 전문학교 이하의 학교에 재학하는 학생들은 학비 때문에 야간에 공부하고 주간에 노동하는 경우가 많았다. 1929년 9월말 유학생 구성은 중등학교, 전문학교, 사립대학, 관공립대학 순이었다.[14] 다수의 유학생들이 다녔던 학교들은 기존에 알려져 있듯이 메이지대학(明治大學), 와세다대학(早稻田大學), 니혼대학(日本大學), 게이오대학(慶應大學) 등이었다.[15]

고학생이 다수를 차지하게 되면서 재일유학생의 내부구성이 변하여 전업적인 학문 연구보다는 이중적인 생활 속에서 특히 민족·계급적으로 자각하고 운동 단체에 참여(혹은 가담)하는 수가 늘어났다.

재일조선인은 민족, 계급적 착취를 당하면서 인간으로서의 최소한의 생활도 할 수 없는 상태였다. 결국 재일조선인에게는 굶주림과 민족적 멸시만이 존재했고 투쟁과 굴종 가운데 하나를 선택해야 하는 입장이었다.

이 가운데 학령아동을 대상으로 한 민족교육은 상당한 부담을 감내해야 하는 부분이었다. 재일조선인 민족교육은 1920년 이후 강연과 소규모 야학과 같은 교육 형태를 통해 볼 수 있다. 당시 재일조선인은 민족교육

---

13) 「內地に於ける朝鮮人と其犯罪に就て」, 朴慶植, 『在日朝鮮人關係資料集成』(1), 三一書房, 1975, 275쪽.

14) 「在留朝鮮人の運動狀況」(1929), 朴慶植, 『在日朝鮮人關係資料集成』(2-1), 三一書房, 1975, 1191쪽.

15) 「大正9年6月朝鮮人槪要」, 金正柱 編, 『朝鮮統治史料』(7), 宗高書房, 1970, 677쪽.

을 통해 민족의식을 고취했다. 야학을 통한 교육은 재일조선인 노동자가 노동현실에서 느끼는 민족적 차별의식과 모순을 식민지 지배라는 구조적인 문제의 인식으로 확대하는 데 영향을 주었고, 재일조선인 노동자들이 조직화 필요성을 절감하는 데에도 일익을 담당했다. 재일조선인의 정주화가 강화되면서 아동에 대한 교육은 한인 사회의 새로운 문제로 대두되었다. 1920년대에는 재일조선인 자신의 교육문제가 중시되었으나 1930년대에 들어서면서 학령아동 교육이 현안으로 대두되기도 했다.[16] 그것은 학령아동이 증가하는데 기인했다. 그 현황은 <표2>와 같다.

<표2> 재일조선인 학령아동 증가 현황[17]

연도	재일조선인 인구수	학령아동 추정수
1924	120,238	4,000
1928	243,328	21,000
1931	311,247	4,000
1934	537,576	81,000
1937	735,689	125,000
1940	1,190,444	202,000

16) 1924년 大阪市 거주 재일한인들은 5, 6군데의 소학교에 다녔다. 그 가운데 濟美第4 小學校 야간특별학급에 배치되어 다수가 교육을 받았다(塚崎昌之, 「1920年代の在阪 朝鮮人「融和」教育の見直し－濟美第4小學校夜間特別學級濟2部の事例を通して－」, 『在日朝鮮人史研究』35, 2005).
17) 오자와 유사쿠 저, 이충호 역, 『재일조선인 교육의 역사』, 혜안, 1999. 95쪽.

그런가 하면 1930년대 일본당국의 통제정책과 동화정책이 강화되는 과정에서 학령아동은 소학교의 정식교육을 받아야 했다. 그러나 조선인 학교가 인정되지 않았고, 한글교육이 금지되었다. 특히 朝鮮村에 대한 탄압은 강도를 더해갔다. 야학을 통해 한글[18] 교육이 이루어지고, 한복의 물결이 출렁이는 朝鮮村은 동화정책을 정면 위배하는 곳이도 했다.

필자는 사료상으로 재일조선인 학령아동의 총체적인 통계를 아직 확보하지 못했다. 기존의 연구에서 확인되는 내용을 중심으로만 학령아동의 취학 상황을 보면 다음과 같다.[19]

大阪의 1924년의 취학률은 28%에서 1932년에는 학령아동 7,225명 중 취학자수가 3,437명으로 취학률은 47.57% 상승했다. 그러나 이것은 완전 취학과는 관계가 없었다. 이러한 낮은 취학률은 1930년대 말까지 계속되었다. 당시 일본인 학령아동이 거의 100% 취학률이었던 점과 대비해 보면 극히 저조하다고 하겠다.[20]

1930년대 재일조선인 자녀의 취학 상황을 보면 다음 <표3>과 같다.

---

18) 한글, 조선어라는 용어를 동시에 채용한다.
19) 선행 연구는 다음을 참조한다(김인덕, 『식민지시대 재일조선인운동 연구』, 국학자료원, 1996; 오자와 유사쿠 저, 이충호 역, 『재일조선인 교육의 역사』, 혜안, 1999; 정혜경, 『일제시대 재일조선인민족운동연구』, 국학자료원, 2001; 도노무라 마사루 저, 김인덕 등역, 『재일조선인 사회의 역사학적 연구』, 논형, 2010).
20) 樋口雄一, 『日本の朝鮮 · 韓國人』, 同成社, 2002, 82쪽.

<표3> 1930년대 재일조선인 학령아동의 취학 상황[21]

연도/지역	학령아동(나이)	취학자수(명)	취학률(%)
1930/일본	32,782(7~14세)	18,974	53.5
1935/교토시	4,749(7~17세)	2,644	55
1932/오사카시	7,225(7~17세)	3,437	48
1935/고베시	2,460(6~15세)	1,885	53.5

이렇게 1930년대 재일조선인 자녀의 취학률은 53.5%이었다. 그리고 1932년 오사카시(大阪市)는 48%로 이것은 오사카의 열악한 생황을 반영한 수치라고 할 수 있다.

실제로 1931년 내선협회(內鮮協會)의 오사카시 재일조선인 취학아동 조사에 의하면, 주간부 4,386명, 야간부 2,407명, 합계 6,793명으로 이 가운데 35%에 해당하는 2,407명이 낮에는 일하고 야간부에 다녔다. 실제로 졸업생은 취학아동 총수의 18%에 지나지 않았다. 1932년에 <표3>과 같이 7세부터 17세까지의 학령아동 7,225명 가운데 48%인 3,437명이 취학하고 있었던 것으로 나타났다.[22] 1933년에도 14,052명이 취학대상 학령아동인데, 이 가운데 6,583명(46.9%)이 취학하고 있었다.[23]

1935년 오사카시에 있었던 학교(濟美二小(재학생 149명), 第西野田小

---

21) 姜在彦, 『在日朝鮮人の日本渡航史』, 신경환군을 돕는회, 1976.
22) 大阪府 學務部, 「在阪朝鮮人の狀況」, 朴慶植, 『朝鮮問題資料叢書』(3), アジア問題研究所, 1994. 100~101쪽.
23) 大阪府, 「朝鮮人に關する統計表」, 朴慶植, 『朝鮮問題資料叢書』(3), アジア問題研究所, 1994. 37~38쪽.

(재학생 110명), 難波櫻川小(재학생 126명)) 등 야간소학교(夜間小學校)는 전원이 재일조선인이었다.

이와 같이 재일조선인 학령아동은 정주화와 함께 늘어 갔다. 이들 학령 아동은 경제적, 정치적 이유로 제한적인 교육을 받아야만 했다. 동시에 취학자 중 재일조선인 학령아동의 비중은 증가했고, 특히 야학에서 차지 하는 재일조선인 학령아동의 비율은 급증했다. 몇몇 야학은 재일조선인 학교라는 이미지를 갖게 되는 경우도 있었다.

3. 일제의 재일조선인 교육정책과 관변 야학

1) 일제의 재일조선인 동화교육과 분리교육

일제강점기 재일조선인에 대한 교육은 근본적으로는 황국신민화, 동화교육이었다.[24] 문제는 정책적으로 재일조선인을 어떻게 교육시킬 것인가의 문제였다. 재일조선인의 교육정책의 주무관청은 문부성에 재일조선인 자녀들의 교육문제에 대해 조회했다. 1930년 5월 척부성 조선부(拓務省 朝鮮部)가 '내지 조선인의 학령아동은 소학교령 제32조에 의하여 그 보호자에 대하여 취학의무를 지워야 하는가?'라고 하는 질의를 했다. 이에 대해 같은 해 10월, 문부성 보통학무국장은 '내지 조선인은 소학교령 제32조에 의하여, 학령아동을 취학시킬 의무를 지는 것으로 한다.'라고 회신했다.[25]

---

24) 吳圭祥,『ドキュメント在日本朝鮮人聯盟 1945~1949』, 岩波書店, 2009. 127쪽.

이처럼 재일조선인 자녀의 교육은 의무교육으로 한다는 견해가 표명되었던 것이다. 조선 내에서는 동화교육이 시행되고 해방 당시까지 의무교육이 실시되지 않았던 점을 감안한다면 재일조선인에 대한 우대 조치였다고 할 수 있다. 반면에 내용적으로는 취학의무라고 하는 형태를 취하고 동화교육의 방침을 제시했던 것이다.

이러한 취학의무도 실제로는 일본인 학생을 수용한 후에 학교시설의 여유가 있을 때에 한하여 재일조선인 자녀를 입학시키는 내용이었다. 이러한 문부성의 취학의무의 적용은 1930년대 후반 협화회(協和會)시대까지 지속된 것으로 추정된다.26)

1938년 11월 일본 정부는 재일조선인들이 가장 많이 거주하고 있는 31개 도부현(道府縣)에 협화회를 설치한다. 모든 재일조선인은 협화회에 가입하는 것을 의무화하여 통제기관으로서의 본격적인 활동을 전개했다.

이 협화회에 의한 협화교육의 목적은 재일조선인 자녀의 내부에 '대화혼(大和魂)을 창조(創造)'하고, 그것을 통하여 내선일체를 실현하는 데 있었다. 당시 일본인 교사들의 생각으로는 재일조선인 학생들이 신민의식, 학력, 일본식 예절의 면에서 뒤떨어져 있다고 보고 이것을 시정하는 것이 협화교육이라고 왜곡된 시야를 갖고 있었다. 이러한 협화교육에서 동화를 방해하는 최대의 장애물로서 부모 세대의 민족성 유지를 들고 있다. 특히 재일조선인 집단 거주에 의해서 언어, 풍습, 습관 등이 보존되는 것을 가장 큰 문제라고 보았다.

실제로 협화사업 전체 속에서의 협화교육은 재일조선인 동화의 첨병

---

25) 오자와 유사쿠 저, 이충호 역, 『재일조선인 교육의 역사』, 혜안, 1999, 96쪽.
26) 이하 협화시대의 일반 내용과 협화교육은 다음의 책 참조(樋口雄一, 『協和會』, 社會評論社, 1986).

으로서의 기능을 기대하고 있었다. 그것은 유년기로부터의 동화의 결정성과 동화된 어린이들 통해 부모들의 동화를 꾀하였던 이중적인 의미를 지니는 것이었다고 할 수 있다.

이렇게 일제강점기 재일조선인 자녀들은 황국신민화·동화교육을 받았다. 황국신민화·동화교육은 재일조선인 자녀들을 일본제국의 신민 내지는 일본인화를 목적으로 했다. 이러한 이른바 '혼합교육'이 기본적인 교육 형태였다. 따라서 재일조선인이 민족학교를 설립하는 것은 전혀 허가가 되지 않았다. 그러나 여기에 일정한 틈이 존재했다. 그것이 '분리교육'이라고 할 수 있다. 이른바 민족학교의 설립이 가능하게 된 것은 일본의 사회·지방자치제·학교로부터의 차별의식에 기초한 이른바 '분리교육'의 추진 때문이었다고 생각한다.[27]

당연히 일제는 민족학교가 재일조선인 자녀들에게 민족 주체성을 키워준다는 견지에서 바람직하지 않다고 판단했다. 민족성이 강한 재일조선인의 일본인화를 위한 동화교육의 과도기적 수단으로 '분리교육'한다고 하는 발상은 격리교육의 차원이었다. 재일조선인 자녀들이 집단적으로 다니는 학교나 지역에서는 이들 조선인 자녀들이 일본인 자녀들에게 피해를 준다고 여겼기 때문에 '분리교육'이 제안되었다. 그리고 실시되었던 것이다. '분리교육'은 동화의 정책적 요구와 지역사회에서의 조선인 배척이라는 차별의식과 타협적 형태로 조선인 학생만의 학급 또는 학교를 설치하여 일본인화를 추진하는 특별한 교육제도였다. 따라서 조선인의 민족적 권리를 존중하려는 것은 아니었다.[28]

---

27) 이 내용은 선행한 오자와 유사쿠의 연구에 기초한다(오자와 유사쿠 저, 이충호 역, 『재일조선인 교육의 역사』, 혜안, 1999, 105~108쪽).

혼합교육이든 '분리교육'이든 재일조선인 자녀들이 학교에서 받은 교육내용은 같았다. 천황제 교육체제 아래 전국 2천여 소학교에서는 정형화된 교과과정과 교과서를 바탕으로 재일조선인 자녀들에게 동화·황민화교육을 강요했다. 재일조선인 학생들의 학교교육 형태가 혼합교육이든 분리교육이든 그 교육 내용은 일본의 경우 전국에 걸쳐 일률적으로 제정된 교육과정과 교과서에 의거했다.

실제로 일제강점기 재일조선인을 대상으로 한 '분리교육'의 전형으로는 효고현(兵庫縣)의 간사이보통학교(關西普通學校)를 들 수 있다.[29] 1920년대의 무코가와개수공사(武庫川 改修工事)에 종사한 조선인이 급증하여 학령아동도 늘어나게 되어, 조선인 학생을 일본 학생으로부터 분리시켜 1934년에 분교가 설립되었다.

이러한 분리교육은 재일조선인의 밀집 거주공간의 학교에서 실행되는 것이 보편적인 모습이었다.

2) 관변 야학

황국신민화·동화교육에 기초한 '분리교육'과 함께 재일조선인은 관변 야학을 통한 교육 기회를 갖게 되었다. 일제강점기 재일조선인 사회의 이른바 관변 야학으로 거론할 수 있는 것이 우선 상애회[30]에서 운영했던 경

---

28) 오자와 유사쿠는 이를 적극적으로 주장한다.
29) 김덕룡, 「초기 재일조선인 교육에서 쓰인 조선어 교재에 관한 고찰」, 강양원·클레어 유 편저, 『한국 이민초기 교육의 발자취』, 선인출판사, 2011, 177~178쪽.
30) 김인덕, 「상애회연구」, 『한국민족운동사연구』(33), 2002, 참조.

우이다. 오사카에서는 1923년 5월 오사카본부, 같은 해 10월에는 센난(泉南)지부가 존재했는데, 1923년 7월 츠루하시(鶴橋)의 이카이노(猪飼野)에 야학이 설치·운영되었다.[31] 그리고 1926년에는 와센본부(和泉本部)가, 1929년에는 와센본부의 센난지부가 야학을 설치했다. 여기에서는 주로 일본어, 수신, 선술, 습자와 한글을 가르쳤다.[32] 이와 함께 도쿄(東京)에서도 1921년 야학이 존재했고, 이들 학교는 1920년대 후반에 폐교되었다.

그리고 중요한 관변 야학이 내선협화회의 야학이다. 1924년 5월에 보호 구제를 명분으로 오사카부청 내에 오사카부 내선협화회가 탄생했던 것이다.[33] 오사카부 내선협화회는 결성 이후 교화사업을 주요한 사업내용으로 설정하고 그 일환으로 야학을 6개소에 설치 운영했다.[34] 그것은 여러 곳(西區 今宮, 東成區 鶴橋, 東淀川區 豊崎, 港區 鶴町, 東成區 中本, 堺市)에 설치되었다.

당시 야학에서 가르치는 내용은 수신·국어·산술·이과·지리·역사 등이었다. 매주 1회의 한글 교육도 포함되어 있었지만, 매주 7회씩의 일본어 교육보다 적은 비중을 차지했다. 야학의 교육 내용은 일본어를 중심으로 수신·역사 등 교화과목과 실용적인 과목인 산술·이과 등으로 이루어졌다.[35]

---

31) 『大阪朝日新聞』1924년 7월 11일 석간.
32) 『大阪朝日新聞』1926년 5월 26일, 1929년 6월 23일.
33) 大阪의 内鮮協和會는 1923년 10월에 설립되었으나 이듬해 5월 5일에 재단으로 정식 설립 인가를 받았다(梁永厚, 『戰後 大阪の朝鮮人運動』, 未來社, 1994년, 242쪽).
34) 東成區 소재 鶴橋와 中本지역 내선협화회 야간학교에 재학 중인 아동을 대상으로 한 출신도별 조사를 보면 1928년 10월에 中本야학교 재학생 64명 가운데 전남이 49명, 전북이 4명, 경남이 7명, 경북이 4명이다(大阪市 社會部, 『鶴橋·中本方面に於ける居住者の生活狀況』1928년 12월, 17쪽).

이 오사카부 소재 야학의 경우 주목했던 교육 과목은 일본어였다. 협화회 측이 일본어 교육을 통해 생활상의 불편함을 없앤다는 명분을 내세웠지만 실질적으로는 수신교육과 동시에 일본의 동화정책 그 자체였다.

이상과 같이 상애회와 협화회 모두 설립 단계부터 한글 수업시간도 있었으나 교과서는 조선총독부가 편집한 것을 사용했다. 그리고 수업은 동화정책에 의거해서 진행되었다고 판단된다.[36] 그러나 여기에서는 민족의 정체성과 관련한 내용이 수업시간에 자연스럽게 표현되었던 것으로 추측하는 것은 또한 어렵지 않다고 생각한다.

특히 조선어 교육이 재일조선인에게 적극적인 의미를 갖고 있다고 한다.『특고월보』1935년 9월호에는 학령아동을 민족적 편견에 기초한 잠재의식에서, 소학교에 취학시키는 것을 기피한다고 전제하고, 내지 재류 아동에 대해서는 그리 긴요하지 않은 일본어를 편중되게 가르치고 있는 것처럼 위장하여, 음으로 조선어 교육만을 하는 경향도 적지 않았다고 적기했다. 더욱이 교사 중에 언동주의가 요구되는 사람이 상당수 존재했고, 아동들에게 민족의 정체성과 공산주의사상의 주입에 노력했다고 평가했다.

이렇게 일제강점기 관변 야학에서는 당시 일부의 교사들은 학원비용으로 자본주의의 모순과 사회주의와 관련한 서적을 구입하여 사상연구에 심취하고 아동에 계급의식을 침투시켰다. 그리고 초청 연주회를 개최하여 러시아 혁명가를 가르치거나 계급의식이 표현되어 있는 영화를 보여주었다. 실제로 8월 1일 반전데이 때는 학생들에게 격문 살포의 임무를 맡겨 이들이 검속당하도록 하기도 했다.[37]

---

35) 樋口雄一,『協和會』, 社會評論社, 1986. 16쪽.
36) 이후에 협화회 활동이 활발하게 된 1936년 이후에는 일상생활에서 조선어 사용도 금지되는 방향으로 나아갔다.

4. 재일조선인의 자주적 민족교육

1) 다양한 민족교육 기관 설립

일제강점기 일본에 살던 재일조선인 자녀들은 전술했듯이 빈곤과 정치적인 이유 때문에 야간소학교에 조차 다니지 못했다. 그리고 선택하는 것이 사립학원과 같은 간이교육기관에서 공부하는 것이었다. 이들이 민족교육 기관의 형태를 취하고 민족교육 운동을 전개했다.

『조선일보』1931년 12월 9일자「재오사카조선인교육협회 창립」이라는 기사는 1931년 무렵의 오사카부 내에는 조선인이 경영하는 노동학원, 야학원, 유치원이 30개 남짓 존재했다고 전한다. 또한 여기에는 여러 학교(東光學院(1927년 이전 설립)[38], 浪華學院(1928년 설립), 新興學院(1928년 설립)[39], 東明學院(1929년 설립)[40], 槿花學園(1929년 설립)[41], 共濟學院(1931년 설립)[42], 關西共鳴學院(1931년 설립))가 확인된다.[43]

---

37) 內務省警保局,「社會運動ノ狀況」, 朴慶植,『在日朝鮮人關係資料集成』(2), 三一書房, 1975, 566쪽.
38)『조선일보』1928년 1월 14일자「일시 비운의 東光学院」.
39)『조선일보』1929년 8월 4일자「무산아동만을 가르치는 오사카 新興学院」.
40)『조선일보』1933년 5월 4일자「오사카 東明学院에 폐쇄 명령」.
41)『조선일보』1933년 2월 17일자「이역의 어린 동포 조선을 향해 호소해」.
42)『조선일보』1931년 12월 23일자「재오사카 共濟学院 낙성식을 거행」.
43) 그리고 神戸市 林田区 소재의 兵庫조선보육원(설립연도 불명), 京都 向上館보육원 (당초 교토 중앙보육원이라는 명칭, 1934년 설립), 朝陽유치원(1935년 설립), 東京 三河島유치원(1928년 설립), 高田學園(1933년 설립), 深川유치원(1936년 설립), 名古屋 보급학교(1933년 설립), 新成学院(1935년 설립)을 확인할 수 있다. 横浜市에 鶴見韓國私立學院(1935년)이 있었다(도노무라 마사루 저, 김인덕 등역,『재일조선

<표4> 오사카지역 학령아동 대상 재일조선인 관련 학교[44]

설립시기	학교명
1924	勉學院
1927	東光學院
1928	浦生夜學校
1928	浪華學院
1928	新興學院
1929	東明學院
1929	槿花學院
1930	共濟學院
1931	關西共鳴學院
?	耳原學院
1934	勇信會夜學
1934	誠信會夜學
1934	誠心夜間學校
1934	야간간이학교
1935	東曠夜學校
1938	無名夜學

인 사회의 역사학적 연구』, 논형, 2010, 참조).
44) 朴慶植, 『在日朝鮮人關係資料集成』(2)(3), 三一書房, 1975, 伊藤悦子「1930年代を
中心とした在日朝鮮人教育運動の展開」, 『在日朝鮮人史研究』第35号, 2005.

?	大友町夜學
?	東光學院
?	浦江學院

이 가운데 중요한 재일조선인 학교로 먼저 들 수 있는 것이 나니카학원(浪華學院)이다. 오사카의 나니와구(浪速區)에 거주하는 제주도 출신 재일조선인들은 1928년 11월에 나니카학원을 설립했다. 당시 10만 명 가까운 재일조선인에게는 가정교육이 없었고, 일본 아이들과 놀 수밖에 없는 구조였다. 여기에서 출발하여 일본어가 아닌 한글과 조선어 교육이 시작되었다.[45] 그리고 후원회를 조직하여 학교운영을 담당했다. 1930년 7월 23일에 열린 학예회에서 자본주의의 결점을 내용으로 하는 연설을 하기도 했다.[46] 설립 후에 나니카학원은 2년 동안 졸업생을 3백 명 배출했고, 야간교육기관으로 상당한 대중적 기반을 갖고 있었던 것으로 보인다.

또한 최대의 재일조선인이 거주하는 조선촌(東成區 中本町)은 1931년 4월에 간사이쿄메이학원(關西共鳴學院)을 세우기로 결의하고, 총경비 1700여원 모금에 나섰다. 건평 37평의 학원건물은 1931년 12월 1일에 낙성식을 갖고 다음 해 1월에 개교했다. 실제로 이 간사이쿄메이학원은 몇몇 조선촌이 연합하여 설립한 학교로 150명의 아동을 교육했다. 주된 교육 내용은 일상적인 교과로 한글을 중심으로 진행된 것으로 보인다. 이 학원은 유지회의 후원 아래 오사카 거주 재일조선인의 자랑거리였다. 1932년 2월 1일

---

45) 『동아일보』 1930년 11월 8일.
46) 『조선일보』 1930년 7월 29일, 7월 31일.

당국에 의해 학생 3인이 검속된 후 7월 25일에는 폐쇄되었다.[47]

간사이쿄메이학원과 제휴하여 사카이시(堺市)에는 미노하라학원(耳原學院)이 설립되어 조선 역사를 가르치기도 했다.[48]

나가카와치군 후세시(中河內郡 布施町)에 거주하는 재일조선인들도 1930년 10월 16일에 교사이학원(共濟學院)을 개교하여 미취학 한인 아동에 대한 교육을 실시했다. 교사이학원은 별도의 교사를 갖추지 못하고 학교를 개교했다. 그러나 아동이 50명으로 늘어나자 1931년 10월에 학원신축위원을 선정하고 300원을 모금하여 12월 16일에 낙성식을 가졌다.

1934년에는 세이신야간학교(誠心夜間學校)가 오사카에 개교하여 1942년 10월 15일까지 존재했다. 이봉춘이 설립한 이 학교는 11회 이상의 이전을 통해 명맥을 유지하다가 이봉춘, 고갑평, 김주삼 등이 치안유지법 위반으로 검거되어 문을 닫았다.[49]

오사카의 미나토구(港區)에서도 1934년에 야간간이학교가 설립되기도 했다. 1935년 5월에도 문을 연 학교(東曠夜學校)가 재일조선인을 대상으로 교육했고 일제의 탄압으로 8월 23일에 폐쇄되기도 했다.[50]

재일조선인의 민족교육이 전면적으로 추진된 동력은 민족운동의 중심이 되었던 노동, 청년운동세력이라고 보인다. 재일조선인 노동조합이 중점을 둔 사업에는 노동자를 대상으로 한 교육활동이 있었다. 재일조선인

---

47) 『조선일보』 1931년 11월 28일, 『중앙일보』 1932년 2월 8일.
48) 內務省警保局, 『社會運動の狀況』 1936, 朴慶植, 『在日朝鮮人關係資料集成』(3), 三一書房, 1975, 543쪽.
49) 김덕룡, 「초기 재일조선인 교육에서 쓰인 조선어 교재에 관한 고찰」, 강양원·클레어 유 편저, 『한국 이민초기 교육의 발자취』, 선인출판사, 2011, 173~174쪽.
50) 『민중시보』 1935년 9월 15일.

민족운동 단체는 상호부조와 친목을 목적으로 하는 경향에서 노동자계급의 성장과 함께 계급해방을 내건 조직으로 성장해 갔다. 이 가운데 상징적인 노동운동 단체가 재일본조선노동총동맹이다. 재일본조선노동총동맹은 1925년 2월 22일 조직되었다.[51]

대중적 민족운동 단체인 재일본조선노동총동맹은 조직의 강화를 위해 활동 분자들의 교육을 강화했다. 재일조선인 노동자의 70% 이상이 문맹이었기 때문에 계몽사업도 중요했다. 구성원들은 조합 활동의 의의와 한계 등에 대하여 무지한 상태여서 강사의 파견, 교재의 제작 그리고 강좌의 설치에 적극적이었다.

재일본조선노동총동맹 산하의 오사카조선노동조합은 1928년 가모야학교(浦生夜學校)를 개설했다. 이 학교는 전협[52]으로 오사카조선노동조합이 해소될 때까지 활동했는데, 40여명의 학생이 공부했다.[53] 구체적인 현황을 정리해 보면, 1928년 7월 15일에 히가시나리구(東城區)(浦生町 1번지 東北지부 浦生분회 내)에 가모야학부(浦生夜學部)를 설립했다. 그리고 7월 23일부터 수업을 시작했다. 교장은 마찬규이고 상무는 권영하, 심황파, 최말룡, 성복기, 보조교사 조규춘, 강사 마희규, 이동화, 김상구, 김광, 김문준 등의 이름이 확인된다. 이들은 주로 대판조선노동조합 간부들이었다.

한편 1925년 전후부터 조선청년동맹 산하 조직과 기타 청년단체들이 결성되었다. 이들 조직은 1926년 이래 국내 및 일본지역 운동 상황의 변화와 관련하여 통일기관의 필요를 통감했다. 삼청년동맹공동위원회의 결의

51) 「안내장」, 大原社會問題研究所.
52) 일본노동조합전국협의회의 약칭이다.
53) 伊藤悦子, 「1930年代を中心とした在日朝鮮人教育運動の展開」, 『在日朝鮮人史研究』第35号, 2005. 35쪽.

로 단일동맹을 조직하기로 한 재일본청년운동세력은 재일본조선청년동맹 준비위원회가 주도하여 1928년 3월 21일 오후 6시 덴노지(天王寺) 공회당에서 창립대회를 열었다. 그리고 재일본조선청년동맹을 결성했다.[54]

재일본조선청년동맹의 강령 가운데는 '재류조선청년의 의식적 교육과 훈련을 하고 좌익운동을 철저히 한다'는 내용이 포함되어 있었다.[55] 그리고 21개조의 행동강령 가운데 '조선에서의 시행되는 노예 교육정책에 절대 항쟁'을 결의했다.[56]

이러한 재일본조선청년동맹 오사카지부와 대판조선노동조합은 협력하여 민족교육을 진행하기도 했다. 대판조선노동조합은 재일본조선청년동맹 오사카지부와 함께 동광학원(東光學院)과 포강학원(浦江學院)을 설립하여 노동자를 대상으로 교육을 실시했다. 이들 학원은 노동자 공동출자로 설립되었으나 경영난에 직면하자, 1928년 3월 4일 청년동맹유지 간담회를 열고 회원 30여명이 의무적으로 1인 1원 이상을 납부하도록 결정하기도 했다. 이 학원들은 원래 야간부만을 개설했으나 '일선동화정책 반대(日鮮同化政策 反對)'의 차원에서 주간부를 개설하고 노동자의 의식화와 반일반제의식을 고취했다.

그런가 하면 융화친목적 성격의 단체에 의한 부분적인 민족교육이 진행되었다. 동광일심회(東光一心會)의 경우는 야학과 무료진료 등을 사업으로 하고 있었다.[57] 아울러 비슷한 성격의 신정회(愼正會)도 마찬가지로 야학 강습소와 무료숙박소의 설치를 계획했다. 그리고 조직 안에 지육부,

---

54) 『대중신문』(1928. 4. 1), 朴慶植, 『朝鮮問題資料叢書』(5), アジア問題研究所, 1994, 388쪽.
55) 「在留朝鮮人の運動狀況」, 朴慶植, 『在日朝鮮人關係資料集成』(2~1), 三一書房, 1975, 37쪽.
56) 『청년조선』(1928. 7. 7), 朴慶植, 『朝鮮問題資料叢書』(5), アジア問題研究所, 1994, 397쪽.
57) 『朝鮮思想通信』1927년 11월 24일~26일.

덕육부, 교풍부, 상담부가 설치되어 있었던 것으로 보아 계몽운동과 상호 부조가 중심이었던 것으로 보인다.[58]

1933년 10월 재일조선인이 경영하는 야학의 전폐가 일제에 의해 명령으로 내려졌다.[59] 이를 통해 독자적으로 움직였던 다수의 민족교육 기관은 없어지게 되고 학생들은 공립기관으로 흡수되어 갔다. 그러나 이후에도 재일조선인의 여러 형태의 학교는 지속적으로 재설립되어 민족교육을 담당했던 것으로 보인다. 1934년 무산청년의 계몽을 위해 용신회야학(勇信會夜學)이 설립되었고 이후 성신회야학(誠信會夜學)도 개설되었다.[60] 성신회야학은 겉으로는 일본어와 산술을 가르쳤으나 실제로는 조선어, 조선의 역사를 교수했다. 대상도 취학한 자녀뿐만 아니라 부모도 대상으로 하여 민족교육을 통한 민족적 자각을 촉진하고자 했다.

2) 재일조선인 민족교육의 성격

일본에서 재일조선인 학령아동을 대상으로 한 학교에서 진행되었던 것은 동화교육, 융화교육, 협화교육의 이른바 황국신민화교육이었다. 여기에서 자라난 재일조선인 자제는 황국신민화교육의 피교육자가 되었다.

일제강점기 일본에서 학교 교육을 받았던 대부분의 학령아동 재일조선인 피교육자는 부모와 달리 민족의 정체성과 관련하여 상반되는 논리 구조를 갖게 되었다. 절대 다수가 빈곤에 처해 있으면서도 부모는 학교에

---

58) 『조선일보』 1927년 6월 1일.
59) 『동아일보』 1933년 12월 15일 석간.
60) 『특고월보』 1943년 3월, 朴慶植, 『在日朝鮮人關係資料集成』(5), 三一書房, 1976, 120~126쪽.

자녀를 보내고자 했고, 이것이 그 길을 인도했던 것이다. 조선에서 태어나서 자란 아버지와의 대립, 이것을 초래된 상황은 황국신민화교육, 일본인으로서 교육받은 결과였다. 부모가 함께 조선촌의 '조선인의 세계'에서 생활하면서도 자식들은 일본인, 황민 소년으로서 자랐다. 이런 가운데 재일조선인의 민족교육이 전개되었던 것이다. 여기에는 일하면서 배우지 않으면 안 되었던 환경이 영향을 미쳤음은 물론이다.

특히 학령 초과자가 다닌 야간소학교에는 재일조선인 학생들의 경우 10대 후반의 청소년이 많았다. 이들은 일하며 공부하고 생활하면서 고향으로 돈까지 보냈다. 물론 다수의 학령아동인 재일조선인 자녀들은 야학에 다녔다.

이러한 재일조선인의 민족교육은 조선촌이 중심이었다. 생활의 공간, 부조의 장으로서의 조선인 부락과 민족교육을 사수하는 장으로서의 역할 이외에도, 대중적 재일조선인 민족운동 단체였던 각종 사상단체와 재일본조선노동총동맹, 재일본조선청년동맹 그리고 전협 활동의 거점이었다. 조선촌에서는 한글 책이 읽혔고, 조선어로 자유롭게 대화가 가능했다. 그야말로 해방구였던 것이다.

조선촌을 중심으로 전개된 재일조선인의 민족운동은 민족교육과 깊이 관련되어 있었다. 반일적 성격의 신문, 잡지는 재일조선인의 단결이 공고화되는 초석이었고 민족교육의 또 다른 기반이었다. 특히 재일조선인이 독자적으로 만든 조선인무산자진료소의 경우도 일제에 의해 탄압의 대상이 되었으나 진료소의 이익금으로 교육기관을 운영하는 모습은 민족운동과 민족교육 그리고 일상생활이 어떻게 결합되어 있는지를 보여주는 증거라고 할 수 있다.

이상과 같이, 학령아동을 대상으로 한 재일조선인의 민족교육은 교육 방향과 교육 내용면에서 볼 때, 교수받은 이들을 직접적인 민족운동가로 양성하지 않았다고 생각된다. 그러나 이러한 민족교육 기관을 통해 한글과 역사를 배우고 민족적 자부심을 느끼는 것은 보이지 않은 정체성 유지의 근간으로 작용했던 것은 분명하다.

5. 결론

본고는 오사카지역의 학령아동을 대상으로 일제강점기 재일조선인의 민족교육을 중심으로 살펴 본 제한된 연구이다. 필자는 해방 이후 재일조선인 민족교육의 전사로 민족교육의 통사적 관점에서 민족교육과 '정체성'의 상관관계를 학령아동을 대상으로 한 민족교육에 주목해 살펴보았다.

재일조선인을 대상으로 한 도항정책은 기본적으로 일본자본주의의 필요에 따른 통제가 기본 방향이었다. 특히 재일조선인들의 증가와 함께 가족 이주가 증가하면서 자녀수가 점증해 갔고, 이에 따라 이들을 대상으로 하는 교육문제가 발생하게 되었다. 실제로 1920년대 한국인의 국외유학은 증가현상을 보였고, 동시에 학령아동의 경우는 오사카에서의 1924년 취학률은 28%에서 1932년에는 47.57% 상승했다. 낮은 취학률은 1930년대 말까지 계속되었던 것으로 정리할 수 있다.

이들 재일조선인 학령아동을 대상으로 하는 일제강점기 교육은 황국신민화교육이었다. 다소간의 시기적 차이는 있으나 정책적으로 재일조선인에게 융화, 협화, 분리교육이 실시되었다. 황국신민화교육은 재일조선인 자녀들의 일본인화를 지향했다. 이러한 이른바 '혼합교육'이 기본이었고, '분리교육'을 실시했다. 여기에서 일정한 합법적인 재일조선인의 민족교육의 존재 공간이 마련되었다.

재일조선인의 민족교육은 관변 야학, 간이학교 등지에서 진행되었다. 이들 학령아동을 대상으로 하는 민족교육은 특히 정체성과 관련해서는 공산주의계와 노동운동계 등이 주도했다고 보인다. 특히 주요 재일조선인 민족운동 단체가 주도했음은 물론이다.

이상과 같은 재일조선인의 민족교육은 정체성 교육을 중심으로 진행되었을 것으로 보인다. 그 내용은 한글, 조선어 말하기, 한국 역사 등의 교육을 통해 단면이 확인된다고 생각한다.

III. 해방 후 조련의 민족교육에 대한 연구

1. 서론

1945년 해방되자 재일본조선인연맹[1]은 우리글과 우리말을 모르는 아동과 일반인을 대상으로 하여 우리 말, 우리글을 가르쳤다. 이러한 최초의 민족교육은 조국에 돌아가 생활하는 데 조금이나마 역할을 하기 위한 것에서 출발했다.

실제로 해방 직후 재일조선인 사회의 교육열은 대단했다. 당시를 회고한 이은직[2]의 인터뷰는 주목된다.[3]

---

1) 이하 조련으로 줄인다.
2) 1917년 생/ 전라북도 출신/ 신태인공립보통학교 졸업/ 1937년 3월 야간 상업학교 졸업/ 1941년 12월 일본대학 법문학부 예술과 문예학 전공 졸업/ 1942년 1월 일본학예통신사 편집부 입사/ 1945년 2월 중앙홍생회 신문국으로 전출/ 1945년 11월 조련 활동, 교재 편찬/ 1960년 조선장학회 이사(李殷直, 『「在日」民族敎育の夜明け』, 高文研, 2002, 763쪽).
3) 윤희상, 『그들만의 언론』, 천년의 시작, 2006, 277쪽.

해방되어서 일제 우리 동포들이 조선에 데려갈 때까지만 우리말과 글을 가르쳐달라 해서 조련사무실에 애들을 데려왔어요. 그래서 조선 말 강습소가 벼락같이 전국적으로 생겼죠. 선생도, 교과서도 학교건물도 없는 가운데 시작했어요. 46년에(저는 가고 싶었지만) 조선에 못 가게 됐잖아요. 근데 애들은 일본학교 가기 싫다는데요. 해방돼서 애들끼리 모여서 우리 선생이 가르치니까 학대하지 않고 노는 게 재미있으니까 다시는 일본학교 안 간다는 거예요. 그러니 우리가 학교를 세울 수밖에 없었죠.

당시 재일조선인 사회는 대부분 귀국준비로 분주했고, 이들은 귀국준비의 일환으로 민족교육을 실시했다. 특히 몇 명만이라도 모이면 강습회를 열었다. 여기에서는 한글과 역사를 가르쳤다. 규모가 큰 강습회는 일본 학교의 유휴 시설을 빌려 사용했다.[4] 해방 전에도 재일조선인이 독자적인 교육을 실시하지 않은 것은 아니었다. 일제가 민족말살정책과 황민화교육을 실시했지만, 재일조선인 밀집지역에서는 일본 학교를 다니지 못하거나, 다니지 않는 재일조선인 자녀들을 위해 야학이 존재했다.[5]

해방 공간 재일조선인 사회는 조련이 중심적인 역할을 수행했다. 이 조련의 활동을 구분하면, 1945년 8월 15일부터 같은 해 10월 15일의 제1회 전국대회 결성까지의 시기를 '조련 탄생기', 전국결성대회 이후 1946년 2월 27일의 제2회 임시대회까지를 '조련 기초 확립기', 제2회 임시대회에

---

4) 전준, 『조총련연구』(1), 고려대학교출판부, 1973, 433쪽.
5) 小澤有作, 『在日朝鮮人敎育論』, 亞紀書房, 1988(다음의 책으로 번역되었다. 오자와 유사쿠 지음, 이충호 옮김, 『재일조선인 교육의 역사』, 혜안, 1999) 이러한 해방 전의 재일조선인 교육문제는 취학률이 낮았고, 교육의 목표가 군국청소년의 교육에 있었으며, 자주적인 교육에 대한 탄압이 자행되었다(조선대학교 민족교육연구소, 『재일동포들의 민족교육』, 학우서방, 1987, 9~12쪽).

서 1946년 10월 15일 제3회 정기대회까지를 '조련 실천적 활동기'로 나눈다.[6] 즉 제1단계는 모든 문제를 자주적으로 해결하기 위해 조직을 만들었으며, 제2단계는 친일파, 민족반역자, 반동자에 대한 숙청, 본국에 특파원 파견, 정치범석방운동, 삼상회의 지지, 인민공화국 지지 활동 등을 전개했다. 제3단계는 정세의 변화에 따라 새로운 선언과 강령 아래 조선민주주의민족전선을 지지하여 참가하고, 일본민주전선과 제휴하며 반동단체에 대해 적극적 투쟁을 전개했다. 아울러 제4회 전체대회와 제5회 전체대회가 열렸는데, 제4회 대회시기를 조직적 발전에 기초하여 민족교육 운동이 강화되었던 사실에 주목하여 '실천적 활동 강화기'로, 제5회 대회 시기를 국내정세와 연동하여 정치적 입장을 분명히 했던 '정치적 활동 고양기'로 규정할 수 있다고 생각한다.

이 조련에 대한 선행 연구는 해방 이후 재일조선인 관련 연구에서 다른 어떤 주제보다 성과가 많다.[7]

본고는 조련과 민족교육에 대한 연구 성과에 토대하여, 조련의 민족교육에 대해 살펴보겠다. 필자는 재일조선인 민족교육 전반에 대한 시기 구분과 조련의 민족교육 운동의 내용에 따라, 조련의 민족교육을 초창기(제1, 2회 전체대회), 성장기(제3, 4회 전체대회), 전환기(제5회 전체대회)로

---

6) 『在日本朝鮮人聯盟第三回全國大會議事錄(附)第八回中央委員會議事錄)』, 朴慶植 編, 『朝鮮問題資料叢書』9卷, アジア問題研究所, 1983, 78쪽.

7) 선행연구는 다음의 글을 참조. 김인덕, 「재일본조선인연맹 '제3회 전체대회'에 대한 사실적 고찰−제3회 전국대회의사록을 중심으로−」, 『사림』(25), 2006. 6, 김인덕, 「해방 공간 재일본조선인연맹의 결성에 대한 연구」, 『한일민족문제연구』(10), 2006. 6, 이연식, 「해방 후 재일조선인에 대한 국내의 연구성과와 대중서 서술」, 『한일민족문제연구』(5), 2003.

나눌 수 있다고 생각한다. 이에 따라 본고는 조련의 민족교육을 초창기, 성장기, 전환기로 나누어 살펴보고 전체대회를 중심으로 방침의 변화에 주목하겠다. 아울러 조련 내부 민족교육의 주요 조직과 각종 활동, 즉 학교 설립, 교재 편찬 등에 대해 살펴보겠다. 아울러 조련의 한신교육투쟁에 대한 인식과 전술에 대해 파악하여, 한신교육투쟁의 역사적 의의를 평가하는데 기여하겠다.

2. 민족교육의 출발

1) 제1회 전체대회

1945年 10月 15日에 히비야공회당(日比谷公會堂)에서 조련 결성대회가 개최되었다. 이 자리에서는 5천명의 대의원이 모여 준비위원장 조득성을 임시의장으로 선출했고, 부위원장인 권혁주가 경과보고를 했다.

결성대회였던 제1회 전체대회는 위원장에 윤근, 부위원장에 김정홍과 김민화가 선임되었고, 중앙위원 25명, 지방위원 25명이 선출되었다. 그리고 총무부, 지방부, 재무부, 정보부, 외무부, 사회부, 문화부 등 7개의 부서를 조직했다.[8] 그리고 '재일본조선인연맹을 결성할 것', '재일 조선 민족 3백만 명은 3천만 민족의 총의로 수립되는 조국의 민주정부를 지지하고, 건국의 위업에 진력할 것' 등을 만장일치로 가결시켰다. 또한 준비위원회가 작성한 대회 선언, 강령, 규약을 채택했다.

---

8) 朴慶植, 『解放後在日朝鮮人運動史』, 三一書房, 1989, 57쪽.

이 조련은 1945년 11월 각 지방본부 문화부장 앞으로「문화활동에 관한 지지」(중총(문)제2호)를 내렸다. 여기에서 조련은 한글 교재를 만들고, 대량으로 인쇄하여 배포하도록 했다. 그리고 한글 강사 지도반을 조직하여 한글강사를 양성했다.[9] 이렇게 조련이 결성된 이후 재일조선인의 민족교육도 본격화되었다. 그리고 조련은 민족학교를 설립했고, 그것은 귀국 준비의 일부분이었다.

민족학교의 설립에 앞서 재일조선인은 국어강습소를 통해 민족교육을 했다. 1946년 1월 조련은 제1회 문화부장회의에서 최초로 한글보급운동에 대해 논의했고, 강습소식의 한글 교육을 학교형식으로 편성하기 위해 토의했다. 특히 제2회 중앙위원회에서 문화부 내에 초등교재편찬위원회를 신설할 것을 결정했다. 그리고 조련은 1946년 2월 중앙기구 내에 초등교재편찬위원회를 두었다.

조련 창립과 함께 재일조선인 민족교육은 본격적으로 시작되었다. 해방 이후 신국가건설에 대한 열의와 함께 2세 교육은 재일조선인 사회의 본질적인 과제였다. 그것은 우선 국어강습소 중심의 민족교육으로 조직화되었고, 그리고 교원 교육과 교재 편찬이 시작되었다. 이것은 문맹퇴치운동으로 계몽운동의 성격을 띠고 있었다.

2) 제2회 임시전체대회

1946년 2월 27일부터 28일에 나기타쵸(永田町)국민학교 강당에서 제2

---

9) 金德龍,『朝鮮學校の戰後史－1945～1972－』, 社會評論社, 2002, 29쪽.

회 임시전체대회가 열렸다.[10] 『민중신문』1946년 3월 25일자에 보면 첫째날의 모습을 다음과 같이 기록하고 있다.[11]

27일에는 정각 전부터 대의원석과 방청객은 초만원이 되고, 회장 내외에는 동경지방청년대원들이 엄중히 경비하고 있었다. 회의는 조련위원장 윤근씨의 개회 선언에 따라 엄숙하게 국기에 대한 경례, 해방운동 희생자와 연합군병사에 대한 감사, 조국의 완전 도립을 기원하는 묵도가 있은 후에 '독립의 아침'의 합창으로 개시되고

대회는 실제로 700여명의 청년행동대의 경비 아래 열렸다.[12] 참가자는 약 1,100명이었다. 그리고 아키타현(秋田縣)본부 위원장 김재화[13]의 사회로 시작되었다. 대의원 487명이 출석하여 대회 집행부는 김정홍, 조희준 등으로 구성했다.[14]

제2회 임시전체대회 제2일째인 1946년 2월 28일에는 조련 청년대에 의해 몸 검색까지 하는 가운데 대회를 속개했다.[15] 그리고 조선인민공화국과 신탁통치안의 지지, 조선민주주의민족통일전선 가맹 등의 내용을 결정했다. 이와 함께 교육문제도 결의했다.[16] 특히 민족교육과 청년교육

---

10) 『民衆新聞』1946년 3월 25일.
11) 朴慶植 編, 『朝鮮問題資料叢書』(補卷), アジア問題研究所, 1984, 13쪽.
12) 朴慶植, 『解放後在日朝鮮人運動史』, 三一書房, 1989, 62쪽.
13) 이미 김재화는 조련 탈퇴를 결심하여 건동과 깊은 관계를 맺고, 사전에 건동 측의 사람들과 치밀한 계획을 세웠다(권일, 『권일회고록』, 한민족, 1982, 96쪽).
14) 『民衆新聞』1946년 3월 25일(朴慶植 編, 『朝鮮問題資料叢書』(補卷), アジア問題研究所, 1984, 13쪽).
15) 이후 김재화는 3월 7일 '재일동포를 공산주의자로부터 해방시키자'라는 성명서를 발표했다(권일, 『권일회고록』, 한민족, 1982, 96쪽).
16) 坪井豊吉, 『在日朝鮮人運動の概況』, 法務研修所, 1958, 98쪽.

강화의 방법으로 초등학원 신설, 도쿄에 3·1정치학원 설치, 오사카에 8·15정치학원 설치를 거론했다. 제2회 임시전체 대회에서 결정한 이 東京의 3·1정치학원, 오사카의 8·15청년학원 설치에 대한 건은 교사양성이 목표였다. 조련은 다양한 방식으로 교원을 양성했는데, 대표적인 양성학교로는 조련중앙고등학원, 중앙조련사범학교, 오사카조선사범학교 등과 여성 활동가 양성을 위한 조련양재학원이 존재했다.[17] 실제로 이 학교들은 대부분 활동가 양성을 주된 목적으로 했다. 특히 3·1정치학원은 일본공산당에 의한 조선인 공산당원 양성의 역할을 했던 학교였다.[18]

제2회 임시전체대회는 민주·민족교육 추진을 위해 문교부에 교육대책위원회를 설치했다. 이 교육대책위원회는 주로 민족교육을 지도하기 위한 교사의 알선과 교과서 편찬을 담당했다. 그런가 하면 1946년 4월 오사카에서는 조선인교원조합이 조직되었으며, 도쿄에서도 재일조선인교육회가 결성되었다. 이것이 1946년 12월 8일에는 동경조선인교원조합으로 발전했다.[19] 그리고 같은 해 3월에는 오사카에 건국공업학교[20]가 개설되었다. 6월에는 오사카조선사범학교[21]를, 9월부터 10월에 걸쳐서는 교토(京都), 오사카, 도쿄 등지에 중학교를 열었다.[22] 이 가운데 동경조선중학교는 1946년 10월 5일 개교했다.[23]

17) 鄭榮桓, 「'解放'後在日朝鮮人運動における活動家層の形成と展開－在日本朝鮮人聯盟を中心に－」, 一橋大學大學院 修士論文, 2005, 58~67쪽.
18) 鄭榮桓, 「'解放'後在日朝鮮人運動における活動家層の形成と展開－在日本朝鮮人聯盟を中心に－」, 一橋大學大學院 修士論文, 2005, 62쪽.
19) 전준, 『조총련연구』(1), 고려대학교 아세아문제연구소, 1972, 589쪽.
20) 이후 백두학원의 건국학교가 되었다. 홈페이지는 다음과 같다. http://www.keonguk.ac.jp
21) 梁永厚, 『戰後·大阪の在日朝鮮人運動』, 未來社, 1994, 55쪽.
22) 神戸에서는 1946년 6월부터 중학교가 만들어져서 중학 교육이 실시되었다(「김경해인터뷰」(서울 종로 맥도날드, 2006년 8월 15일).

1946년 10월 5일 그날은 아침에 비가 내리고 있었다. 사람들은 좁은 골목길을 조선중학교가 섰다는 자리를 찾아 들어 갔다. 사람들의 수는 어느덧 500명을 훨씬 넘었다. 8천 평을 넘는다는 학교의 부지는 높고 낮은 언덕과 웅뎅이이며 그나마 잡초가 무성하였다. 그것은 일제군대가 조선 인민과 아시아인민들에게 침략전쟁의 참화를 들씌우고 야수적인 착취와 압박, 살인만행을 감행하던 시기의 화약내 풍기는 병기창이였다.

키를 넘는 잡초 속을 녹슨 철길이 달리고 키 높은 수목들과 언덕사이에 숨듯이 지하화약저장고의 퍼렇게 이끼 낀 판자집들, 자그마한 철창을 낸 육중한 콩크리트창고…… 그것은 일제군대의 망령이라도 나올듯 한 음산한 폐허였다.

서쪽 둘레에는 개교를 준비한 일군들이 새로 철조망 울타리를 둘러쳤는데 그 저쪽에는 일본군대가 쓰던 마사진 무기들이 너저분하게 흩어져 있었다. 미군이 쓰고 있는 실탄 사격장쪽에서 자지러지듯한 기관총소리가 간단없이 사람들의 귀청을 때렸다. 그것은 배움의 보금자리라고 하기엔 너무나 어수선하고 살벌한 풍경이였다. 그러나 동포들과 학생들은 그런것도 눈에 들지 않는듯 기쁨에 어이할바를 몰라 하였다.

오전 11시. 하늘도 이날을 축하하는가. 어느덧 비가 멎고 푸른 하늘이 펼쳐졌다. 력사적인 개교행사 및 입학식이 시작되였다. 노래소리가 힘차게 울려 퍼졌다(주: 노래는 《해방의 노래》였다). 학교장이 연설을 하고 이어 11명의 교원이 소개되였다. 입학생 329명의 이름이 호명되고 한 학생이 입학생을 대표하여 결의를 다지였다. 그는 도꾜 조선중학교 첫 입학생으로서 자신들에게 지워진 사명을 자각하고 우리 말과 글, 우리 력사와 문화를 배우고 또 배워 조선의 아들딸로, 새 조국 건설의 역군으로 튼튼히 준비하겠다는 것을 엄숙히 맹세하였다.[24](원문 그대로: 필자)

이렇게 동경조선중학교는 병기창 자리에 철조망을 울타리로 하여 교사를 마련하고 창립되었다. 학교는 시작되었으나 학교란 이름뿐이고 흑판도 책상

23) 『도꾜조선중고급학교10년사』(1956. 10. 5), 창립10주년기념연혁사편찬위원회, 1956.
24) 『조선신보』 2001년 10월 29일.

도 걸상도 없었다. 비가 좀 많이 오면 천장에서 빗물이 샜다.[25] 개교 이후 수일이 지나니 새 흑판이 들어 왔고, 또 2, 3일이 지나니 책상이 들어왔다. 그때마다 학생들은 환호성을 질렀고, 책상과 걸상을 애지중지 매만졌다고 한다.

그런가 하면 5월 25일부터 26일에는 교바시공회당(京橋公會堂)에서 제6회 중앙위원회가 36지방 84명의 중앙위원이 모여 열렸다.[26] 이 회의에서 생활옹호와 민족교육의 강화를 결정했다.[27] 그리고 10월 19일의 제8회 중앙위원회에서는 초등학원의 교육과정안을 책정하고 교재편찬의 질적 향상에 노력했다.[28]

이상과 같이 해방 후 약 1년 동안에 초등학교 525개교(아동 42,182명, 교사 1,022명), 각종 청년학교 12개교(학생 724명, 교사 54명)[29]를 개설하여 학교교육 체제를 확립했고, 조선어 교과서를 사용하여 교육을 하게 되었다. 그리고 조련은 문교부 내 교육대책위원회 조직을 통해 민족교육 사업을 조직했고, 초등교재편찬위원회, 조선인교원조합 등을 통해 민족교육 강화의 조직적 기초를 수립했다. 또한 각종 민족학교의 설립을 통해 정규 교육의 형태를 갖추어 민족교육의 토대를 마련했다.

---

25) 『조선신보』 2001년 10월 29일.
26) 『民衆新聞』 1946년 6월 5일.
27) 『民衆新聞』 1946년 6월 5일.
28) 金德龍, 『朝鮮學校の戰後史−1945~1972−』, 社會評論社, 2002, 43쪽.
29) 『民主朝鮮』 1950년 5월 26쪽. 1946년 10월자. 오자와 유사쿠, 김경해는 초등학교 525개교(아동 42,182명, 교사 1,022명), 중등학교 4개교(학생 1,180, 교사 53명), 청년학교 12개교(학생 714명, 교사 54명)라고 한다(오자와 유사쿠 지음, 이충호 옮김, 『재일조선인 교육의 역사』, 혜안, 1999. 195쪽, 김경해 지음, 정희선 외 옮김, 『1948년 한신교육투쟁』, 경인문화사, 2006, 132쪽).

3. 민족교육의 성장

1) 제3회 전체대회

제3회 전체대회는 1946년 10월 7일 도쿄, 오사카의 재일조선인생활옹호전국대회의 뒤를 이어 열렸다. 이 대회를 기초로 하여 10월 14일부터 4일[30] 동안 제3회 전체대회가 열렸다. 이 대회에서는 제2회 전체대회 이후의 활동의 총괄과 신년도의 활동방침 및 선언, 강령, 규약을 토의·결정했다.[31]

특히 넷째날 회의는 오전 10시 15분에 이쿠노구(生野區) 히가시모모타니(東桃谷)국민학교 대강당에서 열렸다.[32] 여기에서는 조희준이 메시지를 낭독하고 향후 금후 1년 동안의 활동 방침에 대해 설명했다. 그리고 의안으로 첫째, 동포생활의 안정, 둘째, 교육 및 계몽, 셋째, 본국 임시정부 수립 촉성, 넷째, 조직 강화 등이 가결되었다. 이 가운데 교육 및 계몽에 대한 구체적인 내용을 보면 다음과 같다.[33]

  ① 학교 건물 주선을 일본정부에 요구하라.
  ② 모성계몽운동을 철저히 하라.

30) 『解放新聞』 1946년 9월 25일.
31) 朴慶植, 『解放後在日朝鮮人運動史』, 三一書房, 1989, 156쪽.
32) 『在日本朝鮮人聯盟第三回全國大會議事錄(附)第八回中央委員會議事錄)』, 朴慶植 編, 『朝鮮問題資料叢書』 9卷, アジア問題研究所, 1983, 38쪽.
33) 『在日本朝鮮人聯盟第三回全國大會議事錄(附)第八回中央委員會議事錄)』, 朴慶植 編, 『朝鮮問題資料叢書』 9卷, アジア問題研究所, 1983, 39쪽.

③ 중등학교 설치를 촉진하라.

④ 탁아소를 설치하라.

한편 조련의 선언, 강령은 조련의 정치노선이 명확했던 제2회 전체대회에서 수정을 위해 토의되었다. 그리고 제3회 전체대회에서 정식으로 채택·발표되었다. 선언의 골자 및 강령에는 민족반역자, 친일파를 제외하는 내용이었다. 또한 진보적 민주주의 국가 건설, 재일조선인의 권익옹호와 생활의 향상, 세계민주주의 세력과의 제휴를 천명하고 있다. 특히 제3회 전체대회에서 결의된 조련의 4대 방침[34] 중에는 교육과 계몽에 대한 내용도 보인다.[35] 이와 함께 조련의 일반 활동 방침 가운데[36]에는 교육 및 계몽에 관해서 거론할 때, 다음 정기대회까지 문맹을 퇴치하고 초등학교와 학교관리조합의 조직을 중시했다. 특히 어린이들을 진보적 민주주의의 건국이념과 조국애가 철저한 사회공민으로 양성하는 것을 목적으로 하는 초등학원의 교육방침을 정했다.

아울러 조련은 제3회 전국대회에서 다음과 같은 초등학교의 교육 방침을 설정했고,[37] 학교 건설과 경영, 교원 양성, 교과서의 편집 등에 대한 계획을 세웠다.

---

34) 4대 방침은 다음과 같다. 첫째, 동포생활의 안정, 둘째, 교육과 계몽, 셋째, 본국 임시정부 수립의 촉성, 넷째, 조직의 강화(『在日本朝鮮人聯盟第三回全國大會議事錄((附)第八回中央委員會議事錄)』, 朴慶植, 『朝鮮研究資料集』9卷, 三一書房, 1983, 53쪽).

35) 『在日本朝鮮人聯盟第三回全國大會議事錄((附)第八回中央委員會議事錄)』, 朴慶植 編, 『朝鮮問題資料叢書』9卷, アジア問題研究所, 1983, 53쪽.

36) 『在日本朝鮮人聯盟第三回全國大會議事錄((附)第八回中央委員會議事錄)』, 朴慶植 編, 『朝鮮問題資料叢書』9卷, アジア問題研究所, 1983, 52~59쪽.

37) 『在日本朝鮮人聯盟第三回全國大會議事錄((附)第八回中央委員會議事錄)』, 朴慶植 編, 『朝鮮問題資料叢書』9卷, アジア問題研究所, 1983, 54쪽.

① 진보적 민주주의와 건국이념에 기초하여 조국애에 철저한
　사회공민을 양성함.

② 실행력과 책임감이 강한 근로정신을 함양함.

③ 건강한 신체와 강철같은 의지를 배양함.

④ 미적 정조와 과학적 탐구심을 도야함.

⑤ 교육의 과제는 광범하고 풍부하게 채택하여 젊은 세대로 하여금
　국가와 사회 모든 문제에 깊은 관심을 가지도록 지도함.

제3회 전체대회 이후인 1946년 12월 10일과 11일 이틀 동안의 제3회
전국문교부장회의에서는 조련 중앙에 대한 건의안으로 재일본조선인교
육자동맹의 조직문제가 처음으로 제기되었다. 그리고 1947년 6월 25 ·
26일 제4회 전국문교부장회의 이후 이틀 후인 1947년 6월 28일 재일본조
선인교육자동맹 도쿄지부가 조직되었다.[38] 초대위원장은 김여두, 부위
원장은 임광철이었다.[39]

조련은 1947년 7월 조련은 신학기부터 일본의 학제에 맞추어 6 · 3제
를 취할 것과 교육규정(「문교국교육규정에 관하여」(1947. 6. 25))을 결정
했다. 주요한 내용은 다음과 같다.[40]

① 반항구적인 교육 행정체계의 수립

② 학교교육제도 초 · 중 · 사범학교로 정비

③ 학교의 경영권과 민족교육에 대한 인사권, 교원의 자격과 권리 등
　정리

---

38) 재일본조선인교육자동맹으로 발전한다.

39) 金德龍, 『朝鮮學校の戰後史－1945~1972－』, 社會評論社, 2002, 60쪽.

40) 金德龍, 『朝鮮學校の戰後史－1945~1972－』, 社會評論社, 2002, 33쪽. 전4장 46조였다.

이렇게 교육규정을 제정하고, 교육의 행정과 운영의 전반적인 방침을 확정하여, 전국의 조선인학교에 공통된 기준으로 삼았다. 제도적 관점에서 보면, 재일조선인의 민족교육은 1년 반의 전사를 거쳐 1947년 신학기 시점에서 체계성과 통일성을 갖추게 되었다. 6월에는 일본의 학교교육법이라 할 수 있는 이 교육규정과 함께 조선인학교 조직운영의 세칙을 정했다. 그 내용을 보면 다음과 같다.[41]

① 조련 문교국이 중앙집권적으로 학교를 지도
② 학교는 초등학교 · 중등학교 · 사범학교의 3종을 수립
③ 경영은 운영회 또는 관리조합이 담당
④ 교육의 자격 · 신분 · 권리를 명확히 한다.
⑤ 학생의 입학 · 수업 · 졸업 명문화
⑥ 교수 과목 및 교수 시간, 행사 명문화

즉 조련은 학교 지도의 체계, 설치하는 학교의 종별(초등학교, 중등학교, 사범학교), 교원의 자격, 입학 · 수업 · 졸업의 규정, 수업과목 및 수업 시간, 행사 등을 구체적으로 규정했다.

그런가 하면 1947년 1월의 조련 제9회 중앙위원회에서는 문화부를 문교국으로 승격시키고, 문화 · 학무 · 출판 · 조직 · 서무의 각 과를 두고 학무과가 교육 사무를 전담했다.[42] 그리고 재일본조선인교육자동맹의 결성을 결정했다. 특히 초등교육기관의 명칭을 조련초등학원으로 통일시켰다. 이진규는 교육 관련 방침을 보고하고, 재일조선인의 민족교육의 확

---

41) 金德龍, 『朝鮮學校の戰後史－1945~1972－』, 社會評論社, 2002, 34쪽.
42) 朴慶植, 『在日朝鮮人運動史－8 · 15解放後－』, 三一書房, 1989, 141쪽.

충과 정비, 교원 양성과 재교육에 대해서도 주목했다.[43] 제9회 중앙위원회는 다음과 같은 교육강령과 기본이념을 발표했다.[44]

<교육강령(1947. 1. 28)>
① 반항구적 교육정책을 수립하자.
② 교육시설의 충실과 교육내용의 민주화를 철저히 실시하자.
③ 일본교육의 민주화에 적극적으로 협력하자.
④ 교육행정을 체계적으로 수립하자.
⑤ 교육재원을 확립하자.

<교육의 기본이념>
① 전인민이 잘 살 수 있는 진정한 민주주의를 가르치자.
② 세계사의 관점에서는 애국심을 육성하자.
③ 실생활에 토대를 두는 예술관상과 창작활동을 독창적으로 발휘시키자.
④ 노동의 신성을 일상생활과 학습을 통해 체득시키자.
⑤ 과학기술에 대한 정력적 탐구심에 점화해 주자.
⑥ 과학, 노동, 경제현상의 사회 관련성을 구명해 주자.
⑦ 남녀공학을 철저히 실행하자.

---

43) 구체적인 내용은 다음과 같다. 1) 교육강령: 반항구적 교육정책의 수립, 교육시설의 충실, 교육내용의 철저한 민주화, 교육재원의 확립. 2) 교육의 기본이념: 진정한 민주주의의 교수와 세계사적 관점에 선 애국심의 육성, 예술 감상과 창작활동을 독창적으로 발휘시키며, 노동이 신성하다는 관념의 철저, 과학기술에 대한 탐구정신의 육성, 남녀공학의 실행. 3) 초등교육: 초등교육 학년별 편성을 극력 수행하여, 초등학교에서는 조련초등학원의 명칭을 사용하고, 기본적인 교과목과 규정 최저 시간 교수를 실시하며, 교원을 양성. 4) 중등교육: 중학교는 지방협의회 단위로 한 학교 이상 설치를 원칙으로 하고 설립기금과 운영경비는 해당 의회에서 부담. 『朝鮮人生活權擁護委員會ニュース』(10), 1947년 2월 5일.
44) 坪井豊吉, 『在日朝鮮人運動の槪況』, 法務研修所, 1959, 208쪽.

이렇게 교육강령은 교육규정과 같은 내용이었고, 교육의 기본이념은 세계시민적 관점에서 민주교육과 노동 중시, 남녀평등을 거론하고 있다. 그리고 민족교육을 활성화시키기 위해 보다 강력히 교과서를 편찬하여 기존의 교재를 절판시켰다. 즉 민족교육 운동의 새로운 발전에 부합하게 교재편찬의 새로운 방침을 정하고 새로운 기획에 따라 교재를 만들기 시작했다. 초등 · 중등 교재의 학년 및 과목별 편성을 본격적으로 시행하고 쉽고 상호 연계된 교재를 편찬하고자 했다. 나아가 초등교재편찬위원회 규약을 개편했다.[45] 이에 따라 초등교재편찬위원회는 교사용 지침서로 『초등국어』(1), 『초등산수』(1) 등을 만들었다. 교재 가운데 중요 과목을 학년별로 세분화시키고, 보충 교재를 더 제작했던 것이다.[46] 이러한 1947년의 조련 초등학교 커리큘럼은 다음과 같다.

<표 1>조련 초등학교 커리큘럼[47]

교과	학년	1	2	3	4	5	6
국어과	독법 작문 습자	5	6	6	7	7	7
사회과	사회	4	4	4	4	3	3
	지리					1	1
	역사					2	2

45) 金德龍, 『朝鮮學校の戰後史-1945~1972-』, 社會評論社, 2002, 43~44쪽.
46) 세분화시켜 편찬한 교과목은 다음과 같다. 『초등국어』(1), 『초등국어』(2), 『초등국어』(3), 『초등국어』(4), 『초등산술』(1), 『초등음악』(상)(1,2학년용), 『초등음악』(중)(3,4학년용). 그리고 보충교재는 『조련하기방학학습장』(상)(하), 『어린이 과학이야기』, 『소학생 모집 작문집』, 『이솝이야기』, 『중등문법』, 『조선역사』, 『외래어 표기법 통일안』, 『한글철자법 통일안』등이다(魚塘, 「解放後初期の在日朝鮮人組織と朝連の教科書編纂」, 『在日朝鮮人史研究』(28), 1998, 117~118쪽).
47) 金德龍, 『朝鮮學校の戰後史-1945~1972-』, 社會評論社, 2002. 50쪽.

이수과	산수 (주산)	4	5	5	6	6	6
	이과	2	2	3	3	3	3
예술과	음악	2	2	2	2	2	2
	도공	2	2	2	2	2	2
체육		3	3	3	3	2	2
실습						2	2
자유연구					2	2	2
일본어					2	2	2
총시간	주간	22	24	25	31	34	34
	연간	805	840	875	1,085	1,190	1,190

초등학교의 수업과목은 국어과(작문, 습자 포함), 사회과(역사, 사회, 지리), 이수과(산수, 이과), 예술과(음악, 도서공작), 체육과, 실습과, 특수과(자유연구, 일본어) 등이었다. 특히 국어와 사회 과목은 초등학교 5, 6학년의 주간 34 중에 13시간을 할당했다.

그리고 종래의 초등교재편찬위원회를 강화하고, 일본의 민주적인 교육자의 협력을 얻어 초등학교의 학년별 교과서 및 부독본, 교사용 참고서 등을 편집했다. 이듬해 4월까지 92종, 120여만 부의 교육도서를 출판했다. 아울러 교원도 200여명이 양성되어 교단에 섰으며, 교원잡지인『교육통신』도 발행했다.[48)]

제3회 전체대회 이후 조련 제10회 중앙위원회에서는 중앙 문교국을 교육, 문화, 조직의 3부제로 하고 교육부에 학무, 출판의 2개과를 두도록 했다.[49)]

그런가 하면 학교 건설도 진행되어, 교사가 준공되기 전까지는 일부

48) 金德龍,『朝鮮學校の戰後史 — 1945~1972 —』, 社會評論社, 2002. 51~62쪽.
49) 朴慶植,『在日朝鮮人運動史 — 8 · 15解放後 —』, 三一書房, 1989, 143~144쪽.

지방 교육당국의 협력을 얻어 일본 공립학교 교사의 일부를 빌어 사용했다. 오사카부에서는 지사였던 다나카(田中廣太郞)가 조선인학교 건설위원회의 고문으로 취임하고, 건축자재 알선 등의 편의를 제공했다. 이와 같은 사실은 일본 지방행정 당국이 자주적인 민족교육 운동의 정당성을 인정한 것이었다.[50] 문부성 역시 그 정당성을 인정했는데, 1947년 4월 12일 학교교육국장 명의로 보내온 통고문에는 "현재 일본에 재류하는 조선인은 일본 법령을 따르지 않으면 안 된다. 조선인 아동에 대해서도 일본인과 같이 취학시킬 의무가 있다. 실제로 일본인과 다른 취급을 해서는 안 된다. 조선인이 그 자녀의 교육을 하기 위하여 소학교 또는 상급학교 혹은 각종학교를 신설할 경우 부현은 이를 인가해도 무방하다"고 되어 있었다.[51]

한편 1947년 1월 조직 결성이 결정되어, 같은 해 8월 28일에는 東京都 조선인중학교에서 재일조선인교육자동맹이 결성되었다.[52] 이때 전국의 교원조합 대의원 156명 중 104명이 참가했다. 여기서 결정된 내용은 다음과 같다.

---

50) 梁永厚, 『戰後·大阪の在日朝鮮人運動』, 未來社, 1994, 137~138쪽.

51) 이와 함께 1946년 6월부터 神戶市立神樂소학교의 교실을 빌어 西神戶초등학교가 민족교육을 실시했다(김경해 지음, 정희선외 옮김, 『1948년 한신교육투쟁』, 경인문화사, 2006, 135쪽).

52) 재일조선인교육자동맹의 조직 과정을 간단히 정리해 보면, 1946년 4월 大阪에서 조선인교원조합이 조직되었고, 東京에서도 재일조선인교육회가 조직되었다. 이것은 1946년 12월 8일에 동경조선인교원조합으로 발전되었으며, 6월 28일 재일조선인교육자동맹 동경지부가 되었다가 재일조선인교육자동맹으로 발전했다(전준, 『조총련연구』(1), 고려대학교 아세아문제연구소, 1972, 589쪽).

<강령>

① 우리는 봉건유제와 일제의 잔재요소를 철저적으로 소탕하고 교육의
   민주화를 기한다.

② 우리는 민주주의교육자로서 실력 향상과 생활 안정을 기한다.

③ 우리는 재일 및 본국의 민주주의 제단체와 협력하여 민주주의 민
   족문화 건설에 노력하고 각국의 진보적 노력과 제휴하여 세계의
   민주화에 기여함을 기한다.

<일반 활동방침>

① 교육 이념의 재확립

② 교육자의 실력 향상

③ 교육기관의 확충과 실천

④ 일반 문화운동의 실천

⑤ 교육자의 생활옹호

⑥ 민주주의 제단체와 협력

이렇게 강령은 교육의 민주화, 실력 향상, 교육자의 생활 안정, 세계 민주화에 기여 등을 내걸었고, 활동 방침은 교육 이념의 재정립과 교육 기관 확충 등에 주목했다. 그리고 사업으로 『교육통신』을 발행하고, 교과서 배포, 정기뉴스 발행을 결정했다.[53] 이와 함께 규약, 선언, 예산안도 확정되었다.

이 재일조선인교육자동맹은 전국 1,200여명의 교원을 토대로 하여, 위원장 최용근으로 하여 본부가 결성되었다. 당시 하부조직으로는 6개 지부가 조직되었다. 그 후 지부조직에 전력을 다해 지부수는 19지부, 맹원

---

53) 坪井豊吉, 『在日朝鮮人運動の概況』, 法務研修所, 1959, 211~212쪽.

은 1,200여 명이 되었다. 제2회 전체대회의 상임은 위원장 이진규, 부위원장 이찬의, 위원 고무영, 김보현, 이일동, 김여두 등이었고, 중앙위원은 41명이었다. 이 조직의 주요한 활동은 교원의 인격과 실력 향상을 도모하고, 교과서연구회, 교수법연구회 등의 다양한 연구 활동을 전개했으며, 어린이와 부모를 조직화했다.[54]

1947년 9월 6일부터 8일까지 제11회 중앙위원회는 교바시공회당에서 있었다. 이 자리에는 중앙위원 141명 중 86명과 각 단체대표 35명이 참가하여, 총 119명이 모였다.[55] 이 회의에서 교육국 활동 보고가 있었는데,[56] 이 보고는 교육 · 조직 · 문화편으로 구성되었고, 3일 동안 진행되었다. 여기에서는 학교의 조직운영을 중앙 문교부가 주도하는 체제로 확립할 것을 거론했다. 특히 제11회 중앙위원회에서 발표된 조련 조직의 재편성과 강화를 위한 조직 활동 요강은 다음과 같이 기술되어 있다.[57]

조련은 재편성 방침에 따라 현재 민주주의 민족전선으로서 발전하는 과정에서 급속히 민청, 부동, 중소상공업자 조직, 생활협동조합, 전재자, 실업자동맹, 학생동맹, 교육자동맹, 교육자동맹, 문화단체 등의 조직 활동을 정력적으로 수행해야 한다.

조련은 1947년 민족교육과 관련하여 재일조선인교육자동맹, 학생동맹,

---

54) 金德龍, 『朝鮮學校の戰後史－1945~1972－』, 社會評論社, 2002, 62쪽.
55) 『第11回中央委員會議事錄』, 朴慶植 編, 『在日朝鮮人關係資料集成(前後編)』(1卷), 不二出版社 2000, 186쪽.
56) 『第11回中央委員會議事錄』, 朴慶植 編, 『在日朝鮮人關係資料集成(前後編)』(1卷), 不二出版社 2000, 198~214쪽.
57) 『第11回中央委員會議事錄』, 朴慶植 編, 『在日朝鮮人關係資料集成(前後編)』(1卷), 不二出版社 2000, 220쪽.

학교관리조합의 조직화에 적극적이었다. 이 가운데 학교관리조합은 일본에 거주하는 모든 조선인이 가입해야 하며, 의무적으로 조합비를 납부하여 그 돈으로 학교를 운영해 가도록 했다. 그리고 모자라는 금액은 조련 중앙에서 보조해 나갈 방침을 세워 이를 실시해 나갔다.[58] 이 학교관리조합[59]은 이제까지의 학부형에 의한 학비부담을 조선인교원조합 내에 거주하는 일반 조선인의 부담으로 전환시켰던 것이다. 이와 같은 사실은 민족교육이 전 재일조선인의 공동사업으로서 발전했다는 것을 의미한다.

이상과 같은 조련의 활동은 학교의 조직으로 결실을 보았는데, 1947년 10월 경 조련계 학교의 조직 성과는 <표2>와 같다. 그리고 이때의 교과서는 비록 미숙하나마 조련이 자주적으로 출간한 것이었다.

<표2> 1947년 10월 조련계학교 상황[60]

	학 교	교 원	아 동
초급학교	541	10,250	56,961
중 학 교	7	95	2,761
청년학교	22	101	1,765
고등학교	8	59	358
계	578	10,505	61,845

---

58) 『在日本朝鮮人連盟第3回全國大會議事錄(附)第8回中央委員會議事錄』, 朴慶植 編, 『朝鮮硏究資料集』(9卷), アジア問題硏究所, 1983, 55~56쪽.
59) 1946년 10월의 조련 제3회 전체대회에서 학교관리조합을 설립하는 요강을 결정했다(전준, 『조총련연구』(1), 고려대학교 아세아문제연구소, 1972, 588쪽).
60) 오자와 유사쿠 지음, 이충호 옮김, 『재일조선인 교육의 역사』, 혜안, 1999, 193쪽.

이렇게 제3회 전체대회 시기에는 교육규정을 제정하여 1947년부터 신학기체제를 확립하고, 조선인학교 조직의 운영세칙을 마련했다. 아울러 문화부가 문교국으로 강화되었고, 재일본조선인교육자동맹이 결성되었으며, 학교관리조합도 조직되었다.

2) 제4회 전체대회

제4회 전체대회는 1947년 10월 15일부터 17일까지 열렸다.[61] 오전 11시 20분, 백무의 사회로 개회를 선언하고, 국기에 대한 경례를 하고 난 후, 해방의 노래를 주악에 맞추어 합창했다. 아울러 김훈에 의해 자격 심사보고가 있었고, 전국대표원 700명 가운데 505명, 중앙위원 143명 가운데 40명 합계 545명이 출석했다. 이후 규약에 따라 정식으로 대회가 성립되었음을 박수로 승인했다.

이후 윤근의 개회사가 있었다. 그는 제3회 전체대회에서 결정한 4대 원칙을 잘 수행하고 있는지의 여부를 충분히 검토하여 어떻게 하면 '재일 60만 동포'가 잘 살 수 있는지를 충분히 토의하기 위해 이번 회의가 열렸다면서, 과거 잘못된 정책은 시정하고 반면 정당한 것은 반드시 진행해야 한다고 했다. 그리고 인민을 토대로 한 조국 독립을 촉성 · 건설하고, 재일 60만 동포의 생활 이익을 향상시켜야 한다고 했다.[62]

---

61) 『第四回全体大會議錄(附)第十二回中央委員會會事錄)』, 朴慶植 編, 『朝鮮問題資料叢書』(9卷), アジア問題研究所, 1983, 118쪽.
62) 『第四回全体大會議錄(附)第十二回中央委員會會事錄)』, 朴慶植 編, 『朝鮮問題資料叢書』(9卷), アジア問題研究所, 1983, 121쪽.

아울러 대회집행부는 의장단에 윤근, 김민화, 박상오, 서기국에 김만유 (책임자), 윤유학, 정자운, 전영춘, 김전, 김석훈, 진행계에 김훈, 김효식, 장내 감리계에는 강상대(책임자) 등이 선임되었다.[63]

특히 제4회 전체대회의 슬로건[64]에는 주요 현안들이 제기되었는데, 이 가운데 민주교육을 속히 향상시키자는 내용이 있다. 아울러 일반 활동에 대한 주요 경과보고[65]에도 교육활동이 거론되어 있다. 이 교육활동에 대한 보고에서는 다음과 같은 내용이 주목된다.[66]

1. 교육 강령 5가지를 정함
① 반항구적 교육정책 수립
② 교육 시설 충실, 교육내용 민생화 신속히 수행
③ 일본민주교육자와 적극적 제휴 협력
④ 교육행정을 체계적으로 세우자
⑤ 교육재원의 확립

2. 활동의 구체화와 적극화를 도모함

3. 민족학교의 현황은
　초등학교: 541, 중학교: 7, 고등학원, 청년학원: 30개소

63) 『第四回全体大會會議錄(附)第十二回中央委員會會事錄)』, 朴慶植 編, 『朝鮮問題資料叢書』(9卷), アジア問題研究所, 1983, 121쪽.
64) 『第四回全体大會會議錄(附)第十二回中央委員會會事錄)』, 朴慶植 編, 『朝鮮問題資料叢書』(9卷), アジア問題研究所, 1983, 120쪽.
65) 『第四回全体大會會議錄(附)第十二回中央委員會會事錄)』, 朴慶植 編, 『朝鮮問題資料叢書』(9卷), アジア問題研究所, 1983, 121~122쪽.
66) 『第四回全体大會會議錄(附)第十二回中央委員會會事錄)』, 朴慶植 編, 『朝鮮問題資料叢書』(9卷), アジア問題研究所, 1983, 124~126쪽.

4. 자기비판의 내용

① 교육체제가 확립되지 못한 점

② 중앙의 지침이 지방에 잘 내려가지 못한 점

③ 관리조합이 없고, 재원이 확립되지 못한 점

④ 중앙 문교관계의 활동이 등한시된 점

⑤ 중앙교원 양성기관을 확립하지 못한 점

⑥ 교과목, 교수시간, 교수방법 등이 표준안으로 아직 수립되지 못한 점

⑦ 교재편찬 출판활동이 계획대로 되지 않아 배포가 원만하게 안 된 점

⑧ 대중계몽 서적 출판이 미약함

여기의 교육 강령은 1947년 1월 28일 것과 동일하다. 그리고 교육 활동 보고 가운데 자기비판 내용은 민족교육의 방향을 확인할 수 있다고 생각된다. 즉 관리조합이 없고, 중앙교원 양성기관도 없으며, 교과목, 교수시간, 교수방법의 표준화가 되지 못한 점이 문제라고 지적했다. 그리고 교재 출판의 한계와 대중서적 출판이 미약함을 언급했다.

특히 제4회 전체대회에서는 『1948년도 활동방침』을 결의했다. 여기에서도 민족교육과 관련하여, 민주문화 민주교육의 급속한 향상을 위한 방안을 제기했는데, 새로운 민주문화, 민주교육의 이념 아래에서 어떤 어려움이 있어도 극복하고 재일조선인의 교육 행정을 스스로의 힘으로 발전시켜야 한다면서, 문화 활동 방침을 제출했다. 즉, 첫째, 일본제국주의 잔재의 소탕, 둘째, 봉건주의 잔재의 청산, 셋째, 국수주의의 배격, 넷째, 민주주의 민족문화의 건설, 다섯째, 조선 문화의 국제문화와 제휴를 당면과제로 제기했다. 아울러 교육활동 방침에서는 활동의 중점을, 첫째, 학교시설 설비의 확충과 교육재원의 확립을 위한 활동, 둘째, 교육체제의 확립, 셋째, 교육내용의 충실화에 두고, 구체적인 활동 내용으로 학교관리

조합연합체[67]의 조직, 교육체제의 확립, 교육 내용의 충실화를 거론했다.

제4회 전체회의는 조선인학교 문제에 대해서도 논의했다. 논의의 초점은 첫째로, 점령군 당국과 일본 정부가 민족교육에 간섭하려는 조짐에 대한 대처방안, 둘째로, 재일조선인의 교육권 옹호문제와 관련해서 일본 정부가 조선인학교에 대해 재정보조를 하도록 하는 교섭을 해서는 안 된다는 내용이었다. 여기에서 말하는 점령군과 일본 정부가 간섭하려는 기미라는 것은 조선인학교에 대한 인가신청 제출을 요구하려고 하는 움직임으로, 자주적이어야 할 재일조선인 교육의 내용 전반을 간섭하려고 하는 의도가 숨겨져 있다고 보아, 자력으로 자주적 민족교육을 하려는 원칙을 견지하자는 내용이었다. 그리고 조선인학교에 대한 금전적 보조에 대해서는 당연히 요구할 수 있는 것이지만, 자주 운영의 원칙에서 당분간 보조요구는 하지 않는 것으로 정리했다.[68]

제4회 전체대회 이후의 제13회 중앙위원회는 1948년 1월 27일부터 30일까지 조련 동경본부 회의실에서 열렸다. 회의는 오전 11시 50분에 열려 중앙위원 정원 131명 중에 93명이 참석해서 시작되었다.[69] 여기에서는 문교활동 강화대책 가운데, 문화에 대해서는 민주주의 민족문화 이론의 수립, 문화의 대중화, 문화의 교류, 문화생활의 향상, 문화인의 조직과 문화단체에 관한 활동을 들었다. 교육적인 측면에서는 학교설비의 확충, 교육체제의 확립, 교육내용의 충실 등을 근거로 하여, 조선 문화의 연구, 문

---

67) 가칭 재일본조선인학교관리조합연합회이다(『1948年度活動方針(附 規約)』, 朴慶植 編, 『朝鮮問題資料叢書』(9卷), アジア問題研究所, 1983, 165쪽).

68) 김경해 지음, 정희선 외 옮김, 『1948년 한신교육투쟁』, 경인문화사, 2006, 15쪽.

69) 『第13回中央委員會議事錄』, 朴慶植 編, 『在日朝鮮人關係資料集成(前後編)』(1卷), 不二出版社 2000, 245쪽.

헌의 검색을 하며, 대중문화의 활성화를 통해 문화운동이 태동되었다면서 교육위원회와 교재위원회를 적극 활용할 것을 제기했다.[70] 이 가운데 가장 절박한 문제는 학교의 인가문제였다.

이 제13회 중앙위원회는 "빼앗긴 우리들의 문화를 되찾아 조국을 모르고 모국어를 알지 못하는 조선인 아동에게 조선적인 모든 교육과 조선 건설에 기여하는 긴급 또는 중대한 교육을 실시하는 것은 무엇보다도 우리들의 큰 사명"[71]이라고 민족교육의 목적과 사명의 중요성을 재확인했다. 또한 조선인의 민족교육에 대한 중상모략에 대해서는 "일본에서 조선인 학교의 경영은 민족적 대립을 조장하는 것이 아니라 거꾸로 민족적 친선을 바라는 것이다"고 하여, 우리들의 민족교육과 일본학교의 교육 사이에는 어떤 모순과 알력도 있을 수 없다고 반론을 제기하고, 조·일 친선과 국제우호의 촉진에 기여할 것을 강조했다.[72]

제13회 중앙위원회 셋째날은 오전10시 40분에 인민항쟁가를 합창하며 시작되었다. 셋째날은 생활위기 타개의 건, 교육부 활동 강화의 건, 조직선전 강화대책의 건, 재정일원화와 재정 확립의 건, 조련 재산관리재단 설립의 건, 조선 완전 자주 독립 쟁취에 관하여, 조련회관 건축완수 등에 대한 설명이 있었다. 그리고 신홍식의 폐회사로 오후 8시에 마쳤다.[73]

이상과 같이 제4회 전체대회 시기에는 1947년의 계속선상에서 교육 5

---

70) 『第13回中央委員會議事錄』, 朴慶植 編, 『在日朝鮮人關係資料集成(前後編)』(1卷), 不二出版社 2000, 252쪽.

71) 『해방신문』 1948년 2월 20일.

72) 김경해 지음, 정희선 외 옮김, 『1948년 한신교육투쟁』, 경인문화사, 2006, 18쪽.

73) 『第13回中央委員會議事錄』, 朴慶植 編, 『在日朝鮮人關係資料集成(前後編)』(1卷), 不二出版社 2000, 311쪽.

대 강령이 결정되고, 민주교육에 주안점을 두고 조선인학교 문제에 주목했다. 이와 함께 이 시기에는 학교의 설비, 재원의 확보, 시스템, 학교 운영의 내실화가 중요한 현안이었다.

4. 민족교육의 전환

1) 한신(阪神)교육투쟁74)과 조련

1948년 제15회 조련 중앙위원회는 한신교육투쟁을 기념하여, 4월 24일을 우리 말, 우리 글을 지킨 '교육투쟁 기념일'로 정했다. 이러한 결정이 있기까지의 과정을 통해 한신교육투쟁에 대해 살펴보자.

이 사건은 미군의 재일조선인에 대한 인식과 점령정책에 기인한 것으로, 연합국총사령부(GHQ)가 최초로 재일조선인의 지위에 대해 언급한 것은 1945년 11월 일본점령 및 관리를 위한 연합국최고사령관의 기본 지령이다. 여기에서 GHQ는 "대만 출신의 중국인과 조선인은 군사상의 안전이 허락되는 범위 안에서 해방 인민으로 처우하나, 필요한 경우에는 적국의 국민으로 취급할 수 있다"고 발표했다.75)

계속해서 GHQ는 1946년 11월 「재일조선인의 지위 및 대우에 대해서」라는 지령을 발령했다.76) 이것은 "송환을 거부하고 일본에 거주하기를

---

74) 이하 한신교육투쟁으로 한다.
75) 「日本占領及び管理のための連合國最高司令官に對する降伏後における初期の基本的指令(1945年 11月 1日)」, 『在日朝鮮人管理重要文書集』(1945~1950년), 10쪽.
76) 「朝鮮人の地位及び取扱に關する總司令部民間情報敎育局發表」(昭和21年 11月 12日),

선택한 조선인은 이후, 모든 사항을 일본 법률에 따른다는 것을 충분히 받아들이고 다음과 같은 선택을 하는 것이다"라는 내용으로, 일본 거주 조선인은 교육을 포함한 모든 면에서 독립민족으로서가 아니라 종래와 같이 일본 법률에 따라 대우받아야 한다는 것이었다.

이 지령 이후에도 재일조선인의 생활과 활동은 일본 당국에 의해 규제 받지 않았다. 거의 무간섭이거나 방임 상태였다. 아울러 조선인의 자주적인 교육에 대해 어떤 말도 없었다고 할 수 있다. 뿐만 아니라 전술했듯이 지역에 따라 교실 등의 시설을 빌려주었다. 그리고 앞에서 살펴본 것처럼 일본 문부성 학교교육국장의 1947년 4월 12일자 통지인「조선아동의 취학의무에 관한 건」은 재일조선인이 각종학교를 신설하는 경우에 각 부현에서는 이것을 인가해도 무방하다고 했다. 이것을 받아들인 도쿄도(東京都) 교육국의 경우는 1947년 10월 초에 조선의 소·중학교, 신제고교에 대해 각종 학교로서 설립을 인가한다고 통지했다.[77]

일본 정부는 1947년 5월 2일 외국인등록령을 제정했다. 그리고 재일조선인을 당분간 외국인으로 간주한다고 발표했다.[78] 이는 앞에서 말한 재일조선인을 일본인으로 간주해 왔던 것과는 모순되는 일이었다.

그런데 재일조선인의 민족학교에 대해 방관적이었던 GHQ는 1947년 10월 재일조선인의 학교도 일본 문부성의 지시를 받도록 지시했다. GHQ는 "조선인 모든 학교는 정규 교과 추가 과목으로 조선어를 가르치는 것을 허락하는 예외를 인정하는 것 외에는 일본의 모든 지시를 따르도

篠崎平治,『在日朝鮮人運動』, 令文社, 1955, 29쪽.
77) 오자와 유사쿠 지음, 이충호 옮김,『재일조선인 교육의 역사』, 혜안, 1999, 216쪽.
78) 李瑜煥,『在日韓國人60萬』, 洋洋社, 1971, 296쪽.

록 일본 정부에 지령한다."79)고 했던 것이다. 이 지시는 여러 가지 의미를 내포하고 있었는데, 조선어를 정규과목으로 하지 않고 추가 과목으로, 즉 과외로서 가르친다면 조선인학교를 예외로 인정한다는 것이었다. 그리고 과외 과목의 경우 조선어 이외는 일본 문부성의 지시에 따르라는 의미였 다. 실제로 이러한 문부성의 지시는 일본 교육법을 실시하기 위한 것이 며, 조선인 교육을 위한 것은 아니었다. 결국 이 지시는 조선인학교는 모 두 폐지시키라는 것과 같은 내용이었다. 사실 조선어로 교과를 가르치지 않는 것은 조선인학교로서 의미가 없었다.80)

조련은 제4회 전체대회의 조선학교 관련 문제 토론 후에 1947년 12월 초에 문교부장·학교책임자 회의를 열고 새로운 사태에 대한 분석과 대 책을 세웠다. 먼저 GHQ의 이 지시가 조선인학교를 폐쇄시키는 것에 목 적이 있는 점을 분명히 지적하고 여기에 반대했다. 하지만 문제의 초점은 먼저 일본 정부의 학교 설치인가에 대한 수용 여부와 자주 학교로서 민족 학교를 어떻게 운영할 것인가 였다. 조선인학교가 일본 교육기본법과 학 교교육법에 따라 일본 정부의 설치인가를 받아야 한다면, 민족학교는 어 떻게 되어야 하는가에 토론이 집중되었고, 그렇게 되면 다음과 같이 된다 고 정리했다.81)

---

79) 「占領軍民間情報教育局の指令」, 金慶海 編, 『在日朝鮮人民族教育擁護鬪爭資料集』(Ⅰ), 明石書店, 1988, 449쪽.

80) 김경해 지음, 정희선 외 옮김, 『1948년 한신교육투쟁』, 경인문화사, 2006, 9쪽. 오 자와 유사쿠는 1947년 10월을 전기로 하여 GHQ의 재일조선인 교육정책이 방치 에서 억압으로 변경되었다고 한다. 이때부터 점령기간 동안 GHQ는 한편으로는 일본정부에 명령을 내렸고, 다른 한편으로는 재일조선인의 민족교육을 간섭하고 억압했다. 오자와 유사쿠 지음, 이충호 옮김, 『재일조선인 교육의 역사』, 혜안, 1999, 205쪽.

① 일본의 국정교과서를 사용하지 않으면 안 된다.
② 일본인 시학(즉 일본 행정당국)이 민족교육에 간섭한다.
③ 일본 정부의 교원자격심사위원회의 결정에 따른다면 조선인 교원은
　채용할 수 없다.
④ 이상의 것이 실시된다면 민족교육의 목적은 전혀 실현될 수 없다.

　즉 GHQ의 지시는, 첫째, 일본 국민과 완전히 똑같은 교과서를 사용하고 같은 교육을 받아야 한다. 둘째, 교육이 교과대로 잘 진행되는 지를 일본인 시학이 감독한다. 셋째, 조선인 교원을 배제하고 일본인 교원이 가르친다는 것이었다. 이렇게 되면 독립민족으로서의 자주적인 교육이 될 수 없는 것은 자명한 사실이었다. 그것은 궁극적으로 재일조선인에 대한 동화교육과 다르지 않았다. 그러므로 조련은 이러한 요구에 따를 수 없었다. 결국 회의는 재일조선인 교육의 특수성을 전제로 일본 당국에 다음과 같이 요구하기로 했다.[82]

① 일본 정부 당국은 조선인의 아동교육 학교기관을 특수한 학교로서
　인정할 것
② 민족교육의 내용과 교원의 문제에 간섭하지 말 것
③ 조선인학교의 설치와 그 유지 및 경영의 자주성을 인정할 것
④ 학용품을 공여할 때는 일본인학교와 동일한 취급을 할 것

　이렇게 민족교육 탄압에 대해 제4회 전체대회 때부터 조련은 본격적으로 대응했다. 1947년 12월 조련은 중앙 단위에서 일본 정부에 교섭을 진

---

81) 김경해 지음, 정희선 외 옮김, 『1948년 한신교육투쟁』, 경인문화사, 2006, 16쪽.
82) 김경해 지음, 정희선 외 옮김, 『1948년 한신교육투쟁』, 경인문화사, 2006, 17쪽.

행했다. 자주적인 민주교육의 보장을 요구하는 조련 대표의 주장에 일본 당국자는 어떤 반론도 없었다. 그리고 조선인학교의 폐쇄는 자신들의 생각이 아니라, GHQ의 지령에 따른 것이라고 변명했다. 그러한 가운데 12월 8일 문부성 교육국 총무부장은 GHQ가 조선인학교도 일본 정부의 인가를 받아서 일본 교과서를 사용하고 조선어교육은 과외로 하도록 해야한다고 말했다는 것이다. 이렇게 되자 조련은 일본 당국과 교섭하고 동시에 GHQ의 담당부서인 CIE와 협의했다. 그러나 이들은 성의 없는 대답으로 일관했다.

일본정부는 1948년 1월 24일 문부성 학교교육국장의 「조선인학교 설립 취급에 대하여」[83]라는 통달에서 재일조선인의 자주적인 민족교육을 억압하는 정책을 공식적으로 표명했다. 통달의 내용은 다음과 같다.

① 조선인의 자녀일지라도 학령에 해당하는 자는 일본인과 같이 市町村立 또는 사립소학교나 중학교에 취학시키지 않으면 안 된다.
② 사립소학교의 설치는 학교교육법이 정한 바에 따라 都道府縣 등 감독청인 지사의 인가를 받아야 한다.
③ 학령 아동 또는 학령 학생의 교육을 위한 각종학교의 설치는 인정하지 않는다. 사립소학교 및 사립중학교의 설치 및 폐지, 교과서, 교과내용 등에 대해 학교교육법의 총칙 및 소학교와 중학교에 관한 규정이 적용된다.
④ 조선의 정치, 사회에 대해 가르치는 것은 교육기본법의 정치교육 조항에 저촉된다.
⑤ 다만, 조선어 교육은 과외 시간에 한하여 실시하는 것을 허용한다.

---

83) 「學校教育局長通達‘朝鮮人設立學校の取扱いについて」, 金慶海 編, 『在日朝鮮人民族教育擁護鬪爭資料集』(Ⅰ), 明石書店, 1988, 450쪽.

이렇게 재일조선인 자녀는 법적 기준에 합당한 학교에 취학할 것과 교사는 일본 정부가 정한 기준에 합당한 사람만이 강의하도록 했다. 그리고 일본인 학교 건물을 빌려 쓴 조선인학교의 철수와 교과 내용은 학교 교육법에 따라 모두 일본어로 교육하고, 조선어는 과외로 학습할 수 있다고 규정했다. 이것은 일본의 교육법에 따르라는 지시였다.[84]

이것이 이른바 제1차 민족학교 폐쇄령이다. 이 민족학교 폐쇄령은 조선인의 자유로운 학교 설치를 허용하지 않았고, 민족학교를 폐쇄하도록 유도했다. 그리고 재일조선인 자녀에게 일본교육을 의무적으로 수용하도록 동화교육을 강요했던 것이다.

결국 GHQ와 일본 당국에 의해 조선인학교 폐쇄가 확실하게 된 시점에서 조련은 민족교육의 자주권 보호를 목표로 하는 문제에 대해 다음과 같이 태도를 명확하게 했다.[85]

첫째, 폐쇄 책동에 대한 대책의 하나로 자주적인 민족교육의 실시를 전제로 조선인학교의 설치인가를 받는다. 또한 하나의 대책은 민족교육의 자주권은 가만히 앉아 있어서는 얻을 수 있는 것이 아니므로, 중앙과 각 지방마다 인가를 받기 위한 교섭을 끈질기게 할 것, 그리고 서둘러 교육의 내용과 체계를 보다 체계적으로 정리할 것.

둘째, 이 폐쇄 책동의 주모자가 GHQ라는 인식을 가질 것. 즉 GHQ의 지령이 大阪에도 직접 내려졌는데, 그 중에는 오는 4월 1일부터 GHQ가 조선인학교를 관리하려는 것과 교과서의 선정을 GHQ가 하는 것이었다.

---

84) 김태기, 「일본 정부의 재일한국인 정책—미군에 의한 일본점령기를 중심으로—」, 강덕상 · 정진성 외 공저, 『근 · 현대 한일관계와 재일동포』, 서울대학교출판부, 1999, 408쪽.
85) 김경해 지음, 정희선외 옮김, 『1948년 한신교육투쟁』, 경인문화사, 2006, 18~19쪽.

이렇게 조련 중앙은 1948년 2월 16일 재일조선인의 민족교육에 일본의 법률을 무리하게 적용하는 것은 역사와 현실을 무시한 비상식적인 일이라고 규정했다. 그리고 문부대신 앞으로 반박문을 보냈다. 여기에서 조련은 당분간 재일조선인의 국적이 일본이라는 말은 재일조선인이 일본의 사법권 내에 있다는 것을 의미하는 것으로 아동의 의무교육까지 일본의 법령에 복종해 일본 학교를 보내야한다는 것이 아니라고 했다. 재일조선인은 일본에 재류하고 있는 외국인으로서 그에 따른 지식을 갖추기 위한 사회교육에 충분히 주의하고 있으며, 안전한 교육시설과 체제를 만들기 위해 노력하고 있다고 하면서, 일본 당국도 재일조선인이 경영하는 소학교 및 중학교를 특수한 내용을 갖고 있는 학교라고 인정해 주고, 기계적으로 교육규정을 적용하는 태도를 포기할 것을 바란다고 했다. 그리고 모든 재일조선인에게 3·1절 기념대회의 개최와 연동하여 민주주의와 민족교육을 지키는 투쟁을 적극적으로 전개하도록 호소했다.[86]

1948년 3월 15일 조련은 1월 24일 발표된 「조선인학교 설립 취급에 대하여」라는 일본 문부성의 통달에 대해 도쿄도 교육국에 취소를 요구했다. 그리고 첫째, 재일조선인의 교육은 재일조선인의 자주성에 맡길 것. 둘째, 일본정부는 재일조선인 교육의 특수성을 인정할 것. 셋째, 교육비는 일본정부가 부담할 것. 넷째, 우리 교육기관에도 차별없이 물자를 보급할 것. 다섯째, 점령군으로부터 나온 교육원조 물자를 우리에게도 공평하게 배급할 것. 여섯째, 우리 교육에 절대 간섭하지 말 것 등 6개 내용의 요구서를 제출했다. 여기에 대해 도쿄도 당국은 어떤 회답도 하지 않고

---

86) 『해방신문』 1948년 3월 1일.

있다가, 같은 달 19일 문부대신은 GHQ의 엄명이 있으므로 신학기까지 학교를 폐쇄하지 않으면 안 된다면서, 이를 받아들이지 않으면 강제로 집행할 수밖에 없다고 답했다.

이에 조련 중앙은 1948년 3월 23일 전국 각 지역에 조선인교육대책위원회를 조직하고, 민족교육을 지키기 위한 대책을 세웠다.[87) 그 대책은 다음과 같다. 첫째, 일본의 정부·민주단체와 GHQ와 대일이사회를 대상으로 재일조선인 교육의 자주성을 확보하고, 교육비, 교재, 급식 등을 일본 정부에 부담시키도록 설득하고 투쟁한다. 둘째, 재일조선인 학교를 통합·정비하고 시설에 충실을 기한다. 셋째, 산하 단체의 조직을 강화하고 민족의식을 고양하며 일본 민주단체에 협력을 요청한다. 넷째, 각 지역에서 인민대회를 개최하여 항의와 진정운동을 전개하고, 민간 일본인들에게 팜플렛을 만들어 배포한다는 내용이었다.[88) 그리고 일본 전역에서 재일조선인교육대책위원회가 결성되었고, 「일본인민에게 호소한다」, 「재일조선인 교육의 실상」 등이 배포되었다.[89) 또한 각종 청원서를 GHQ에 보내 재일조선인이 민족학교를 운영할 수밖에 없는 당위성을 설명하고 탄압 중지를 요구했다.[90)

1948년 3월 24일 일본 정부는 다시 1월 24일의 통달에 복종하지 않으면 학교를 강제로 폐쇄시키겠다고 했다. 그리고 일본 전역에서 민족학교

---

87) 金德龍, 『朝鮮學校の戰後史-1945~1972-』, 社會評論社, 2002, 78쪽.

88) 朴慶植, 「解放直後の在日朝鮮人運動(4) -阪神教育鬪爭を中心として-」, 『在日朝鮮人史硏究』(4), 1979, 72~73쪽

89) 「日本人民に訴ふ!!」, 「在日朝鮮人教育の實狀」, 金慶海 編, 『在日朝鮮人民族教育擁護鬪爭資料集』(Ⅰ), 明石書店, 1988.

90) 「私たちの教育についての請願書」, 「教育問題についての請願書」, 「朝鮮人からの手紙」, 金慶海 編, 『在日朝鮮人民族教育擁護鬪爭資料集』(Ⅰ), 明石書店, 1988.

에 대한 강제적 폐쇄명령이 본격적으로 내려졌다. 4월 7일 고베시에 있는 민족학교 퇴거 명령이 발령되었다. 고베시는 이것을 집행하고자 했다. 결국 니시고베조선초등학교의 학부형이 몸으로 교문을 막고 항거하여 가처분은 중지되었다.

4월 24일 분노한 재일조선인 수천 명이 兵庫 현청을 에워싸고 지사와 집단교섭을 벌여,[91] 마침내 학교 폐쇄명령을 취소시켰던 것이다. 4월 24일 재일조선인 측의 요구[92]를 지사가 문서로 전면 수용함으로써 4시간에 걸친 교섭은 타결되었다. 이것이 한신교육투쟁이다.[93]

전술했듯이 여기에 대해 조련은 1948년 7월 20일에서 28일까지 열린 제15회 중앙위원회에서 4월 24일, 이날을 우리 말, 우리 글을 지킨 '교육투쟁기념일'로 정하고,[94] 재일조선인의 가슴 속에 그 의미를 깊이 새기고 있다.

이상과 같이 한신교육투쟁은 조련이 적극 개입한 민족적 교육투쟁 사건이었다. 조련은 제4회 전체대회 때부터 조선학교 문제에 본격적으로 주목하기 시작했다. 그리고 조련은 제15회 중앙위원회에서 영원한 전민족적 기념일로 승화시켰다.

2) 제5회 전체대회

한신교육투쟁의 열기가 가시지 않은 가운데 제5회 전체대회는 1948년

---

91) 金慶海·梁永厚·洪祥進, 『在日朝鮮人の民族教育』, 神戸學生靑年センター, 1982, 18~22쪽.
92) 학교 폐쇄명령을 철회할 것. 조선인학교를 득수학교로서 인정할 것. 쌍방 간 위원을 뽑아 협의 결정이 이루어질 때까지는 현재의 학교를 인정할 것.
93) 보다 자세한 경과는 김경해, 김덕룡의 책을 참조.
94) 김경해 지음, 정희선 외 옮김, 『1948년 한신교육투쟁』, 경인문화사, 2006, 188쪽.

10월 14일부터 16일까지 3일 동안 열렸다.[95] 첫째날 회의는 10월 14일 오전 11시 35분 이종태가 개회를 선언하고, 지금까지 걸었던 태극기에 대신하여 조선민주주의인민공화국이 탄생하여 새로운 국기가 게양되었다. 그리고 일제히 기립하여 국기에 대한 경례와 독립의 아침을 제창했다. 이후 조직부장 김훈이 자격심사 보고를 하여, 대의원 440명 중 391명, 중앙위원 132명 중 70명 총 461명이 출석하게 되었다.[96]

의장단을 대표하여 윤근이 개회사를 했다. 그는 인민의 요구와 의사에 합치되는 정권이 바로 조선민주주의인민공화국 정부라면서 제5회 전체대회를 맞이하여 인민공화국 중앙정부를 어떻게 하면 발족시킬 수 있는가에 대해 토의할 것을 제시했다. 이후 대회집행부 선정에 들어가서, 이종태가 의장단에 윤근, 김민화, 한덕수, 신홍식, 강신창을 추천하여 만장일치로 결정했다. 아울러 의장단을 대표하여 신홍식의 대회진행에 대한 인사가 있었고, 대회준비위원장 한덕수가 대회준비 보고를 했다.

특히 제5회 전체대회에서 주목되는 것은 일반정세 보고 중 토의사항 가운데, 생활권 확보 문제와 함께 민주문화 교육활동 강화에 관한 내용이다. 그리고 대회 슬로건에서도 민주 민족 문화교육을 향상시키자고 주장했다.[97]

이 조련 제5회 전체대회에는 1948년도 활동보고서가 제출되고 있다.[98] 여기에서는 '민주문화 민주교육의 급속한 향상을 위하여'라는 내용

95) 『第五回全体大會議事錄』, 朴慶植 編, 『朝鮮問題資料叢書』(9卷), アジア問題研究所, 1983, 181쪽.

96) 『第五回全体大會議事錄』, 朴慶植 編, 『朝鮮問題資料叢書』(9卷), アジア問題研究所, 1983, 184쪽.

97) 『第五回全体大會議事錄』, 朴慶植 編, 『朝鮮問題資料叢書』(9卷), アジア問題研究所, 1983, 184쪽.

98) 『朝聯第5回全體大會提出活動報告書』, 朴慶植 編, 『在日朝鮮人關係資料集成(前後

이 있다. 그 내용을 보면, 첫째, 기존에 교육기관의 혁신을 도모했고, 그것은 각 학교마다 관리조합을 통해 수행했으며, 둘째, 교육체제의 확립을 위해 교육위원회를 조직하고 교육규정을 실시하여 교육행정의 토대를 마련했으며, 셋째로 교육 내용의 충실화를 위해 교재편찬의 강화와 출판 활동의 신속 처리를 도모했다는 것이다. 아울러 자주교육의 확보를 위해, 첫째, 조선인교육대책위원회의 구성, 둘째, 국제 국내 선전활동, 셋째, 불법 탄압 반대 인민대회의 전국적인 개최, 넷째, 일본민주주의 단체와 공동투쟁에 6개월 동안 전력을 경주했다.99)

이 대회에서는 5대 방침100)에 대해 점검하여, 이것은 재일조선인 60만의 절실한 당면 요구의 반영으로 원칙적으로 정당한 방침이지만 1년 동안의 결과로 볼 때는 구체적으로 진행되지 못한 부분이 많은 점이 유감이라고 평가했다. 아울러 5대 방침이 충분한 결과를 못내는 이유는 실천의 책임이 있는 조직 활동가들의 인민적 성의와 열정의 결여, 정치성이 빈곤한 조직 활동의 체험 부족 등의 결과였다고 한다. 특히 한신교육투쟁을 통해 조선 민족이 자기의 말, 자기의 글을 갖기 위해 얼마나 영웅적으로 투쟁했는가를 세계에 표명했다면서, 따라서 한신교육투쟁은 5대 투쟁의 실천이었다고 했다.101)

編)』(1卷), 不二出版社 2000, 338쪽.

99) 『朝聯第5回全體大會提出活動報告書』, 朴慶植 編, 『在日朝鮮人關係資料集成(前後編)』(1卷), 不二出版社 2000, 351~352쪽.

100) 제5회 전체대회의 활동방침은 다음과 같다. 1) 재류동포생활 위기 타개, 2) 민주문화 민주교육의 급속한 향상, 3) 단일조직체를 확립하여 민주주의민족전선으로, 4) 세계 민주세력과의 구체적 제휴, 5) 조국 완전 자주독립 전취 촉성(『第五回全体大會議事錄』, 朴慶植 編, 『朝鮮問題資料叢書』(9卷), アジア問題研究所, 1983, 192~193쪽).

101) 『第五回全体大會議事錄』, 朴慶植 編, 『朝鮮問題資料叢書』(9卷), アジア問題研究所,

둘째날 계속해서 문교활동 강화에 관해서는, 우선 민주 민족 문화의 향상을 위해, 첫째, 제국주의문화 및 봉건적 잔재 소탕, 둘째, 국수주의 배격, 셋째, 신파쇼 분쇄, 넷째, 민주 민족문화 확립, 다섯째, 세계문화와의 교류를 들고 있다. 그리고 민족문화 이론 확립을 위한 방침을 정리하고 있다.102) 나아가 민족 자주 교육 방위를 위해서는 그 목표로, 첫째, 학교 연합의 정비, 둘째, 교육자를 대량으로 양성하고 체질 향상, 셋째, 시학제의 완전 실시, 넷째, 교재의 편찬 · 출판 · 배포, 다섯째, 교육 내용을 충실하게 하여 아동 노력 수준 향상, 여섯째, 일본민주주의 교육자와 제휴 협력, 일곱째, 민주민족자결주의 교육을 사수를 내걸었다.

이상과 같이 제5회 전체대회는 1년 동안의 투쟁을 총괄하면서 한신교육투쟁을 평가하고 민족교육 투쟁 강화의 구체화로 나아간 대회였다. 문제는 이러한 민족 자주 교육은 재일조선인이 당면하고 있는 생활권 확보를 위한 경제적, 정치적 모든 투쟁과 분리할 수 없는 것으로 일본 인민과 광범위한 연대투쟁을 전개해야 했다는 점이다.103)

1983, 192~193쪽.

102) 그 내용은 다음과 같다. 1) 문화인 재조직과 문화단체 지도, 2) 문화 대중화를 위한 문화공작대 편성, 3) 기술 습득과 향상을 위한 활동, 4) 문화위원회 조직 확립, 5) 세계 민주문화와 제휴 협력, 6) 체위 향상, 7) 이론잡지 혹은 문화기관지 발행, 8) 조련 문화 활용.『第五回全体大會議事錄』, 朴慶植 編,『朝鮮問題資料叢書』(9卷), アジア問題研究所, 1983, 222~223쪽.

103)『第五回全体大會議事錄』, 朴慶植 編,『朝鮮問題資料叢書』(9卷), アジア問題研究所, 1983, 224쪽.

5. 결론

이상과 같은 조련 민족교육의 큰 흐름을 정리해 보면 다음과 같다. 조련의 창립과 함께 재일조선인 민족교육은 본격적으로 시작되어, 국어강습소 중심의 민족교육으로 조직화되었다. 그리고 초등교육에서 중등,고등교육으로 발전했다. 아울러 교원 교육과 교재 편찬이 시작되었다. 또한 해방 후 약 1년 동안 민족학교 교육 체제가 확립되었고, 조련의 문교부 내에 조선인교육대책위원회가 조직되어 민족교육 사업을 조직화했다. 특히 초등교재편찬위원회, 조선인교원조합, 재일조선인교육자동맹 등을 통해 민족교육 강화의 조직적 기초가 마련되었다.

민족교육 발전기인 제3회 전체대회 때는 교육규정이 제정되었고, 1947년부터 새롭게 학기체제를 확립했다. 그리고 조선인학교 조직의 운영세칙을 마련했다. 이와 함께 문화부가 문교국으로 강화되었다. 또한 제4회 전체대회 시기에는 1947년의 계속선상에서 교육 5대 강령이 결정되고, 민주교육에 주안점을 두고 조선인학교 문제에 주목했다. 이와 함께 민족학교의 설비, 재원의 확보, 시스템, 학교 운영의 내실화가 중요한 과제였다.

한신교육투쟁으로 새로운 방향으로 나아갈 수 밖에 없었던 제5회 전체대회 시기는 민족교육 투쟁 강화의 구체화, 즉 민족자주 교육이 전개되고, 이것은 재일조선인이 당면하고 있는 생활권 확보를 위한 경제적, 정치적 모든 투쟁과 분리할 수 없는 것이었다.

한신교육투쟁은 GHQ의 탄압에 대한 전 민족적 교육투쟁으로 기억되는데, 조련은 이날을 기념일로 승화시켰다. 이 사건은 단순한 민족적 문제이기 보다는 미국의 동아시아 지배질서 확립의 시발점적인 성격을 띠고 있었다.

이상과 같은 조련의 민족교육은 각종 회의를 통해 주요 방침을 결정했는데, 오자와 유사쿠의 지적104)과 달리 결성대회부터 민족교육에 주목하지는 않았다. 전술했듯이 1945년 11월 조련 중앙은 민족교육에 주목하기 시작했다. 그리고 여러 차례 열린 중앙위원회와 문화부장회의 등을 통해 주요 민족교육에 대한 방침이 정해졌다.

실제로 조련은 창립과 함께 국어강습소 활동 중심의 민족교육이 조직화되었고, 교원 교육과 교재 편찬이 시작되었다. 그리고 해방 후 약 1년 동안 즉, 1946년 10월에 초등학교 525개, 중학교 4개, 고등·청년학교 12개교를 개설하여 학교교육 체제를 확립했다. 1947년 10월에는 초등학교 541개, 중학교 7개, 고등학교 8개, 청년학교 22개였다. 1948년 4월에는 초등학교 566개, 중학교 7개, 고등·청년학교 32개였다.105)

이러한 조련의 민족교육의 성과는 민중적 민주교육 요구에 따른 것이었다. 재일조선인은 생활과 귀국 가능성에 대한 불안, 일본인에 의한 테러에 대한 공포로 불안정한 생활을 했다. 그럼에도 불구하고 돈 있는 자는 돈으로, 노동력이 있는 자는 노동력으로, 지혜 있는 자는 지혜로 학교를 세우고 민족교육을 전개했던 것이다.

한편 재일조선인의 민족교육에 대해 GHQ와 일본 정부는 탄압으로 대

---

104) 그는 결성대회에서 민족교육 강화의 방침을 제기했다고 한다(오자와 유사쿠 지음, 이충호 옮김, 『재일조선인 교육의 역사』, 혜안, 1999, 190쪽).

105) 『朝聯第5回全體大會提出活動報告書』, 朴慶植 編, 『在日朝鮮人關係資料集成(前後編)』 (1卷), 不二出版社 2000, 356~357쪽.

응했다. 해방 직후부터 바로 탄압의 국면이 조성된 것은 아니었지만, 그 것은 정략적인 것이었다. 이것은 GHQ의 정책적인 차원의 일이었다. GHQ가 최초로 재일조선인의 지위에 대해 언급한 것은 1945년 11월로, 대만 출신의 중국인과 조선인은 군사상의 안전이 허락되는 범위 안에서 해방 인민으로 처우하나, 필요한 경우에는 적국의 국민으로 취급할 수 있 다는 내용이었다. 이러한 논리는 1946년 11월 GHQ의 「재일조선인의 지 위 및 대우에 대해서」라는 지령으로 이어졌다. 즉 송환을 거부하고 일본 에 거주하기를 선택한 조선인은 이후에 모든 사항을 일본 법률에 따른다 는 것이었다. 나아가 일본 문부성 학교교육국장의 1947년 4월 「조선 아 동의 취학의무에 관한 건」은 재일조선인이 교육을 위해 소학교와 상급학 교, 또는 각종학교를 신설하는 경우 인가해도 무방하다고 했다. 이러한 시각은 일본 정부는 1947년 5월 2일 외국인등록령을 제정으로 급변했다. 즉 재일조선인을 외국인으로 취급한다는 것이었다. 나아가 일본정부는 1948년 1월 24일자로 「조선인학교 설립 취급에 대하여」라는 통달에서 재일조선인의 자주적인 민족교육을 억압하는 정책을 공식적으로 표명하 며 전면적으로 탄압했던 것이다.

이상과 같은 조련의 민족교육 운동은 민족교육에서 민주교육으로 발 전적인 내용을 보였다.[106] 그리고 조련은 교재의 편찬과 교원의 양성, 그 리고 학교 설립을 통해 민족교육을 보다 풍부하게 전개했다. 이러한 조련 은 민족교육이 시작된 제1·2차 전체대회 시기에는 민족교육의 진행과

---

106) 재일조선인의 교육은 민주주의적 민족교육이었다고 한다. 조선대학교 시절의 이 진규에 따르면 민주·민족교육은 최신 지식과 기술을 가르치고 민족적인 내용을 담은 것이라고 했다(「김경해인터뷰」(서울 종로 맥도날드, 2006년 8월 15일)).

함께 전국적인 차원의 민족교육 조직을 만들기 시작했고, 민족교육이 발전한 제3·4차 전체대회 때에는 이전의 활동과 조직 사업의 성과에 기초하여 발전이 가시화되었다. 그리고 민족교육은 한신교육투쟁 이후에는 민족교육 조직의 개편과 GHQ의 전면 탄압에 직면했다. 이후 조련은 다양한 전술을 통해 민족교육을 지속되었다.[107]

---

107) 추후 다양한 민족교육의 내용, 개별 투쟁과정은 현재의 민족교육 문제와 함께 별도로 정리해야 할 것이다.

Ⅳ. 1948년 한신(阪神)교육투쟁과 김태일·박주범

獄裡愁多夢不成(옥중의 쓸쓸함, 많은 꿈은 이루어지지 않고)

光風霽月照荊城(맑은 하늘의 달은 형무소를 비추는구나.)

山腹村在雲生突(고향의 하늘에는 구름이 일고)

羽口樹高日掛枝(나뭇가지에서 우짖는 새, 세월의 흐름을 가늠하도다)

寧死不貧時富貴(차라리 지금 죽을지라도, 부귀를 탐할 수는 없고)

苦生莫道世怨聲(옥중의 몸속에는 분노의 소리 세상에 넘치는구나.)

敎育鬪爭四二四(4·24 교육투쟁!)

年々歲々難忘心(세월이 흘러도 그 마음 잊기 어렵구나)

　이 시는 박주범이 옥중에서 쓴 것이다. (『해방신문』 1948년 11월 30일)

1. 서론

　일본이 일으킨 태평양전쟁이 끝나자 남한에 돌아온 정충해는 해방의 감격을 다음과 같이 기록하고 있다.

　　라디오 앞에서 무조건 항복을 한다고 하는 천황의 방송을 듣고 있던 우리 한국인들은 내심 날뛸 듯이 기뻤다. 그러나 지금 이 장소에서는 기뻐할 수도 없고, 그렇다고 하여 슬퍼할 수도 없는 미묘한 입장이었다. 눈을 감고 우리들에게 이제부터 펼쳐질 여러 가지 일을 상상하면서 그리운 고국의 산과 강, 꿈에도 잊지 못한 부모님 형제들과 처자식을 눈앞에 그리며, 저 무시무시한 전화 속에서도 목숨을 지켜 무사했기 때문에 이제 안심해도 좋다하고 마음으로 외쳤다. 곧바로 뛰어서 돌아가겠다. 이제 돌아갈 수 있다. 우리들에게 때가 온 것이다. 자유세계의 자유로운 몸. 튼튼한 사슬로 꽉 매어 있던 몸이 일시에 풀어난 것 같다. 이 순간의 환희, 어떻게 필설로 나타낼 수 있을까(鄭忠海(井下春子 譯), 『朝鮮人徵用工の日記』, 河合出版, 1990, 151쪽).

　　일본의 패전은 식민지 본국에 살고 있던 재일조선인의 삶에도 큰 변화를 가져왔다. 고향에 가고 싶고, 또 가서 사는 것이 낫다고 생각한 재일조선인은 과감하게 일본 땅을 떠나려 했다. 수십만의 조선인들이 항구로 쇄도했으나, 언제 승선하여 귀국할 수 있을지 불확실한 상황이 계속되었다. 항구 주변의 숙소는 언제나 만원이어서, 급조한 판잣집이나 창고, 마구간 등을 임시숙소로 사용했다.

　　그리고 일본에 남은 사람과 고향에 살려고 갔다고 다시 일본으로 돌아온 사람들은 새로운 삶을 시작했다. 그러한 이유로 일본 각지에서는 수많은 재일조선인 단체가 자생적으로 만들어졌다. 이들 단체는 대부분 귀국대책, 실업대책, 민족적 단결의 강화, 동포의 생명과 재산의 보호, 생활이 곤란한 동포의 구제, 통일정부의 수립과 원조 등을 목표로 내세웠다. 당시 결성된 큰 단체만 손꼽아보더라도 300여 개가 훨씬 넘었다.

　　1945년 9월 10일 관동대표와 관서대표 14개 단체 대표와 참관인 60명이 東京에 모였다. 그리고 중앙결성준비확대위원회를 개최하고, '재일본조선인연맹 중앙준비위원회'를 구성했다. 동경도 본부가 설치된 것을 시작으로 전국적으로 각 부 현 본부가 결성되었다. 그리고 1945년 10월 15일 준비위원회 대표 약 5,000명이 참가하여 대회를 개최하고 정식으로 재일본조선인연맹을 결성했다.

한편 사회주의자의 주도권 장악으로 조련에서 배제된 우파는 같은 해 11월 조선건국청년동맹을, 다음 1946년 1월에는 신조선건설동맹을 조직했다. 두 단체는 1946년 10월 해방 전 무정부주의 운동 지도자였던 박열을 단장으로 하여 재일본조선거류민단을 결성했다. 이에 따라 건동은 해산되었지만 건청은 1950년까지 존속되었다.

해방 공간 조련의 최초 활동 중 가장 활발한 것은 조선인 귀국운동이었다. 조련은 지방 본부에 수송부를 두고 귀국 명단 작성, 귀환 증명서 발행, 수송 열차·선박 확보 등의 활동을 했다. 일본 정부도 조선인의 귀국에 관해서는 조련의 활동을 적극적으로 인정했다.

귀국 사업과 병행하여 주력한 것은 교육 사업이었다. 당시 재일조선인 사회에서 또 다른 중요한 문제였다. 그것은 민족교육이 재일조선인 자녀들에게 민족의 고유한 문화와 전통을 습득시키고 '동포사회'에서 민족성을 지켜 나가는데서 매우 중요한 역할을 하기 때문이다. 해방 직후부터 재일 조선인은 국어강습회 등의 명칭으로 서당식 교육을 하고 있었다. 해방으로 귀국이 가능해진 상황에서 일본에서 자라난 조선인의 아이들이 우리 말을 못했기 때문이다. 조련은 1946년경부터 귀국의 흐름이 일단락되자 각지에 있는 교육 기관을 통합해서 학교 정비를 체계적으로 진행시켰다. 1947년에는 6·3제 초·중·고등학교와 사범학교를 마련하고 이와 함께 '교육 규정'을 정하여 학교 운용에 관한 전국 공통 기준을 작성했다. 이러한 조련 계통의 학교는 1946년 10월에 현재 초등학교만 525교, 학생 수는 4만 2,182명에 달했다. 이들 학교에서는 조련이 편찬한 교과서를 쓰고, 조선어나 조선 역사 · 지리를 중심으로 민족적 자각을 높이는 교육이 실시되었다. 1948년 4월에는 학교가 600여개, 학생은 58,000여명에 이르렀다. 당시 조련의 좌익화에 반발하여 민단이 설립되어 있었으나, 대부분의 학교는 조련에 의해 만들어졌다. 기반이 약했던 민단계의 학교는 소수에 지나지 않았다.

그런가 하면 재일조선인의 민족학교에 방관적이었던 연합군사령부(GHQ)는 1947년 10월에 재일조선인의 학교도 일본 문부성의 지시를 받도록 일본 정부에 지시했다. 그리고 일본 문부성은 1948년 1월 교육령을 내려, 모든 어린이는 법적 기준에 합당한 학교에 취학할 것과 교사는 일본 정부가 정한 기준에 합당한 사람만이 가능하도록 했다. 그리고 일본인 학교 건물을 빌려쓴 조선인 학교는 거기에서 철수할 것, 교과내용은 학교 교육법에 따라 모두 일본어로 교육하고, 한국어는 과외로 학습할 수 있다고 규정했다.

여기에 반대하여 재일조선인은 조선인교육대책위원회를 결성하여, 요구 조건을 발표하고 계속 항의했다. 그럼에도 불구하고 일제히 일본 전역에서는 조선인학교 폐쇄령이 내려졌다. 격분한 재일조선인은 각지에서 시위투쟁을 일으켰고, 오사카(大阪)와 고베(神戸) 등지에서 조직적으로 일어났다. 이것을 한신(阪神)교육투쟁(일반적으로 '4 · 24한신교육투쟁'이라고도 하는데, 이하 한신교육투쟁으로 줄인다)이라고 한다.

이 한신교육투쟁은 1948년 4월 재일조선인이 고베와 오사카를 중심으로 전국에서 민족교육을 사수하기 위해 일어난 거족적인 투쟁이었다. 이 교육투쟁은 어느 날 갑자기 생긴 일이 아니었다. 그것은 GHQ와 일본 정부의 정책적인 영향 아래 전개되었던 것이다.

본고는 이 한신교육투쟁과 투쟁의 과정에서 희생된 오사카의 김태일, 그리고 고베투쟁을 주도했던 박주범에 대해 주목하고자 한다. 이들의 희생으로 재일조선인의 민족교육은 지켜졌고, 지금도 계속 되고 있다.

2. GHQ와 일본 정부의 탄압

일반적으로 알려져 있듯이, 한신교육투쟁은 GHQ의 재일조선인 인식에서 출발했다고 생각한다. GHQ가 최초로 재일조선인의 지위에 대해 언급한 것은 1945년 11월 일본점령 및 관리를 위한 연합국최고사령관의 기본 지령이었다. 여기에서 GHQ는 대만 출신의 중국인과 조선인은 군사상의 안전이 허락되는 범위 안에서 해방 인민으로 처우하나, 필요한 경우에는 적국의 국민으로 취급할 수 있다고 했다.

이어 GHQ는 1946년 11월 송환을 거부하고 일본에 거주하기를 선택한 조선인은 교육을 포함한 모든 면에서 일본 법률에 따라 대우받아야 한다고 했다. 이 지령 이후에도 재일조선인의 생활과 활동은 일본 당국에 의해 규제받지 않았다. 거의 무간섭이거나 방임 상태였다고 할 수 있다. 아울러 조선인의 자주적인 교육에 대해 어떤 말도 없었다. 그리고 어떤 지역에서는 교실 등의 시설을 빌려주었다.

또한 일본 문부성 학교교육국장의 1947년 4월 12일자 통지는 재일조선인이 각종학교를 신설하는 경우에 각 부 현에서는 이것을 인가해도 무방하다고 했다. 이것을 받아들인 도쿄도 교육국은 같은 해 10월 초에 조선의 소·중학교, 신제고교에 대해 각종 학교로서 설립을 인가한다고 통지했다.

그런데 재일조선인의 민족학교에 대해 방관적이었던 GHQ는 1947년 10월 재일조선인의 학교도 일본 문부성의 지시를 받도록 명령했다. GHQ는 조선인 모든 학교는 정규 교과 추가 과목으로 한국어를 가르치는 것을 허락하는 예외를 인정하는 것 이외에는 일본의 모든 지시를 따르도록 일본 정부에 지령한다고 했다. 이 내용은 여러 가지 의미를 띠고 있었는데, 한국어를 정규과목으로 하지 않고 추가 과목으로, 즉 과외로서 가르친다면 조선인학교(필자는 '민족학교'와 함께 사용한다)를 예외로 인정한다는 내용이었다. 이것은 과외 과목의 경우 조선어 이외는 일본 문부성의 지시에 따르라는 의미였다.

이상과 같은 GHQ와 일본 정부의 움직임에 대해 1947년 12월 조련 중앙은 교섭을 진행했다. 여기에 대해 일본 당국자는 어떤 반론도 없었다. 그리고 조선인학교의 폐쇄는 자신들의 생각이 아니라, GHQ의 지령에 따른 것이라고 변명했다.

1947년 12월 8일 문부성 교육국 총무부장은 GHQ가 조선인학교도 일본 정부의 인가를 받아서 일본 교과서를 사용하고 '조선어교육'은 과외로 하도록 해야 한다고 했다. 이렇게 되자 조련은 일본 당국과 교섭하고 동시에 GHQ의 담당부서인 CIE(미국의 일본 점령군 민간정보교육국의 약칭이다)와 협의했다. 그러나 이들은 성의 없는 대답으로 일관했다.

1948년 1월 24일 일본 문부성 학교교육국장은 재일조선인의 자주적인 민족교육을 억압하는 정책을 공식적으로 표명했다.

3. 민족학교 폐쇄에 대한 조련의 대응

GHQ와 일본 당국에 의해 민족학교 폐쇄가 확실하게 되자 조련 중앙은 1948년 2월 16일 재일조선인의 민족교육에 일본의 법률을 무리하게 적용하는 것은 역사와 현실을 무시한 비상식적인 일이라고 규정했다. 그리고 森戶문부대신 앞으로 반박문을 보내, 당분간 재일조선인의 국적이 일본이라는 말은 재일조선인이 일본의 사법권 내에 있다는 것을 의미하는 것으로 아동의 의무교육까지 일본의 법령에 복종해 일본 학교를 보내야 한다는 것이 아니라고 했다.

재일조선인은 일본에 재류하고 있는 외국인으로서 그에 따른 지식을 갖추기 위한 사회교육에 대해 주의하고 있다면서, 일본 당국도 재일조선인이 경영하는 소학교 및 중학교를 특수한 내용을 갖고 있는 학교로 인정하고, 기계적으로 교육규정을 적용하는 태도를 포기할 것을 희망했다. 더나아가 조련 중앙은 3월 6일 6개 항목의 결의문을 문부대신에게 제출했다. 즉, 재일조선인의 역사적 특수성을 인정하여 그 자녀에게 민족교육의 자주성을 보장할 것과 일본 정부는 그에 따라 역사적·도의적 책임을 다해야 한다고 요구했던 것이다.

조련 중앙은 1948년 3월 23일 교육대책위원회를 구성하고, 민족교육을 지키기 위한 대책을 세웠다. 그 대책으로는 첫째, 일본의 정부·민주단체와 GHQ와 대일이사회를 대상으로 재일조선인 교육의 자주성을 확보하고, 교육비, 교재, 급식 등을 일본 정부에 부담시키도록 설득하고 투쟁한다. 둘째, 재일조선인 학교를 통합·정비하고 시설에 충실을 기한다. 셋째, 산하 단체의 조직을 강화하고 민족의식을 고양하며 일본 민주단체에 협력을 요청한다. 넷째, 각 지역에서 인민대회를 개최하여 항의와 진정운동을 전개하고, 민간 일본인들에게 팜플렛을 만들어 배포한다는 내용이었다.

4. 한신(阪神)교육투쟁

재일조선인 민족교육의 탄압, 즉 민족학교 폐쇄에 대해 최초로 반대투쟁이 크게 일어났던 곳은 야마구치현(山口縣)이었다. 당시 야마구치현에는 귀환하려는 조선인 1만 명 이상 모여 있던 곳으로, 야마구치현 지사는 1948년 3월 31일까지 학교를 폐쇄한다고 통고를 했다. 여기에 대해 1만 명이 넘는 조선인이 현청 앞에 모여 대표 교섭과 철야시위를 전개했다. 결국 현 당국은 통첩의 철회를 인정하게 되었다. 이후 4월에 들어서는 다른 지역으로 투쟁이 진전되었다.

오사카의 경우, 1948년 4월 23일 오사카 부청 앞의 오데마에(大手前)공원에서 민족학교의 탄압에 반대하는 인민대회가 열려 교섭과 집단시위 투쟁이 일어났다. 성난 조선인은 후세(布施)와 히가시나리(東成) 등의 각지에서 집회를 갖고 부 청사 앞에 모여, 오사카부 당국과 교섭에 들어갔다. 오사카부 당국에서는 부지사와 교육과장 등이 참석했는데, 결국 협의는 결렬되었다. 이 때 주모자는 심야에 검거되어, 시내의 경찰서에 분산 유치되었다.

4월 23일 검거된 사람들의 석방을 요구하며 24일 아침부터 검거자를 유치하고 있던 시내의 경찰서 앞에서 파상적인 데모가 일어났고, 여기에 서 또 다시 조선인 검거자가 속출했다. 이에 교육대책위원회는 다시 한 번 동포를 대거 동원하여, 시위를 하면서 당국과 교섭에 들어갔고, 4월 26 일에 조선인학교의 탄압에 반대하는 인민대회를 오데마에공원에서 열었 다. 여기에 대해 해산 명령과 발포명령이 내려졌고, 16세의 소년 김태일 이 죽었다.

그런가 하면 고베시에서는 4월 7일 민족학교 폐쇄가 발령되었다. 고베 시 당국은 이것을 집행하고자 했다. 여기에 대해 인근 지역에서 니시고베 (西神戸)조선초등학교에 모인 학부형들은 교문을 막고 항거하여 이를 저지 시켰다. 그리고 4월 20 · 21 · 23일에는 다음과 같은 일이 계속 일어났다.

> 4월 20일: 현의 각 조선인학교 교섭위원이 현지사와 면담, 일방적으
>   로 회의 종료
> 4월 21일: GHQ와 현 지사의 지시에 따라 神戸시장 교사명도 가처분 신청
>   (4월 23일 오후 4시에 집행 예정)
> 4월 23일: GHQ와 현 · 시 당국 23일 오후부터 시내 각 조선인학교에
>   MP와 경관대를 배치, 학교 폐쇄 시작(東神戸와 灘의 초등학
>   원 폐쇄 강행).

결국 4월 24일 분노한 재일조선인 수천 명이 兵庫 현청을 에워싸고 지 사와 집단교섭을 벌였다. '동포'들은 현 · 시 당국이 요구를 받아들여 불

합리한 학교 폐쇄령을 철회할 것이라는 기대를 갖고, 답을 들을 때까지 기다렸다. 여기에 대해 일본의 여러 민주단체 대표들도 격려했다. 그 사이 현·시 당국은 MP들의 보고로 자신들을 구출하기 위해 미군이 와 줄 것이라고 기대하고 교섭을 길게 끌었다. 그렇지만 미군은 좀처럼 나타나지 않았다. 4시간에 걸친 교섭은 종결단계로 들어갔다. 이 교섭에서 조선인 대표들이 내놓은 요구는 첫째, 학교폐쇄 명령을 철회할 것. 둘째, 조선인학교를 특수학교로서 인정할 것. 셋째, 쌍방 간 위원을 뽑아 협의 결정할 때까지는 현재 학교를 인정할 것이었다.

마침내 학교 폐쇄 명령은 취소되었다. 4월 24일 재일조선인 측의 요구를 지사가 문서로 전면 수용함으로써 4시간에 걸친 교섭은 타결되었던 것이다. 조인된 4개 조항은 첫째, 학교폐쇄령은 일시 중지한다. 둘째, 차용하고 있는 일본학교는 그대로 계속 한다. 셋째, 15일에 피검된 63명은 즉시 석방한다. 넷째, 본일 교섭회장에 대한 책임은 조선 측에 부과하지 않는다.

이것으로 한신교육투쟁이 끝난 것은 아니었다. 문제는 남았다. GHQ와 일본 정부가 계속 탄압을 자행했던 것이다. 4월 24일 오후 11시 30분 미군 고베 베이스캠프에서 고베 기지사령관에 의해 고베 기지 관내인 고베 일대에 비상사태가 선언되었고, 이후 모든 경찰관은 헌병사령관의 지휘 아래에 둔다고 했다. 이러한 비상사태 선언은 미군의 일본점령 기간에 유일한 일이었다. 고베시경과 효고현(兵庫縣) 경찰본부는 25일 미명인 3시 50분에 관내의 모든 경찰관에 비상소집 명령을 내렸다.

4월 25일 첫 새벽부터 검거 선풍이 불었다. 무차별 검거에 의한 체포자는 효고현에서만도 1,732명에 달했다. 검거자 총수는 3,076명, 기소자 212명, 1948년 조사 현재 수형자 36명이었고, 총동원자는 1,003,000명,

부상자 150명, 사망자 1명 등이었다. 물질적 손해는 당시 돈으로 약 4,000만원이었다. 특히 4월 말부터 5월 초는 고베의 조선인 동포들에게는 암흑과 무법의 나날이었다. 문제는 이 과정에서 구타와 약탈이 자행되었고, 비상사태의 선언이 구두로 발령되었던 사실이다. 결국 수천 명의 체포자 중 A급은 9명으로 군사위원회 재판에, B급 12명은 일반군사 재판에, C급 52명은 지방재판소의 재판에 회부되었다. 고베에서는 조련 효고현(兵庫縣) 위원장인 박주범이 군사법정에서 유죄판결을 받은 후 형무소에서 고초를 당하다가 가출옥 후에 사망했다.

한편 1948년 7월 20일에서 28일까지 열린 제15회 중앙위원회에서 조련은 4월 24일, 이날을 우리 말, 우리글을 지킨 '교육투쟁 기념일'로 정하고, 재일조선인의 가슴 속에 그 의미를 깊이 새겼다.

5. 오사카(大阪)의 소년 김태일

전술했던 것 같이 4월 23일 인민대회에 이어 26일 오후에도 오사카 부청 앞 오테마에공원에서 약 30,000명이 참가한 민족학교 폐쇄를 반대하는 인민대회가 열렸다.

대표들은 8항목의 요구조건을 제출하여 부지사와 교섭을 진행하는 한편, 그 회답을 기다리면서 집회를 계속해 갔다. 오후 4시경 경찰국장은 미군의 명령이라고 위협하면서, "5분 이내로 즉시 해산해라! 이에 응하지 않을 때는 경찰은 실력을 행사하여 해산시킨다"고 교섭 대표자들에게 통고해 왔다.

이에 대회 주최측은 경찰과의 정면충돌을 피하기 위하여 즉시 폐회를 선언하고, 해산했다. 그런데 경찰은 참가자들이 빨리 해산하지 않았다고 소방차로 방수하기 시작했다. 동시에 계속 증원된 수천 명의 경관대가 대회장을 완전히 포위해 버렸다. 해산은 했지만 돌아갈 길이 없게 되었다. 더군다나 정면에서 방수를 했다. 조선인 학부모와 동포들은 우왕좌왕 했다. 이렇게 혼란 상태에 빠져 들어갈 때, 스즈키(鈴木)는 마침내 권총 발사를 명령했다.

조선인을 포위한 경관대는 한쪽 무릎을 지면에 대고 권총을 잡은 팔을 평행으로 뻗고 정면을 겨냥하며 사격자세를 일제히 취했다. 그 자세를 보면서도 조선인 학부형과 동포들은 설마 실탄은 쏘지 않을 것이라고 생각했다. 그리고 쏜다고 해도 공포발이든지 위협사격 정도일 것이라고 생각했다. 설마 사람은 쏘지 않을 것이라고 생각하고 있었다. 그러나 잠시 후 "사람이 죽었다!"라는 굉성이 일어났다. 이후 일본 경찰은 회의장뿐만 아니라, 우에혼마치(上本町(二丁目)) 교차점 부근까지 트럭으로 조선인을 쫓아와 사정없이 곤봉으로 내리쳤다. 이렇게 해서 사망자 1명, 중상자 8명의 희생자가 발생했다. 사망자는 권총으로 사살된 16세의 김태일 소년이었다. 이 소년과 당시의 상황을 『해방신문』(1948년 6월 15일)은 다음과 같이 기록하고 있다.

지난 6월 5일 오후 2시, 기자는 김태일 군의 유족을 방문했다. 布施市 자유상인시장의 한 구석에 있는 판자집에서 고 김태일 군의 조부와 모친 그리고 형제들을 만났다. 기자의 조문 인사를 조용히 듣고 있던 어머니는 목이 멘 목소리로 호소하며 소매로 눈물을 훔쳤다.

"저 아이는 정말로 불쌍합니다. 6살 때 아버지가 세상을 떠나 공부도 제대로 시킬 수 없었고…… "

"학교는 어디까지 다녔습니까?"

"학교 말입니까? 소학교 4년까지 다니다가 도중에 그만두고, 그 날부터 7명 가족의 끼니를 책임지기 위해 공장에 다니거나 담배를 팔러 돌아다니고 아침부터 밤중까지 계속 일만했지요."

"그 날 아침은……"

" '오늘 인민대회에 가는 거냐?'라고 물었더니, '안가요.'하고 나를 안심시켰습니다. 자신의 친구들에게는 '또 녀석들이 우리들의 학교를 없애려고 하고 있기 때문에 오늘 인민대회에서는 누가 희생되더라도 투쟁하자.'라고 말했다고 하는데……"

"태일 군은 부모에 대한 효행으로 생각이 꽉 차있었고, 나라를 진정으로 사랑하는 젊은이였군요."

"훌륭하게 죽었는지도 모르겠습니다. 백 살이 되어도 대단한 일 한번 하지 못하고 사는 것도 어쩔 수 없기 때문에……"

"태일군은 우리들의 가슴에 깊이 계속 살아가고 있습니다."

결국 김태일의 죽음은 일본 국회에서도 중대한 문제로 취급했다. 5월 1일 일본 중의원 본회의에서 이 사건에 손을 댈 수밖에 없었던 법무총재는 16세 소년을 사살했다는 것은 대단히 유감이다면서 경찰의 보고에 따르면 고의로 겨누어 쏜 것은 아니라고 변명하면서 책임을 회피했다. 이러한 스즈키의 보고에 대항하여, 노사카(野坂参三)의원은 당일 오테마에공원에서 조선인의 움직임을 다음과 같이 설명했다.

해산하고 있는 군중을 향해 호스로 물 공격을 하는 동시에, 그 호수 바로 옆에 이름도 확실히 알고 있습니다만 경부보가 있었고, 이 경부보가 나무 밑에서부터 겨누어 쐈다.

이 총탄을 맞은 자가 16세 아동이었던 것이다. 여기에 나는 사진을 가지고 있습니다만, 확실하게 이것은 위협을 주기 위해서도 또한 공포를 발사한 것도 아니다. 위로 향해 쏜 것도 아니고, 아래를 향해서 쏘고 있다. 이 사진에서 확실히 보여주듯이 그는 뒤에서 맞아 앞의 눈이 총탄으로 뚫렸다. … 이것은 확실히 鈴木총재가 언급한 것과는 다르다. 확실히 이것은 군중을 향해 쏘고 있었다.

이 大阪사건은 상당히 계획적으로 행해졌다. 26일 아침, 大阪경찰학교에서 어느 교관이 경찰 학생에게 이렇게 말했다고 합니다. "오늘은 조금이라도 뭔가 불온한 상태가 나타나면 철저하게 한다." 또한 이 회의장의 경관이 신문기자에게 오늘은 발포하기 때문에 너희들도 주의해라, ……이것으로 확실히 경찰 측에서 처음부터 어떤 계획적인 의도를 가지고 행했다는 것을 충분히 이해할 수 있다.

김태일 소년의 죽음은 여론의 비난을 불렀고, 오사카지검도 취조할 수밖에 없었다. 결국 오사카지검은 7월 15일이 되어서 경관을 불기소했다. 이에 조련 중앙위원회는 오사카지검에 대해 "조선인학교 교육문제에 대해 일본경찰 당국은 권력을 남용하여 사태를 확대하고 대량 검거하여 투옥했을 뿐만 아니라, 특히 군중을 상대로 사격하고 소년 김태일을 사살한 일은 중대한 인권유린 사건이다. 살해자에 대한 엄격한 법적 재판이 행해지지 않는다면 사태는 국제, 국내적으로 중대한 문제가 될 것이다"라고 항의했다.

조련 오사카본부는 김태일의 장례를 인민장으로 8월 3일에 오데마에의 마이니치회관(每日會館)에서 열었다. 3,000여명의 동포와 학생들이 장례에 참여했다.

이상과 같은 김태일의 죽음으로 여론의 비난을 받으면서도 GHQ는 鈴木경찰국장 명의로 다음과 같이 포고를 발령했다.

1. ……(다) 또한 오늘부터 大阪에서 옥외나 도로 위의 데모는 일체 금지한다. 또 내일(4월 28일)부터는 中之島공원 이외에서는 일체 데모 행위를 금지한다.

2. (가) 집회와 데모 진행은 경찰의 승인을 요한다. … (나) 大手前의 관공청 부근의 데모를 금지한다. ……(다) 집회와 데모 행진은 집회 전에 행할 수는 있지만, 집회 종료 후는 할 수 없다. (라) 관공청과 교섭하는 경우에는 경찰 승인을 받고, 경찰은 출입인 수를 제한할 수 있다. 위반한 경우에는 책임자를 체포하고, 점령군에게 넘길 것이다.

김태일의 죽음과 오사카전역에서의 집회, 시위 등의 기본적인 권리를 금지한 이 포고는 GHQ와 일본 정부의 합작품이었다.

6. 고베(神戸)의 동지 박주범

앞에서 살펴 본 것처럼 오사카에서의 투쟁과 함께 고베에서도 재일조선인은 민족학교 폐쇄에 대항했다. 결국 수천 명의 체포자가 재판에 회부되고, 30일 고베의 조선인학교는 미군의 군화발에 짓밟히고 폐쇄되었다.

1948년 말, 해방운동구원회의 중앙사무국장 일행이 일본 각지에서 전개되고 있는 무죄 석방운동의 상황을 알리는 등, 수형자를 격려하기 위해 고베형무소를 방문했다. 그 내용은 다음과 같다.

봄. 남들은 꽃구경할 때 60만 동포가 피흘리고 싸운 교육투쟁의 봄. 그 봄으로부터 벌써 8개월. 우리 아이들은 아무런 근심 없이 우리말을 우리 학교에서 배우고 자라나고 있는 동안에 옥중 동지들은 옥중에서

더운 여름에도, 또 가을을 그리고 지금, 이 엄동설한의 겨울을 콘크리트의 차가운 철창 안에서 맞이하고 있다…….

　동지들의 발언 중에는 질문이 많았다. ……면회가 끝나고, 우리들은 병실로 박주범 동지를 방문했다. 박주범 동지는 신체가 매우 쇠약했지만 때때로 옥중 심정을 시로 지어 '문 뒤'에 붙이고 있었는데, "나는 나이가 들었기 때문에 언제 죽어도 한이 없네. 다만 위대한 인민공화국의 영광스러운 날을 볼 수 없다는 것이 한일세. 젊은 동무들의 분투를 바라네."라고 오히려 우리들을 격려하여 주었다. 이것은 무겁게 울리는 철문의 철 자(고봉득(당시 해방운동구원회 중앙사무국장), 『해방신문』 1948년 12월 3일).

　이렇게 박주범은 형무소 내 병실에 있었다. 그는 체포되기 전부터 건강이 나빠 재판 중에 결국 한 번도 출정할 수 없었다. 더욱이 옥중 생활은 그의 건강을 한층 악화시켰다. GHQ는 죽기 직전인 1949년 11월 25일 오후 8시에 석방시켰다. 박주범은 석방 후 4시간 만인 오전 0시경에 타계했다.

　박주범은 1885년 경상북도 의성군 사곡면 오상동에서 태어나서, 18세에 대구에 나가 측량기사 일을 했다. 1925년 그 직에서 해임되어, 1927년 일본으로 건너가서 아시야(芦屋)에서 살았다. 다음 해인 1928년 처와 자식을 불러서 생활을 시작했다. 그는 시장의 공터에서 10여동의 가건물을 세워 조선인부락을 만들었고, 조선인 노동자 합숙소를 열었다.

　1930년대 초에는 김영철을 맞아들여 교회를 열었고 영수로서 신자를 모집하여 교리 해설과 계몽운동을 했다. 1932년 조선인을 상대로 잡화점을 열어 조선 인삼도 판매했다. 또한 조선일보 지국을 두어 독자 확대에도 진력했다.

　동시에 한신(阪神)소비조합 설립에도 참여했다. 1933년 제3회 대회에서 자격심사위원, 1935년 제5회 대회에서 부의장을 역임했다. 다음해인 1936년 이사로 취임했다. 1942년에는 이사장이 되었다. 조선인 사이에서 신망이 두터웠으며, 1937년 5월 마을 의회선거에 입후보해서 53표로 당선되었고, 1942년 6월에는 재선되었다. 처음에는 조양친목회 소속이었다. 1941년 아라이쿠미(新井組)를 설립하여 토목업을 경영했다. 이렇게 해방 전에는 마을회의 의원을 두 번이나 지냈다.

해방 후인 1945년 재일본조선인연맹 한신(阪神)지부장이 되었고, 2년 후에 같은 효고현(兵庫縣) 본부위원장이 되었다. 그는 재일조선인을 잘 보살펴 준 사람으로 취직 알선, 일시 귀국할 때의 신분보증인 등을 맡았으며, '동포'들의 재판에 솔선수범했다. 그리고 위원장으로 한신교육투쟁을 지도했던 것이다.

그의 마지막 고별식은 조련 니시고베(西神戸)초등학원에서 있었다. 효고현의 조선인 학부형과 동포들은 박 동지가 고령에도 불구하고 아픈 몸을 채찍질하며 조련을 지도하고, 특히 한신교육투쟁의 선두에 서서 투쟁한 것을 칭찬하며, 동시에 그의 유지를 받들어 전진할 것을 새롭게 결의했다. 고별식 참석자들은 청년들이 맨 관을 따라서 현청 앞을 통과하여 靑谷까지 갔다. 그의 묘는 현재 대구시 교외에 있다. 이것은 새로운 투쟁의 시작이며, 피억압자들의 시위였던 것이다.

7. 결론

한신교육투쟁은 1948년 4월 재일조선인이 고베와 오사카를 중심으로 일본 전역에서 민족교육을 사수하기 위해 일어난 거족적인 투쟁이었다.

재일조선인의 민족학교에 대해 방관적이었던 GHQ는 1947년 10월 재일조선인의 학교도 일본 문부성의 지시를 받도록 했다. GHQ는 조선인 모든 학교는 정규 교과 추가 과목으로 조선어를 가르치는 것을 허락하는 예외를 인정하는 것 이외에는 일본의 모든 지시를 따르도록 일본 정부에 지령한다. 그리고 일본 정부는 1948년 1월 문부성 학교교육국장은 재일조선인의 자주적인 민족교육을 억압하는 정책을 공식적으로 표명했다. 이것이 제1차 민족학교 폐쇄령이다.

당시 재일조선인의 대표적인 조직이었던 조련 중앙은 1948년 2월 재일조선인의 민족교육에 일본의 법률을 무리하게 적용하는 것은 역사와 현실을 무시한 비상식적인 일이라고 규정하고, 대책위원회를 결성하여 전국적으로 맞대응했다. 일반 조선인의 실제적인 움직임은 야마구치현을 비롯해서 일어났다. 특히 고베와 오사카에서는 조직적으로 움직였고, 그 탄압도 악랄했다.

분명 한신교육투쟁의 직접적인 계기는 민족학교 폐쇄라는 탄압에 있었다. 그러나 단순히 투쟁을 한 계기로만 설명할 수는 없다. 한신교육투쟁은 바로 준비된 조직 역량과 민족적 열망, 그리고 일본정부와 GHQ의 탄압 등을 배경으로 발생했다. 특히 여기에는 미국의 극동 전략이 작용하여 보다 조직적인 탄압이 자행되었다.

이 과정에서 김태일과 박주범이 죽었다. 그들의 죽음은 한신교육투쟁이 단순히 민족학교 폐쇄에 대해 반대한 것만이 아니었다는 것을 입증하는 것이다.

김태일은 여섯 살에 아버지도 여의고 후세시 자유상인시장의 한 구석에서 살며 초등학교 4학년 때부터 가족의 생계를 책임지고 살던 소년이었다. 가족들에게는 인민대회에 안 간다고 안심시켜 놓고, 친구들에게는 '또 녀석들이 우리들의 학교를 없애려고 하고 있기 때문에 오늘 인민대회에서는 누가 희생되더라도 투쟁하자.'라고 말하며 적극 투쟁에 나섰던 '민족 소년'이었다.

그런가 하면 박주범은 1927년 일본으로 건너가서 조선인 사이에서 신망이 두터웠던 인물이었다. 그래서 토목업을 경영했고, 해방 전에는 마을회의 의원을 두 번이나 지냈으며, 해방 후인 1945년 재일본조선인연맹 한신(阪神)지부장으로 2년 후에 효고현 본부위원장으로 활동했다. 그는 재일조선인을 잘 보살펴 준 사람으로 취직 알선, 일시 귀국할 때의 신분보증인 등을 맡았으며, '동포'들의 재판에 솔선수범했던 인물로 한신교육투쟁을 지도했던 것이다.

필자는 한신교육투쟁과 두 사람의 '동포'를 통해 해방 공간 재일조선인 사회의 분출하는 힘을 느낄 수 있었다. 이들의 투쟁이 새롭게 우리 역사 속에서 자리매김될 날을 기대해 본다.[1]

---

1) 본고는 필자의 다음과 같은 선행 연구를 주로 참조해서 작성되었다(『재일조선인사와 식민지문화』, 2005, 경인문화사, 『1948년 한신교육투쟁』(김경해 저, 김인덕 등 역), 2006, 경인문화사, 「재일동포가 걸어온 두 갈래 길, 민단과 조총련」, 『한일관계 2천년－보이는 역사, 보이지 않는 역사』, 2006, 경인문화사, 「재일본조선인연맹 '제3회 전체대회'에 대한 사실적 고찰－제3회 전국대회 의사록을 중심으로－」, 2006. 6, 『사림』(25), 「해방 공간 재일본조선인연맹의 결성에 대한 연구」, 2006. 6, 『한일민족문제연구』(10), 「재일조선인 민족교육 운동에 대한 연구－재일본조선인연맹 제4·5회 전체대회와 한신(阪神)교육투쟁을 중심으로－」, 2006. 12, 『사림』(26).)

V. 1948년 한신교육 투쟁의 한 모습 보기

1. 서론

4 · 24 한신(阪神)교육투쟁은 1948년 4월 재일조선인이 고베(神戸)와 오사카(大阪)를 중심으로 일본 전역에서 민족교육을 사수하기 위해 일어난 거족적인 투쟁이었다.

분명 1948년 4월 한신교육 투쟁의 직접적인 계기는 민족학교 폐쇄라는 탄압에 있었다. 그러나 단순히 투쟁을 한 계기로만 설명할 수는 없다. 한신교육 투쟁은 준비된 조직 역량과 민족적 열망, 그리고 일본 정부와 GHQ의 탄압 때문이었다. 특히 여기에는 미국의 극동 전략이 작용하여 보다 조직적인 탄압이 자행되었다.

이 과정에서는 희생자가 나왔고 김태일과 박주범이 죽었던 것이다. 그들의 죽음은 한신교육 투쟁을 단순히 민족학교 폐쇄에 대해 반대한 것만이 아니었다는 것을 입증하는 것이라고 할 수 있다.

일찍이 김경해는 관련 자료집과 단행본 책을 발간했다.[1] 이는 한신교육 투쟁을 이해하는데 기초가 되는 중요한 자료로 생각한다.

필자는 선행 연구를 통해 1948년 한신교육 투쟁 때의 활동가들에 주목할 필요가 있다고 생각했다. 이들은 대부분 일제시대에 도일했고, 1945년 이전부터 반일 활동의 경험이 있었던 것으로 보인다. 물론 '융화 · 친일단체'에 소속된 경우도 있었지만 해방은 이들에게 새로운 기회로 다가갔던 것이다.

본고는 4 · 24한신교육 투쟁의 주요 구성원에만 주목한다.[2] 군사재판에 회부된 재일조선인은 A, B, C급으로 판결을 받았는데, 본고에 여기에 대해 살펴 보고자 작성되었다.

2. 간추린 한신교육 투쟁[3]

1) 1948년 탄압의 시작

1948년 1월의 통달은 각 도도부현에 회람되고, 그 구체적인 조치를 담은 통첩이 2월에서 3월에 걸쳐 각 시정촌(市町村)에 내려졌다. 각지에서 취해진 거의 공통된 조치는 재일조선인 자녀에게 취학통지를 내어 공립

---

1) 金慶海,『在日朝鮮人民族教育擁護鬪爭資料集(I)(II)』, 明石書店, 1988, 金慶海,『在日朝鮮人民族教育の原點』, 田畑書店, 1979.
2) 주요 구성원에 대해 김경해의 책과 신은영의 발표문이 일부 언급하고 있다(金慶海,『在日朝鮮人民族教育の原點』, 田畑書店, 1979, 신은영,「4 · 24 教育鬪爭 神戸地方裁判所での裁判(C級)の判決文の分析」(한신교육투쟁 60주년 강연록), 2008. 4).
3) 특별한 주가 없으면 다음의 책을 인용한다(金慶海,『在日朝鮮人民族教育の原點』, 田畑書店, 1979).

학교에 수용할 체제를 갖추고, 일본인 교사(校舍)를 차용한 조선인학교에 대해서는 교사를 비워줄 것을 요구하며 각 조선인학교에 사립학교 인가 신청을 요구한 것이었다. 교사를 비우는 것과 사립학교 인가신청기한은 모두 3월 말까지로 정하고, 이 요구에 응하지 않을 경우 폐쇄할 계획이었다. 이러한 지시가 시정촌을 매개로 조선인학교에 전해졌고, 대부분의 조선인학교를 설립한 조련에 결집한 사람들은 민족교육을 지키기 위해 전력을 다해 투쟁하였다.[4]

1948년 3월부터 4월에 걸쳐 재일조선인은 전국적으로 저항운동을 전개하였다. 도쿄(東京)에서는 3월 초에 첫째, 조선인의 교육은 조선인의 자주성에 맡길 것, 둘째, 일본정부는 조선인 교육의 특수성을 인정할 것, 셋째, 교육비는 일본 정부가 부담할 것의 3개 항목으로 재일조선인의 요구를 정리하였다. 이것은 재일조선인의 최저한의 교육 요구강령이었다.[5]

일본 정부는 교육기본법·학교교육법의 전면적 적용을 주장하며 한 치도 양보하지 않았다. 신학기가 임박하면서, 앞의 통첩에 대한 법령 위반을 이유로 각 도도부현에서는 조선인학교에 폐쇄를 명령하였다. 1948년 3월 31일에는 야마구치현에서, 4월 8일에는 오카야마현에서, 10일에는 효고현에서, 12일에는 오사카부에서, 그리고 20일에는 도쿄도에서 각각 조선인학교 폐쇄명령이 떨어졌다.

---

4) 오자와 유사쿠 지음, 이충호 옮김, 『재일조선인 교육의 역사』, 혜안, 1999, 220쪽.
5) 앞의 책, 220쪽.

2) 오사카에서의 투쟁

오사카에서의 투쟁은 1948년 4월 23일부터 시작되었다. 오전 9시 학교 폐쇄령에 대항하여 재일조선인 약 7천명이 학교탄압 반대 인민대회를 열었다. 그리고 대표가 오사카 부청과 교섭을 시도했으나, 부청은 기존의 일본 정부의 방침을 견지했다. 여기에 대항하여 재일조선인 5천 명은 청사 내의 복도에서 농성을 시작했다. 일본 정부는 무장경관 4천 명을 출동시켜 179명을 체포하여 연행해 갔다. 4월 26일에는 오사카에서 4만 명의 재일조선인이 모여 항의집회를 가졌다.[6]

여기에서 16세의 김태일 소년이 죽었다. 김태일의 죽음은 일본 국회에서도 중대한 문제로 취급했다. 5월 1일 일본 중의원 본회의에서 이 사건에 손을 댈 수밖에 없었던 스즈키(鈴木) 법무총재는 16세 소년을 사살했다는 것은 대단히 유감이다면서 경찰의 보고에 따르면 고의로 겨누어 쏜 것은 아니라고 변명하면서 책임을 회피했다.

학교폐쇄령에 반대하는 시위는 강압으로 일단 저지되었다. 일본 문부성은 조선인교육대책위원회와 세 차례의 교섭 후에 각서를 교환했다.

> ① 재단법인을 갖고 설치기준에 합치된 조선인학교는 사립학교로
>   인가한다.
> ② 일본인 학교에 전학하는 조선인 학생에게는 특히 편의를 제공하고
>   일본인 학생과 동일하게 취급한다.
> ③ 각 지방청은 조선인학교 책임자의 의견을 십분 청취한다.

---

6) 당시 오사카에는 12만 명의 재일조선인이 살고 있었다. 박삼석, 『재일조선인 인권 연구』, 조선대학교, 2002, 161쪽.

결국 1차 조치에서 92개교가 폐쇄되고, 2차 조치에서 350개교가 폐쇄되었다. 1949년 10월까지 소학교 233개교, 중학교 6개교, 고등학교 6개교 계 245개교가 남았다. 1949년 5월 31일 정식으로 인가를 받은 학교가 있다. 오사카시 스미요시(住吉)구에 있는 백두학원의 건국소·중·고등학교 1학원 3개교이다.

3) 고베에서의 투쟁

효고현(兵庫縣)에서도 조련 중앙의 지도에 따라 교육대책위원회[7]가 조직되어, '아이들을 지키자!', '학교폐쇄 반대!'의 슬로건을 걸고, 학부형과 재일조선인, 학생들이 매일 함께 등교했다. 재일조선인은 당국의 불의의 습격을 경계했던 것이다. 그리고 연일 24시간 쉬지 않고 학교를 지켰다. 이와 동시에 '학교폐쇄령의 철회!', '강제퇴거에 여유를!', '사립학교 설치인가의 간소화!' 등의 요구를 가지고 현·시 당국과 끈질기게 교섭을 계속했다.

즉, 1948년 4월 24일 재일조선인 측의 요구가 지사와의 교섭에서, "학교 폐쇄명령을 철회할 것, 조선인학교를 특수학교로서 인정할 것, 쌍방 간 위원을 뽑아 협의 결정이 이루어질 때까지는 현재의 학교를 인정할 것"이라는 내용의 문서가 전면 수용됨으로 4시간에 걸친 교섭은 타결되었다. 폐쇄명령의 철회에 대해 약 1시간 반에 걸쳐 교섭이 계속되었고, 현·시 당국은 문서에 조인하고 서명을 했던 것이다. 그리고 다시 대표들은 다시 후루야마 시경국장과 검찰청의 이치마루와의 끈질긴 교섭을 시작했

---

7) 책임자는 장치수(張致洙), 니시고베 조련초등학원장이 겸임했다.

다. 그것은 학교 폐쇄령이 철회된 이상 당연히 4월 15일 사건은 부당한 것이 되기 때문에, 현재 유치된 66명 전원을 석방해줄 것을 요구한 것이다.

그들은 석방서를 써 주었다. 그리고 대표들은 그 석방을 끝까지 확인하기 위해, 다나베(田辺) 차석검사를 따라 기쿠수이(菊水) 구치소까지 동행하였고 66명 전원을 현청으로 데리고 돌아왔다. 다시 대표들은 마지막으로 오늘의 모든 사태에 대해서는 처벌을 하지 않는다는 이치마루 검사정과 후루야마 시경국장의 서명문서를 받았다. 그렇게 해서 오후 5시경에 교섭은 타결되었다.

3. 주요 참가자(1)−A, B급

1) 비상사태 선언과 군사재판

1948년 4월 24일 오후 11시 30분, 돌연 고베 일대에는 미국의 일본점령군에 의한 최초의 비상사태가 고베 헌병대사령부의 이름으로 선언되었다. 미군 고베 베이스캠프의 헌병본부 슈미트는, "고베 기지사령관 피어슨 메노아 대장에 의해 오늘부터 고베 기지 관내의 고베, 아시야(芦屋), 니시노미야(西宮), 코난(甲南), 나루오(鳴尾)에 비상사태가 선언되었다.

이 비상사태 선언은 미군의 일본점령 기간 동안 유일하게 선포된 것이었다. 동시에 고베 시경과 효고현 경찰본부는 4월 25일 3시 50분에 관내의 모든 경찰관에 비상소집 명령을 내렸다. 고베 시경에서 약 2,500명, 현경에서 500명, 모두 3,000명이 동원되어 각 관청과 시내 중요한 곳마다 경비를 배치하였다. 그리고 새벽 이전부터 일본인 또는 조선인을 막론하고 모든 시민의 행동을 규제했다. 또 특별히 선출된 경관에 의해 몇 개의 별동대를 만들어, MP의 안내역, 검거보조대의 역할을 하게 했다.8)

이렇게 해서 다음 날 26일 무차별 검거가 시작되었다. 새벽부터 호리가와(堀川) 시의회 의원을 비롯한 공산당원, 각 노동조합 간부 133명이 체포되었다. 이후 체포자는 효고현에서만도 1,732명에 달했다.9)

4월 26일 오전 9시 30분, 미군 제8군 사령관인 아이켈바카 중장은 이타미(伊丹) 공항에 도착하여 고베 기지에 들어갔다. 그리고 마중 나온 기지 사령관 피어슨 메노아 대장, 헌병사령관 슈미트 중령, 또한 기시타 지사, 고테라 시장, 이치마루 검사정 등과 함께 기지 안에서 기자 회견을 했다. 재일조선인의 행위는 점령군의 점령정책과 점령 보장에 반대한 것이기 때문에, 그 관계자를 군사재판에서 처벌하기로 했다고 하는 성명이었다.

수천 명의 체포자 중 조선인 8명, 일본인(공산당원) 1명 등 A급은 9명으로 군사위원회 재판에 회부되어 각각 중노동 11년 이상의 형에 처해졌다. B급 12명은 일반군사 재판에 회부되었으며, C급 52명은 지방재판소의 재판에 회부되었다.10) 이 재판은 미군이 일본 점령기간에 발표한 유일한 비상사태 선언이었다. 당시 재판에 회부되었던 확인 가능한 자의 명단은 다음과 같다.

---

8) 이 별동대가 후에 기동경찰대, 경찰예비대 또는 보안대로 발전했고 지금의 자위대가 되었다.

9) 『효고현 경찰사』(쇼와편), 1970, 675쪽. 하지만 조련 발표로는 1,572명, 점령군 발표로는 일본인과 합쳐 1,176명으로 된 기록도 보인다.

10) 金太基, 「'戰後' 在日朝鮮人問題의 起源－SCAP의 對在日朝鮮人政策 1945~1952年 －」, 一橋大學大學院 博士論文, 1996, 388쪽. 이 피고 수는 자료에 의해 약간 차이가 있다. 김경해는 『해방신문』(1948. 5. 18~7. 10)과 『고베신문』(1948. 5. 18~7. 1)의 기사를 종합하여 C급은 19명이라고 주장하고 있다. 「판결문」은 18명의 이름이 보인다.

A급: 金台三, 金鏞昊, 辛基植, 金昌植, 梁民渉, 張致洙, 堀川一知,
　　 車龍錫, 金高弘(9명)

B급: 朴柱範, 權重直, 趙泰圭, 姜甲柱, 鄭八世, 崔龍範, 朴相龍,
　　 朴營熙, 文德在, 金登營, 許君子, 高鈴子(이상 12명)

C급 : 朴綸極, 南高見, 鄭鑛斗, 金定謙, 申富根, 明小守, 車柄玉,
　　 金鳳文, 金敬珍, 張가야, 朴春浩, 金鐘顯, 朴仁圭, 金正權,
　　 金洛鐘, 李鐘九, 金仁永, 李善信 (이상 18명)[11]

2) A급 참가자

간단하지만 A급 참가자의 약력은 다음과 같다.[12]

· 金台三(36) 조련 니시고베 지부위원장, 중노동 15년.
· 金鏞昊(33) 조련 효고현 본부 서기 차장, 중노동 15년.
· 辛基植(31) 직물회사 직원, 중노동 15년.
· 金昌植(24) 민청 효고현 본부 사무부 부원, 중노동 15년.
· 梁民渉(23) 조련 산다(三田) 초등학원교원 · 민청 아리마(有馬)
　 지부위원장, 중노동 15년.
· 조련 니시고베 초등학원교장 · 현교육대책위원회
　 위원장, 중노동 12년.
· 일본공산당, 고베시의회 의원, 중노동 10년.
· 車龍錫(44) 고무공장노동자, 무죄.
· 金高弘(24) 조련 효고현고등학원 학감, 무죄.

---

11) 「판결문」, 참조. 4 · 24を記録する會 編, 『4 · 24 阪神教育闘争』(民族教育を守った
　 人人の記録), フレーンセンター, 1988, 196~199쪽.
12) 權壽根, 『兵庫縣朝鮮人運動の歩み』, 在日本朝鮮社會科學者協會兵庫支部, 2005, 169쪽.

이 가운데 장치수의 일제시대의 행적을 정리해 보면, 1933년 7월 고베의 소비조합과 민족주의 단체의 활동가와 함께 조선 경상도의 수해 피해 구호활동을 했다. 그리고 1935년 중에는 우리협친회의 중심 구성원으로 활동했다. 1936년 8월에는 재차 조선 남부를 급습한 수해에 대해 고베의 조선인친목단체와 함께 구원활동을 전개했다. 이때의 경험으로 고베 조선인의 단결이 필요함을 통감하고, 조선일보 고베지국장 설동찬(薛東鑽) 등과 고베의 조선인단체의 통일을 기도했다. 같은 해 11월 고베조선인단체연합회기성준비회를 결성했다. 1937년 1월 우리협친회 등 6개 단체에 의해 효고현조선인단체연합회를 결성하여 생활권옹호와 교육, 구제사업을 하는 단체로 발족시켜, 재무부장을 지냈다.[13]

A급 군사재판의 제1회 법정은 '4·24 한신교육투쟁'이 일어난 지 1개월 후인 5월 20일 오전 9시 15분 구 고베시 상공회의소 빌딩에서 열렸다. 아침 일찍부터 400여명의 조선인 학부형과 동포들이 모여들었으나 극히 일부 동포들만 입정하였다.

5월 24일에 제2회 공판이 열렸다. 이 날은 이 사건의 중심인물인 기시타 지사에 대한 후세(布施) 변호인의 반대심문이 날카롭게 행해졌다. 이 심문으로 사건의 장본인이며 명령자가 미점령군이라는 사실이 명백해졌다. 또, '범죄사실'의 출발점이 된 '감금' 행위가 없었다는 점, '고의의 폭동'도 없었다는 점을 당사자인 기시타 지사 자신이 밝힘으로, 기소내용의 기본적인 사실이 완전히 부정되어 버렸으므로 '범죄'는 전혀 성립되지 않았던 것이다. 공판 시작 1개월 후인 6월 25일의 일이었다. 피고 9명 전원에게 중노동 24년의 구형이었다.

---

13) 近代日本社會運動史人物大事典編纂委員會, 『近代日本社會運動史人物大事典』 3, 日外アソシエーツ, 1996, 421쪽.

미군 측은 군사위원회 재판 개시 후 42일째인 6월 30일, 27회 공판을 끝으로 판결을 내렸다. 그 내용은 다음과 같다.

중노동 15년: 김태삼, 김용호, 양민섭, 신기식, 김창식.
중노동 12년: 장치수.
중노동 10년: 호리가와(堀川一知).
무　　　죄: 차용석, 김고홍.[14]

3) B급 참가자

B급의 일반 군사재판은 A급 군사위원회재판이 진행 중이던 6월 14일부터 국철 고베역 앞 이쿠타(生田)구 아카시쵸(明石町)의 미군 고베기지 안에서 시작되었다.

재판장은 워어드 대령과 그 외의 4명의 판사들이 맡았으며, 검사는 알렉산더 중령, 부검사는 구렛트혼 중위, 변호사는 하야시(林三夫)와 위티 대위였다. B급의 약력과 형량은 다음과 같다.[15]

· 朴柱範(63) 조련 효고현 위원장, 중노동 4년 9개월.
· 權重直(37) 조련 효고현 본부부위원장, 토건업, 중노동 3년 9개월.
· 趙泰圭(33) 단체역원, 중노동 4년 9개월.
· 姜甲柱(32) 고베 조선인상공회 경제부장, 중노동 3개월.
· 鄭八世(32) 무죄.

---

14) 金慶海, 『在日朝鮮人民族敎育の原點』, 田畑書店, 1979, 105쪽.
15) 權壽根, 『兵庫縣朝鮮人運動の步み』, 在日本朝鮮社會科學者協會兵庫支部, 2005, 170쪽.

- 崔龍範(33) 구두상, 무죄.
- 朴相龍(27) 고베 조선인상공회직원, 중노동 3년 9개월.
- 朴營熙(?) 고베 조선인상공회직원, 불기소.
- 文德在(28) 한약국 주인, 중노동 3년 9개월.
- 金登營(44) 중노동 8개월.
- 許君子(20) 고무공장 여공 · 민청원, 중노동 9개월, 집행유예.
- 高鈴子(25) 조련 히가시고베 지부 서기, 중노동 9개월, 집행유예.

B급의 군사재판에서는 박주범, 박상용, 문덕재, 권중식, 김등영, 강갑주 6명은 3개월에서 4년 9개월[16]의 중형 판결을 받았으며, 그 외 7명은 유죄판결을 받았으나 집행유예로 석방되었다.

조련 고베현 위원장인 박주범은 군사법정에서 유죄판결을 받은 후 형무소에서 고초를 당하다가 1949년 11월 25일 오후 8시 병이 악화되어 가출옥했다. 그러나 4시간 후인 자정에 사망했다.[17]

4. 주요 참가자(2) – C급

1) C급 참가자

C급으로는 고베지방재판소 재판에서 김정렴을 비롯해 18명이 피고가 되었다. 당시 재판에서는 이종구가 징역 8개월 판결을 최고로 하여, 피고

---

16) 「7월 19일 판결공판」, 『고베신문』 1949. 7. 20.
17) 『해방신문』 1949. 11. 28.

인 전원이 징역 2, 3, 4개월, 집행유예 2~3년의 형량을 받았다. 전술했던 C급의 명단과 간단한 약력과 형량은 다음과 같다.[18]

- 朴綸極(28) 조선민주청년동맹 효고현본부위원장, 징역4월.
- 南高見(23) 조선민주청년동맹 사무원, 징역 2월.
- 鄭鑛斗(21) 무직, 징역 2월.
- 金定謙(35) 고물상, 징역 2월.
- 申富根(36) 운반업, 징역 2월.
- 明小守(34) 일용인부, 징역 2개월 .
- 車柄玉(26) 농업, 징역 2개월.
- 金鳳文(42) 무직, 징역 2개월.
- 金敬珍(32) 조선경제회 사무원, 징역 3개월.
- 張가야(36) 막노동, 징역2개월.
- 朴春浩(32) 막노동, 징역 2개월.
- 金鐘顯(26) 무직, 징역 2개월.
- 金洛鐘(28) 인부, 징역 2개월.
- 金仁永(22) 학생, 징역 2개월.
- 李善信(25) 조선연맹 효고현본부 사무원, 징역 2개월.

2) 주거침입에 대한 재일조선인들과 지사의 견해

판결문에 기초하여 양쪽의 생각을 정리해 보면, 조선인쪽은 퇴거할 수 있는 충분한 시간이 없었고, 지사 면회가 있을 것으로 생각했다. 당시 현 청에 들어 간 것은 비를 피하기 위해서였다고 진술한다. 따라서 주거 침

---

18) 「판결문」, 참조. 죄명은 주거침입이다.

입은 아니었다. 이러한 조선인의 생각에 비해 지사 쪽은 충분한 퇴거 시간을 얘기하면서 면회 거부를 조선인이 했다면서 자신들의 입장을 비호하고 있다.[19]

<표1> 1948년 4 · 24 한신교육투쟁 관련자 군사재판 희생자

등 급		A	B	C
인 원 수		9	12	18(52)
직업	조련 관련자	6	6	5
	학생			1
	회사원(노동자)	2	2	4
	자영업		2	2
	농업			1
	무직			5
	기타(상인 등)		2	
	*일본인(시의원)	1		
형량	중노동 10년 이상	7		
	중노동 1년 이상		6	
	징역 2개월 이상		3	18
	무죄	2	2	
	불기소		1	

19) 이하의 원사료는 신은영의 강연문 참조(신은영, 「4.24教育闘争 神戸地方裁判所での裁判(C級)の判決文の分析」(한신교육투쟁 60주년 강연록), 2008. 4).

5. 결론

1948년 한신교육 투쟁은 사건 후 '재일' 60년사 속에서 재일조선인이 맞이한 해방에 대한 본격적인 요구였다. 한신교육 투쟁과 관련 재판은 진행되었다. A급은 군사위원회 재판, B급은 일반군사 재판, C급은 고베지방재판소 재판이었다.

그들만의 군사재판과 A, B, C급 분류에 대한 전면적인 재고가 필요하다. 그리고 과연 형량을 다 집행했는지, 그리고 이후의 행적, 과연 형기 만료 후 국내로 강제송환되었는지 살펴 볼 필요가 있다. 실제로 A급 7명과 B급 5명 합계 12명은 고베형무소에 수용되었다. 이들에 대한 구원운동은 새로운 투쟁으로 작용했다.

VI. 재일조선인 민족교육 속 민족학급 운동

　지난 달 26일 일본 오사카(大阪)시 이쿠노(生野)구에 위치한 오사카 시립 샤리지소학교(舍利寺小學校, 한국의 초등학교)의 한 교실에서는 아이들의 참새 같은 한국어가 들렸다.

　일본 오사카시가 세운 학교에서 한국인의 뿌리를 가진 아이들을 대상으로 '민족학급' 수업이 벌어지고 있는 현장이었다.

　민족학급이란 일본 국·공립 학교에 다니고 있어 고국을 접할 기회가 없는 재일동포들에게 일주일에 한 번 한국어나 한국 문화를 가르치는 수업으로, 오사카에만 2000여 명이 수업을 듣고 있다.

　특히 이날 수업은 막 초등학교에 입학한 초등학교 1학년들을 대상으로 기초적인 한국어 수업이 진행됐다. 한국어는커녕 일본어도 능숙하지 못한 아이들이라, 수업은 민족학급 강사의 질문을 통해 한국어로 답변을 이끌어내는 방식으로 이뤄졌다.

　아이들에게 일본어로 오늘의 날짜를 물으면 '월'과 '달' 사이에 어떤 숫자를 넣을지 학생들의 한국어 답변을 듣는 식이다. 한국에서 지원된 교재로 수업도 진행됐다. '호랑이 좋아해요'라는 문장을 반복해 읽힌 뒤, 각 학생이 실제로 좋아하는 동물을 '좋아해요' 앞에 넣어 직접 발표하기도 했다. 이날 수업의 절정은 '이름판' 만들기였다. 자신의 이름을 플라스틱 판에 찰흙으로 붙여 이름을 만드는 일종의 '놀이'였다. 수업은 한국어와 일본어를 번갈아 사용하며 이뤄졌으며, 아이들의 표정은 시

종일관 호기심에 넘쳤다. 교실 벽면에는 한글과 한글의 발음을 표시하는 카타가나가 병기돼 표시돼 있었다. 칠판 옆에는 'ㅏ · ㅓ · ㅕ · ㅛ' 등 모음을 발음할 때 입 모양이 만화 캐릭터로 그려져 있었다. 샤리지소학교는 일본인의, 일본인에 의한, 일본인을 위한 학교지만 오직 민족학급만은 한글과 한국 문화로 가득차 있었다. 1주일에 한 번뿐인 방과후 수업이지만…… 뿌리를 찾는 '인권교육'

(일본 속의 한글④]민족학급 '핏줄의 마지노선'

CBS노컷뉴스, 2013년 10월 10일)

1. 서론

해방 후 바로 조선인학교에서 근무하고, 1951년 이래 36년 동안 오사카 시립 기타츠루하시(北鶴橋)소학교의 민족강사로 근무했던 김용해[1]는 "방과 후 어린이들을 만날 때까지는 '바늘방석'에 앉아있는 것 같았다"고 당시를 다음과 같이 술회한다.

당초에는 조선어에 능통한 일본사람이 민족학급에서 가르쳤었는데, 어린이들이 일본인 선생은 싫다고 전혀 받아들이지 않는 바람에, 겨우 2~3일 만에 그만두었습니다. 그 뒤에 제가 부임하게 된 것입니다. 하지만, 당시에는 민족학급의 교실이 없어서 강당에서 수업을 해야만 했습니다. 기타츠루하시소학교는 가장 동포가 밀집해서 살고 있는 지역에 위치해 있었기 때문에, 전부 420명의 동포 어린이들이 있었는데 그 아이들을 저 혼자서 담당해야만 했습니다. 교장이나 교감은 물론, 일본

---

1) イルムの會, 『金ソンセンニム―濟洲島を愛し, 民族敎育に生きた在日一世―』, 新幹社, 2011, 참조.

인 교원들은 전혀 협조해주지 않았습니다. 학교로부터 종이 한 장 받지 못하고, 전부 학부모들이 연필이나 등사용지, 종이, 분필을 가져다주었습니다. "인사! 성생님 양녕하세요 여러붕 양녕하세여"(선생님 안녕하세요 여러분 안녕하세요)

그는 '사명감'과 '학부모들의 지원' 없이는 불가능했다고 당시를 술회하고 있다. 김용해는 체험을 바탕으로 일본인 교사에게 다음과 같은 세 가지 요망사항을 제시하고 있다.[2]

첫째, 조선이 역사 · 재일동포의 역사를 잘 알아 달라. '바르게 교육하기 위해서는, 알지 못하면 도저히 해결할 수 없는 절실한 문제'를 재일조선인 학생이 안고 있다는 사실을 '잘 이해해 주기를 바라기' 때문이다. 둘째, 민족학급 강사를 일이 일단 터지고 난 후 사후처리나 하는 존재로 취급하지 말라. "조선인 아동에게 무슨 문제가 일어났을 경우, 도저히 손 쓸 수 없게 되어서야 상담을 받는" 그런 상황을 지양하고 "언제나 원활하게 상호 연락할 수 있도록" 해 달라는 것이다. 셋째, 민족학급의 시간을 존중해 달라. 정규수업을 파하는 시간이 일정하지 않아 시간조정 때문에 민족학급의 시작 시간을 뒤로 물리기도 하고, 학교 행사나 학년행사 때문에 쉽게 마쳐지기도 하고, 선생님의 심부름 때문에 수업시간에 지각하는 학생이 나오기도 한다.

히가시오사카시 다이헤이지(太平寺)소학교 민족학급 상근강사로 있던 안성민 선생은 민족학급을 이렇게 말하고 있다.

---

2) 오자와 유사쿠 지음, 이충호 옮김, 『재일조선인 교육의 역사』, 혜안, 1999, 263쪽.

한국 사람으로서 단 한 번도 좋았다고 느껴 보지 못했다!"고 어두운 눈초리로 말하던 애가 자기 부모, 조부모가 힘차게 살아온 역사, 그리고 전통으로서 이어온 민족문화의 풍요로움과 모국어의 아름다움을 배움으로써 "한국 사람이란 생각보다 훌륭하네…"라고 발언하게 되며, 민족을 좀 더 가깝게 느끼면서 "한국 사람으로 태어나 좋았어요!" 이렇게 변해 가는 과정을 민족강사로서 근무하게 된 10년이란 세월의 흐름 속에서 이런 아이들을 수없이 봐 왔습니다. 자기 자신의 뿌리에 자신을 가짐으로서 처음으로 사람은 인간답게 자신을 가지고 살아 갈 수 있다고 생각합니다. 바로 이런 일을 실현하는 마당이 "민족 학급"입니다.[3]

이러한 '선생을 향한 요망'은 바꾸어 말하면, 분명 일본인학교와 일본인교사들이 민족학급을 경시하고 정규 수업시간에 조선인 학생 지도·조선에 관한 수업을 태만히 하는 경우가 일반적이었음을 고발한 것이다.

2013년 7월 필자가 조사할 당시 현재에서 민족학급에서 강사로 활동하는 선생님들의 경우 최근 민족학급의 현실을 잘 이해하게 해 준다.[4]

일본 사람 아닌 선생님이 있다고 생각해 주기를 바란다. 1주일에 한 번 선생님이다. 수업은 초등학교의 경우 1~3/ 4~6학년 두 교실로 나누어 진행한다. 주요 내용은 문화, 글, 놀이, 춤으로 구성되어 있다. 특히 고학년의 경우는 재일동포의 역사를 가르치고도 한다. 빌표회 때는 민화, 연극 등을 활용한다. 민족학급에 가는 것을 반대하는 학부모도 있다 (김**).

---

3) 안성민, 「일본학교 내에서의 민족교육－민족학급을 중심으로－」, 『재일동포교육 어제, 오늘 그리고 내일』(민단 창단50주년기념 재일동포민족교육서울대회 자료 집), 1996, 74쪽.
4) 인터뷰는 2013년 7월 26일 오사카 코리아NGO센터에서 金**(1973년생), 金**(1958년생), 洪**(1966년생)선생님과 실시했다.

충청도 사람으로 3세이다. 어려서 갔는데 재미없었다. 싫어서 어두운 구석에 앉아서 수업했다. 클럽이 아닌, 민족학급에 다녔다. 아버지는 한국말 못했다. 담임선생님이 권해서 민족학급에 갔다. 김용해선생님에게 배웠다. 방구얘기를 잘 해 주셨다. 한국 사람은 방구를 크게 뀐다고 했다. 한국 사람이 일본이름 쓰면 안 된다고 했다. 거짓말하지 말라고 했다. 이것이 나를 지탱해 주었다. 민족학급이 학교에서 나를 지탱해 주었다. 대학교 때부터 한국 이름을 썼다. 내가 가고 싶은 민족학급을 만들고 싶다. 부모가 바뀌기도 한다. 민족학급에 다니는 아이 때문에. 야간 중학교에 가서 어머니 한국 사람이 되었다. 야간고등학교에 아버지 70이 넘어 다녔다. 한국 사람되었다. 교육은 뜻이다. 한국 안에 있는 것 뜻있는 것이다(김**).

인간답게 살고 싶어서 이 일을 나는 한다. 아이들 공부시켜서 정말 행복하다. 한국이 부모님이 좋은 나라라고 얘기했다. 나는 어른이 되면 한국 가서 살고 싶다고 생각했다(홍**).

민족학급과 관련하여 현장에서 활동하고 있는 김광민은 다음과 같이 각종 현실적인 문제에 대해 얘기해 주었다.

9억 원의 한국 정부지원금을 받고 있다. 작년 10억이 줄어든 것이다. 오사카교육원을 통해 사업을 하고 예산을 쓰고 있다. 교사 채용은 오사카교육위원회가 코리아NGO센터를 통해 채용을 협조 요청하고 있다. 1주일에 50분 정도 수업 진행하고 있다. 실제로 민족학급의 경우 법적 근거가 일본 정부 내에서는 없다. 민족학급의 민족교육은 한글교육이 중심으로 정체성 관련한 교육이 주이다. 한글학교와 다른 지형을 형성하고 있다. 로드맵을 갖고 하는 장기적인 민족교육에 민족학급이 자리매김되기를 희망한다. 특성을 인정해 주는 것이 중요하다. 현재 코리아

NGO센터는 3천만 예산. 답사, 회비, 기부로 운영된다. 정부 차원의 지원금을 신청하고 민단 통해 지원하는 것이 효과적이다.[5]

이렇게 민족교육의 현장을 경험한 민족학급의 교사는 사회적 관심에서 소외된 아이들을 새롭게 교육시켜왔다. 그들의 일상은 사실, 운동이었다. 본 연구의 출발은 바로 여기이다.

일반적으로 민족교육이란 민족의식을 기반으로 민족주의 관념에 의거하여 민족문화에 기초한 교육으로 민족적 정체성을 보존하기 위한 일련의 활동을 말한다.[6] 재일조선인[7]의 민족교육은 일본에 사는 재일조선인을 대상으로 하는 교육 활동을 말한다.[8]

재일조선인은 2012년 말 현재 약 54만 명(귀화자 약 34만 명 미포함)이고, 재일조선인 자녀들 중 90%가 일본학교에 재학하고 있으며 한국학교와 조선학교 재학생은 약 7천 5백 명 정도로 추정할 수 있다.

재일조선인들이 민족교육을 경제적 욕구 충족으로 위한 생활의 문제로서 보다는 철학적 기반을 둔 존재의 문제로 삼았기 때문에 곤란한 현실 여건 가운데에도 민족교육기관이 그 명맥을 유지해 왔다고 보인다. 현재 재일조선인 사회의 소자화 경향과 귀화자의 증가 등의 문제가 민족학교의 장래를 어둡게 하고 있다.[9] 이에 따라 학생 모집에 대한 대책 마련은

---

5) 2013년 7월 25일 인터뷰.
6) 『교육백서』 민단중앙본부, 1990, 382쪽.
7) 정진성, 「'재일동포' 호칭의 역사성과 현재성」, 『일본비평』 통권 제7호, 2012.
8) 『재일동포 민족교육 현황 조사』(『2013 재외동포재단 조사연구영역 결과보고서』), 청암대학교 재일코리안연구소, 2013. 12, 306쪽.
9) 황영만, 「재일동포 민족교육을 위한 제언」, 『OKtimes』 통권123호, 2004. 2, 해외교포문제연구소, 25쪽. 아울러 재일조선인 내의 결혼 비율의 격감, 통명 사용의 일반화 등의 경향은 현재 재일조선인의 모습을 보여준다고 하겠다(강영우, 「재일동포민족

각 학교의 최우선 과제이다.

전전 제국주의를 구가했던 일본은 현재도 재일조선인의 동화라는 기본적인 노선을 버리지 않고 있다.[10] 이 가운데 재일조선인 민족교육은 운영되고 있다. 그 역사는 일제강점기를 거쳐 오늘날까지 이어지고 있는 것이 사실이다.

이런 가운데 민족학급은 재일조선인이 집거하고 있는 지역의 공립 초중학교에 설치되어 왔다. 민족학급이 설치되어 있는 학교가 민족교육의 또 다른 모습을 규정하고 있는데, 정규수업 이외에 과외로 재일조선인의 자녀들을 모아서 조선인 강사가 조선어나 한국조선의 역사, 문화 등을 학생들에게 가르치고 있다.

본고는 민족교육 가운데 민족학급, 민족학급 운동에 대해 주목한다. 이를 위해 민족학급의 발생과 민족학급의 민족교육 내에서 그 역할을 정리해 보고자 한다. 그리고 민족학급의 역할과 운동에 대한 특징을 고찰하고 미래를 전망해 본다.

교육의 현황과 과제 그리고 진로−학교교육을 중심으로−」, 『재일동포교육 어제, 오늘 그리고 내일』(민단 창단50주년기념 재일동포민족교육서울대회 자료집), 1996, 52쪽).

10) 최근에 재일 외국인을 관리하는 일본의 법제도에 괄목할 만한 변화가 발생하였다. 2012년 7월 9일, 일본 정부는 종래의 외국인등록법을 폐지하는 대신, 입국관리법, 입국관리특례법, 주민기본대장법의 개정법을 실시하였다. 그로 인해 재일 외국인의 체재 자격은 새롭게 '특별 영주자', '중장기 재류자'(영주자 및 유학생, 일본인 배우자 등 3개월 초과 재류를 인정받은 신규 도일자), '비정규 체재자'(초과 체재자 등)라는 세 가지 형태로 분류되며, 그 중 '중장기 재류자'는 종래의 외국인등록증에 대신에 '재류 카드'라는 신규 증명서를 발급받게 되었다. 즉 '중장기 재류자'라는 새로운 카테고리 는 그들을 장래에 일본에 유용한 노동력으로서 흡수할 가능성을 열어둔 것이라고 판단된다(김광열, 「일본거주 외국인의 다양화와 한국·조선인의 위상 변화−소수자 속의 소수화의 과제−」, 『일본학연구』제38집, 2014. 5, 참조).

2. 민족학급의 발생과 역사 −연대기−

1) 민족학급의 발생

재일조선인 사회에서 얘기되는 민족학급은 1948년 5월 5일 문부성과 조선인 대표 사이에 체결된 양해 각서 이후, 특설 학급이 설치된 것이 그 출발이라고 할 수 있다. 당시 오사카에서는 특설 학급11)을 조선어학급, 나중에 민족학급이라고 했다. 오사카에서는 특설 학급을 조선어학급이라고 불렀고, 나중에 민족학급이라고 고쳐 불렀다.12)

이런 민족학급은 1948년부터 일본 정부의 학교 폐쇄령, 학교를 폐쇄하는 그 과정에서 재일조선인 1세가 자기의 목숨을 바쳐서 일본 행정 당사자들과 맞서 투쟁해 온 결과물이다. 이들 1세들이 '우리 아이들만큼은 우리말, 우리글을 가르쳐야겠다'는 마음가짐에서 우러나온 것으로 목숨을 담보로 만들어낸 민족교육의 마당이었다.13)

1948년 4월에 있었던 민족교육 탄압 사건이 '조선인학교폐쇄령'과 이에 저항했던 '제1차 교육투쟁' 이후, 재일조선인의 끈질긴 민족교육에 대한 요구에 의하여 재일조선인과 오사카부지사와의 민족교육에 관한 각서가 교환되었고 이로 인해 민족학급이 출발한다. 일본 국공립학교에 설치되었던 민족학급은 당초 33개교로 36명의 정식으로 채용된 강사가 담당했다.14)

---

11) 김환, 「재일동포 민족교육의 어제, 오늘, 그리고 내일」, 『교육월보』 1996. 10, 65쪽.
12) 김광민, 「재일외국인 교육의 기원이 되는 재일조선인 교육」, 『재일동포 민족교육』 (청암대학교 재일코리안연구소 국제학술회의자료집), 2013. 10, 18, 54쪽.
13) 박정혜, 『일본학교 내 민족학급의 현황과 과제』, 2007, 참조.
14) 곽정의의 다음의 언급은 그 사실을 확인하게 해 준다. "大阪に民族学級ができて今

1949년 10월부터 11월까지의 조선인학교 강제 폐쇄조치 이후 조선인 학교의 쇠퇴는 현저해졌다. 효고, 아이치 등 일부 지역에서는 공적 입장을 전혀 갖추지 않은 자주적인 조선인학교로서 존속을 꾀하기도 했다. 그리고 많은 조선인 어린이들이 일본의 공립 소·중학교에 취학하게 된다.

<표1> 재일조선인 조선인 학교 현황(1952년 4월)[15]

구 분	계
자주학교	44
공립학교	14
공립분교	18
특설학급(민족학급)	77
야간학교	21
계	174

年で60年がたつ. 「民族学級」の開設は1948年に朝鮮人の民族教育を弾圧するために出された朝鮮人学校閉鎖令に起因する. 大阪·神戸などでは多くの逮捕者と死傷者を出し, GHQによって史上初めての戒厳令まで出された. いわゆる「阪神教育事件」である. その後大阪では閉鎖に伴う代替措置を求めて覚書が交わされた. 日本の学校に行かざるをえなかった朝鮮人児童に対して大阪では主に課外に朝鮮語·歴史·文化などの授業を行うために民族学級(『覚書民族学級』)が開設された. ただすべての学校におかれたのではなく, 朝鮮人保護者の要求や地域の状況などもあって府内33校に設置されたが, 日本の学校においては想定外の代物であり『盲腸』のような存在であったと言える."(「大阪の民族学級」(미간행), 1쪽).

15) 정희선,『재일조선인의 민족교육운동(1945~1955)』, 재일코리안연구소, 2011, 참조.

<표1>은 조선인학교 강제 폐쇄 이후의 민족교육기관의 실태를 정리한 것이다. 법률 밖에 있는 자주학교로 존속한 44개교를 제외하면, 어떤 형태로든지 일본 행정당국의 관리 하에 놓인 공립학교 기관으로 운영되었다.16)

이렇게 1952년 당시 전국의 77개 소·중학교에 특설 학급이 설치되었다. 이 민족학급은 일본인학교 안에 특별히 설치한 학급으로 초창기에는 어쩔 수 없이 이를 받아들인 민족교육의 한 형태였다. 실제로 오사카에서는 통고문의 엄격한 규정을 다소나마 변형하는 형태로 '각서'가 매듭지어졌고, 학생 50명에 1명 민족강사를 두도록 했다.17) 또한, 1953~1954년에는 95개교가 설치되어 극성기를 맞이하기도 했다.18)

1950년대 중반 이후 특설 학급으로 민족학급은 급격히 쇠퇴해 갔다. 여러 가지 요인이 있다고 생각되지만, 주요한 것으로는 우선 공립학교에 다니는 조선인 아동에 대한 심한 차별이 있었다.19) 또 하나의 민족학급 퇴색 요인을 보면, 1955년 총련의 결성에 따라 민족학교 재건이 본격화하고 전국 각지에서 조선학교가 시작되었다. 일본의 공립학교에 다니고 있던 재일조선인 아이들이 차별을 견디다 못해 조선학교에 전학을 갔던 것이다.

1960년대에 들어서면, 민족학급이 감소하기 시작했다. 1965년 한일조약 체결 이후 일본문부성의 방침은 전환되어, "한국인 자제에게 특별한

16) 김광민, 「재일외국인 교육의 기원이 되는 재일조선인 교육」, 『재일동포 민족교육』 (청암대학교 재일코리안연구소 국제학술회의자료집), 2013. 10, 18, 54쪽.
17) 김환, 「재일동포 민족교육의 어제, 오늘, 그리고 내일」, 『교육월보』 1996. 10, 65쪽.
18) 中島智子 「在日朝鮮人教育における民族学級の位置と性格―京都を中心として」 『京都大学教育学部紀要』27, 1981년 3월, 참조.
19) 김광민, 「재일외국인 교육의 기원이 되는 재일조선인 교육」, 『재일동포 민족교육』 (청암대학교 재일코리안연구소 국제학술회의자료집), 2013. 10. 18, 55쪽.

취급을 해서는 안 된다."라고 하는 문부성 차관의 통달이 나오고, 공립한 국인학교 및 분교, 그리고 민족학급 설치를 금하게 되었다. 이후 민족교실, 또는 클럽을 제외한 민족학급은 점차 감소되었다.

2) 민족학급의 변화

민족학급은 1970년대 초 처음 수준의 1/3 수준인 10개교 11명의 강사만 남았다. 특히 1972년 특별활동 형식의 민족학급이 등장하면서 오사카 주변으로 확대되었다.[20] 1987년에는 민단, 총련 양쪽을 합쳐도 22교 밖에 되지 않았다.[21] 이렇게 민족학급이 급격히 감소하는 현상은 민족교육을 부정하는 동화교육 정책으로 말미암은 것이었다.

1986년 4월에 오사카부의 에비스소학교에 제1호의 후임강사가 채용되었다. 그 후 운동단체의 노력에 의해서 정년을 맞이하는 강사의 후임이 이어지게 되었고 7개교의 강사가 채용되었다. 그리고 1989년 오사카시내 소 · 중학교에서 민족학급을 비롯하여 민족교실 · 클럽을 운영하고 있는 학교는 56개교(소학교 36,중학교 20교)에 195명의 지도교사가 있었다. 그 중에서 134명이 일본인 교사이고, 나머지 61명은 민족 강사이지만 정식으로 채용된 강사는 4명뿐이었다. 그 이외에는 모두 학교 PTA 후원으로 봉사하는 민족학급 · 교실(클럽)의 강사들이라는 점에 주목해야 한다.

---

20) 송기찬, 「민족교육과 재일동포 젊은 세대의 아이덴티티-일본 오사카의 공립초등학교 민족학급의 사례를 중심으로-」, 한양대학교 대학원 석사학위청구논문, 1999, 54쪽.
21) 徐海錫, 「在日同胞社會の現況と今後の展望——九九0年代を目前にして-」, 在日韓國居留民團,『法的地位に關する論文集』, 1987, 52쪽.

재일조선인 민족학급으로서 1990년 현재 존재하고 있는 학교는 총 89개교 (소학교 50, 중학교 39)로 오사카시는 38개교(소학교 22, 중학교 16)였다.[22]

오사카시 교육위원회는 1992년 최초로 민족클럽의 지원 사업을 시작했다. 1997년에는 민족강사를 준직원으로 규정하는 현행 제도의 기초를 마련했다.[23] 일본 문부성에서도 외국인 교육 논의가 활발해지고 있는데, 오사카 시립 소·중학교의 노력은 하나의 모델이 되었다.[24] 1996년 오사카지역을 중심으로 초등학교 51개 학급 1,339명, 중학교 35개 학급 584명, 합계 86개 학급 1,923명이 민족교육을 받고 있다.[25] 1998년에는 77개의 민족학급이 설치되었다.

---

22) 아울러 東大阪市 15개교(소학교 5, 중학교 10), 守口市 2개교(소학교 1, 중학교 1), 高槻市 7개교(소학교 3, 중학교 4), 八尾市 6개교(소학교 3, 중학교 3), 門眞市 9개교 (소학교 7, 중학교 2), 箕面市 1개교(중학교 1), 吹田市 3개교(소학교 3), 攝津市 4개 교(소학교 4), 禮中市 1개교(중학교 1), 貝塚市 2개교(소학교 1.중학교1), 泉大津市 1개교 (소학교 1)에 설치, 운영되었다. 이것은 민족학급의 범위를 민족교실 내지는 클럽 활동반까지를 포함한 것이다(ヒョンホンチョル, 「民族學級의 現況課題」, 『제3차조선국제학술토론회 논문요지』, 일본대판경제법과대학아세아연구소·중국북경대학조선문화연구소, 1990, 참조).

23) 한편 1992년 3월 민족학급 강사였던 김만연(金滿淵)선생님이 63세로 정년 퇴직함에 따라 1948년 당시 교육각서로 채용되었던 민족학급 강사들은 전원 퇴직하게 되었다. 김만연선생은 나가오사카소학교의 민족학급의 담당 강사로서 42년 동안 재일동포 자녀들에게 한국어, 역사 등을 가르쳤다. 그는 전후 한국 민족학교의 교원으로서 가르치다가, 1948년 일본 정부의 학교폐쇄령으로 인하여, 근무하고 있었던 학교가 폐쇄되었고, 1948년 한신교육투쟁에도 참가했다. 1949년 말 오사카부의 민족학급 강사 모집에 응모하고, 1950년 6월 15일부터 나가오사카소학교에서 근무했다.

24) 김광민, 「재일외국인 교육의 기원이 되는 재일조선인 교육」, 『재일동포 민족교육』 (청암대학교 재일코리안연구소 국제학술회의자료집), 2013. 10, 18, 58쪽.

25) 송기찬, 「민족교육과 재일동포 젊은 세대의 아이덴티티-일본 오사카의 공립초등학교 민족학급의 사례를 중심으로-」, 한양대학교 대학원 석사학위청구논문, 1999, 12쪽.

2010년 민족학급은 오사카시, 히가시오사카시, 모리구치(守口)시, 사카이(堺)시, 이즈미오쓰(泉大津)시, 이케다(池田)시 등의 오사카부 내의 자치단체를 비롯해, 교토(京都)부 교토(京都)시의 3개 초등학교에서도 운영되고 있다.

2012년에는 오사카 시내의 경우 민족학급 수는 106개 학급이며 약 25%의 오사카 시립 초, 중등학교에 설치되어 있다.[26] 최근 2013년 10월 현재도 같은 수이다. 그리고 오사카부의 경우는 180개 소, 중학교에 민족학급이 설치되어 있다.[27]

3. 최근 민족학급의 상황

1) 일반 현황

재일조선인 민족학급은 일본학교 내 재일조선인 학생의 보호울타리의 역할도 하고 있다. 숨어 사는 '조센진'이 긍지를 가진 '자이니치'로 바뀌는 경우가 확인되는 것은 민족교육의 현장에서 느끼는 변화이다. 여기에서는 민족교육의 벽을 넘는 다양한 한국학교의 정보도 공유되는 것도 새롭게 건론되기도 한다. 그러나 아직도 민족학급의 제한적 역할은 현실 속 차이의 어려움을 돌파하는 데는 한계를 노정한다. 일본의 부정이 아닌 긍정을 통한 자존의 길을 가는 것은 결코 쉬운 일은 아닐 것이다.

---

26) 김광민, 「해외 코리안 커뮤니티의 역할」, 아사쿠라도시오 외 엮음, 『한민족 해외동포의 현주소』, 학연문화사, 2012, 176쪽.
27) 김광민인터뷰(2013. 10. 18 고려대일본연구센터)

최근 민족학급의 성격과 관련해서는 일본 사회 속 변화를 느끼게 하는 부분이 있다. 일본 사회 속 평일교육으로 민족학급 교육이 자리 매김되고, 나아가 국제교류의 차원에서 다문화 학습이라는 위상을 갖도록 일본 정부가 지원한다는 것이다.[28]

한편 민족학급의 교육은 에스닉스터디가 아닌 코리안스터디로 번역하듯이 독특함이 내재되어 있다. 여기에서는 아이덴티티를 강조하고, 일주일에 한번, 즐겁게, 재미있게 공부하는 것을 원칙으로 한다.

실제로 민족학급의 민족교사는 세밀한 내용으로 수업을 준비한다. 교육과정상 교재의 경우 공동 준비가 필요한데, 여기에서 월경이라는 개념을, 그리고 민족의 개념을 아이들에게 설명하기는 절대 쉽지 않다. 민족학급의 수업은 일반 문화 강좌와는 다르기 때문이다. 문제는 최근 학생의 경향으로 민족학급에 다니는 것을 감추고 산다는 점이다. 이를 타개하기 위해서는 공부가 힘들 때 쉽게 해주고, 다음 주에 오게 하는 프로그램이 되어야 할 것으로 생각한다.

수업은 1주일에 1, 2회 50분 정도 진행하고 있다. 현재 실제로 민족학급의 경우, 일본 정부 내에서는 법적 근거가 없기 때문에 민족학급의 민족교육은 한글교육을 중심으로 한 정체성에 관련한 교육이 주를 이루고 있다. 한글학교와 다른 지형을 형성하고 있다고 할 수 있다.[29]

주로 수업은 문화, 역사, 한글 등을 가르치고 놀이 형식으로 진행되고 있다.

---

28) 김광민인터뷰(2013. 10. 18 고려대일본연구센터.)
29) 김광민인터뷰(2013. 7. 25 코리아NGO센터.)

2) 민족교사 문제

2013년 현재 오사카 민족교육 관련자들은 9억원의 한국 정부지원금을 받고 있다. 이 예산은 오사카교육원을 통해 사업을 하고 예산을 집행할 수 있다. 특히 교사 채용은 주로 오사카교육위원회가 코리아NGO센터를 통해 한다.[30]

2013년 현재 오사카 시립 학교 · 학원의 민족학급 설치 상황을 정리해 보면, 상근직 민족강사를 두는 학교[31]는 8개교이다. 그리고 오사카시의 사업을 통해 민족강사를 두는 학교가 있는데 이곳은 오사카부에서 월급을 지급하는 민족학급과 구분하기 위해 '민족 클럽'이라 부른다. 여기에는 비상근 촉탁 신분 14명, 기타 시간 강사 10명이 근무하고 있다.

이들 선생님의 급료 지급 방식은 첫째, 한신교육 투쟁 이후 상근직 11명[32]의 경우는 민족클럽지원제도에 기초해 준고용 형태이다. 둘째, 비상근 촉탁으로 연수 150만원 받는다. 셋째, 교통비 정도를 받는 일용직으로, 일당 4천엔을 받는다. 아울러 이들에게는 연수 기회와 교통지 등의 지원을 하고 있다.

실제로 민족학급에 대한 일본 정부의 행정적 조치와 채용한 강사에 대한 대우의 차별화는 일본 정부가 일제하에서부터 취해 온 억압과 차별이라는 양면 구조를 가진 동화교육정책의 재현이라 볼 수 있다. 따라서 이에 대한 다양한 교육운동과 한국 정부 차원의 교섭이 필요한 실정이다.

---

30) 김광민 인터뷰(2013. 7. 25, 코리아NGO센터.)
31) 오사카부가 급여를 지급한다.
33) 오사카부에서 월급을 지급한다.

재일조선인 학부모나 운동단체, 현장 교사들은 상호 연대하여 후임 강사의 채용, 대우 개선, 한국인 자녀 다인수인 재적교에 대한 신임 강사의 채용 등의 문제 해결에 노력을 경주해야 할 것이다. 한국 정부도 재일조선인의 정체성 형성에 기초가 되어 온 민족학급의 문제에 대해 심사숙고해야 할 필요가 있다.

아울러 민족학급 강사의 정식채용 문제, 신분 보장과 타당한 행정적 조치, 민족학급의 수를 확대해야 하는 문제 등의 과제에 대해 일본 정부와의 적극적인 교섭을 추진해 나가야 할 것이다. 동시에 활성화된 민족학급의 경우 질적 수준 제고와 함께 민족학교와의 적극적인 교류를 고민해야 한다. 특히 프로그램과 교사의 교환을 통한 효율적인 아이덴티티 교육을 심도 있게 고민할 필요가 절실하다고 하겠다.

4. 재일조선인 민족학급과 민족교육운동

최근까지 민족학급을 중심으로 한 민족교육 운동은 민족교육촉진협의회와 코리아NGO센터의 역할이 있어 왔다. 특히 이들의 교육에는 민족정체성 문제에 주목하여 특히 본명사용에 유독 강조하는 시기도 있었다.[33]

재일조선인 민족교육의 민족학급 운동사에서 주요한 단체로는 민족교육촉진협의회(이하 민촉협)와 코리아NGO센터를 들 수 있다. 이런 단체

---

33) 히라오카소학교 민족학급의 경우에서 확인된다(송기찬, 「민족교육과 재일동포 젊은 세대의 아이덴티티―일본 오사카의 공립초등학교 민족학급의 사례를 중심으로―」, 한양대학교 대학원 석사학위청구논문, 1999, 86~87쪽).

가 민족학급의 오늘을 만들었다고 할 수 있다.[34] 이 단체의 활동을 소개하면 다음과 같다.

1) 민족교육촉진협의회

민촉협은 1984년 12월 2일 '재일한국 · 조선인 아동 · 학생에게 민족교육의 보장을 요구하는 심포지엄'을 열었던 실행위원회가 주도하여 결성되었다. 민촉협은 '민족교육을 추진하는 연락회', '민족강사회', '민족교육문화센터' 등 3개의 조직체가 중심이 되어 다양한 시민운동체가 참여하여 구성되었다. "모든 동포에게 민족교육을!"이라는 슬로건을 내걸고 출범했다. 당시 심포지엄은 오사카(大阪)에서 개최되었다.[35]

민촉협은 결성되어 일본의 교육 당국에 다음의 6가지 사항을 요구했다. 첫째, 민족교육을 기본적 인권으로서 인정한다. 둘째, 민족학교에 일조교(一條校)의 자격을 준다. 셋째, 일본의 학교에 재적하는 동포 어린이들에게 '민족'을 접할 기회를 준다. 넷째, 외국인 교육방침 책정과 구체화를 추진한다. 다섯째, 동포 교원의 채용을 추진한다. 여섯째, 일본의 교육제도 속에 민족교육을 포함시킨다.

민촉협의 운동은 적극적인 민족교육과 관련한 요구를 제기했다. 1948년 4 · 24 한신교육투쟁 이후 당시에 오사카부 지사와 민족대표 간에 체

---

34) 한편 여기에 관계하지 않고 독자적으로 활동하는 선생님들도 있다(곽정의 인터뷰 (2013년 8월 24일, 인사동)).

35) 이하 민촉협에 대해서는 필자의 한국민족문화대백과사전 원고 「민족교육촉진협의회」(미간행)를 참조.

결된 '각서'를 통해 설치된 이른바 '민족학급' 교원들의 퇴직에 따른 후임 강사의 보충과 자원봉사 상태의 민족학급 민족강사의 신분 보장을 주요 골자로 했다.

실제로 민촉협의 운동의 성과를 들면 다음과 같다. 먼저 1948년 4·2 한신교육투쟁 기념집회를 열었다. 그리고 매년 오사카부·시 교육위원회와 협상을 거듭하여 많은 성과를 쟁취했다. 예를 들면 '각서' 민족강사의 후임 조치, 민족학급의 설치, 민족강사의 신분 보장, 각 지역의 외국인교육지침(방침) 책정 등으로 오사카의 공립학교에서 다문화·다민족공생 교육의 표본 같은 실천적 초석을 쌓았다고 평가 할 수 있다. 또한 오사카 각 지역의 민족강사회·동포보호자회와 동포교직원연락회 등을 조직하여 재일조선인 사회의 네트워크를 형성했고 나아가 민족교육 운동의 토대를 마련했다.

2003년 7월 12일 민촉협은 '발전해산의 모임'을 열고, 20년간의 역사에 종말을 구했다. 그 후 보다 광범위한 재일조선인의 문제를 다루는 '코리아NGO센터'와 민촉협 결성의 모체였던 '민족교육을 추진하는 모임'으로 나뉘어 지금도 활동하고 있다.

2) 코리아NGO센터

코리아NGO센터는 2004년 3월 재일한국민주인권협의회, 민족교육문화센터, 원코리아페스티벌실행위원회 3개 단체가 통합하여 결성되었다.36) 이들 세 단체는 그때까지 약 20년에 걸쳐 재일조선인의 인권옹호운동이나 민족교육권의 획득, 한반도의 평화적 통일을 목표로 하는 운동을 펼쳐왔지만, 보다 효과적인 운동을 전개하고자 결합했던 것이다.

코리아NGO센터가 내세우는 임무는 다음과 같다. 첫째, 재일조선인의 민족교육권 확립과 다민족·다문화공생 사회의 실현, 둘째, 재일조선인 사회의 풍요로운 사회 기반 창조와 동아시아의 코리안 네트워크 구축, 셋째, 남북한·일본의 시민·NGO의 교류·협력사업의 전개와 시민사회의 상호 발전에 대한 기여, 넷째, 남북한의 통일과 '동아시아공동체' 형성에 대한 기여라고 했다.

2010년 재일조선인에 영향을 미치는 법률이나 생활상의 문제 해결을 위해 활동하고 있는 코리아인권생활협회와 통합했다.

5. 결론

재일조선인 민족교육에서 민족학급은 역사의 산물이다. 이 운동을 주도한 사람들은 재일조선인 사회에서는 그리 주목받지 못했던 사람들이었다. 구조적으로 부득이 하여 가담하기도 했고, 조직적으로 분리되기도 하면서 그 영향력이 축소되기도 했다. 그러나 현실은 이 운동 민족학급 운동을 계속하고 있다.

실제로 본문에서 보았듯이 민족학급은 1948년 5월 5일 문부성과 조선인 대표 사이에 체결된 양해 각서 이후 특설 학급이 설치된 것이 시작이

---

36) 이하 코리아NGO센터에 대해서는 다음을 참조(국제고려학회 편, 정희선·김인덕·신유원 역, 『재일코리안 사전』, 선인출판사, 2012).

었다. 민족학급과는 조금 성격이 다른, 즉 한국인 학부모와 운동단체, 그리고 일본교원들에 의해 설치·운영되고 있는 민족교실과 클럽 활동반이 있다. 그리고 수업 형태를 통해서 분류하면, 오사카·교토형과 시가현형으로 나뉜다.

초기인 1952년 전국의 77개 소·중학교에 특설 학급이 설치되었다. 그리고 일본 정부가 인정하는 교사가 배치되었다. 1960년대에 들어서면, 민족학급이 감소하기 시작했는데, 그 배경은 행정의 무시와 일본인 교원들의 무이해, 비협조 등이 요인이었다. 이로 인해 학생들은 차별에 직면했다. 1965년 한일조약 체결 이후에는 민족교실을 제외한 민족학급은 점차 감소되었다. 당시 재일조선인 사회는 여기에 적극적이지 않았다.

1972년 특별활동 형식의 민족학급이 등장하면서 오사카 주변으로 확대되었다. 주목되는 것은 오사카 시립 나가하시(長橋)소학교에서 민족클럽이 새로 개설된 사실이다. 여기에는 본명本名 지도를 철저히 하는 오사카시의 방침이 작용했다. 이후 민족학급은 전환점을 맞이했고 본격적으로 운동적 모습도 보였다.

오사카시 교육위원회는 1992년 최초로 민족클럽의 지원 사업을 시작하고, 1997년에는 민족강사를 준직원으로 규정하는 현행 제도의 기초를 마련했다. 1996년 현재 일본에는 오사카지역을 중심으로 86개 학급 1,923명이 민족교육을 받았다. 이것은 운동의 산물이었다고 생각된다.[37]

2012년에는 오사카 시내의 경우 민족학급 수는 106개 학급이다. 약 25%의 오사카시 소, 중등학교에 설치되어 있었다. 2013년 10월 현재 오

---

37) 여기에 대해서는 곽정의의 인터뷰가 주목된다.

사카부의 경우는 180개 소, 중학교에 민족학급이 설치되어 있다. 약 3천여 명의 학생이 공부하고 있다고 한다.

최근 민족학급의 성격과 관련해서는 일본 사회 속 변화를 느끼게 한다. 일본 사회 속 평일교육으로 민족학급 교육이 자리매김 되고, 나아가 국제 교류의 차원에서 다문화 학습이라는 차원에서 위상이 새롭게 정립되고 있다. 특히 민족학급은 일본학교 내 재일조선인 학생의 보호울타리의 역할도 하고 있다.

재일조선인 민족학급에서는 교사에 대한 처우가 중요하다. 교육의 질은 이들에 달려 있기 때문이다. 아울러 현실 타개책으로 민족학교와의 각종 교육 프로그램 공동 기획, 관리를 적극 추진해야 한다.

향후 재일조선인 민족학급운동은 교사와 교재, 일본 정부의 행정지원, 한국 정부의 관심 그리고 학생의 진로지도 등에 대해 주목해 가야 할 것으로 생각한다.[38] 특히 일본의 공식 교육기관에서 과외 활동으로 한국어와 한국문화를 학습하도록 노력하는 것도 필요하다. 여기에는 민족학급 운동단체의 적극적인 노력이 있어야 할 것이다.

동시에 재일조선인 사회의 축소와 민족학교가 줄어드는 상황에서는 민족학급과 민족학교 사이의 연계활동이 필요하다. 재일조선인 민족교육에 관한 한 민족학교는 현재 제도적으로 보장을 받고 있기 때문에 민족학급에 대해서 관심을 갖지 않으며, 경우에 따라서는 배타적인 자세를 보이기까지 했다. 어쩌면 민족학교는 준비된 민족학급의 교사와 학생들이 주체가 되어 적극 움직일 것을 요구하는지도 모르겠다.

---

38) 이 내용은 실제 현장에서 활동하는 사람들의 생각이다.

재일조선인 민족학급운동은 변화되는 일본 사회 속에서 민족교육의 새로운 모습을 보이고 있다. 민족학급 관련자는 주체적인 독자적인 민족학급 운동을 넘어, 다른 일본과 한국 정부, 그리고 사회 및 운동세력과 연대를 적극 모색해야 한다. 그 추이가 주목된다. 무엇보다도 중요한 문제는 정체성을 잃지 않는 것이다.

<참고문헌>

1) 주요 자료집

朴慶植 編,『在日朝鮮人關係資料集成』(1~5), 三一書房, 1975~1976.
朴慶植 編,『朝鮮問題資料叢書』(1~15), アジア問題研究所, 1994.
창립10주년 기념연혁사편찬위원회,『도꾜 조선중고급학교10년사』, 1956.
明石博隆 外,『昭和特高彈壓史 1~8』, 太平出版社, 1976.
小沢有作,『近代民衆の記録10 在日朝鮮人』, 新人物往来社, 1978.
『戦後日本教育史料集成』編集委員会,『戦後日本教育史料集成』第二巻,
　　　　　三一書房, 1983.
朴慶植 編,『朝鮮問題資料叢書』(補卷), アジア問題研究所, 1984.
金慶海 編,『在日朝鮮人民族教育擁護闘争資料集Ⅰ』, 明石書店, 1988.
內山一雄 · 趙博 編,『在日朝鮮人民族教育擁護闘争資料集Ⅱ』, 明石書店, 1989.
『在日朝鮮人の歴史』(1991년도히라카타시시민역사강좌기록집),　枚方市
　　　　　教育委員会, 1991.
樋口雄一 編,『協和會關係資料集』, 社會評論社, 1991.
中山秀雄 編,『在日朝鮮人教育關係資料集』, 明石書店, 1995.
김인덕 편,『식민지시대 민족운동사자료집—일본지역』(1~7), 국학자료원, 1997.
朴慶植 編,『在日朝鮮人關係資料集成』(戰後編)(1~6卷), 不二出版社, 2000.
外村大, 金仁德 共編,『解放前 在日韓人關係記事集成Ⅰ—朝鮮日報 編—』,
　　　　　경인문화사, 2008.

2) 연구서

<국문>

이영훈,『'조총련'공산교육의 내막: 소위 [민주주의적 민족교육] 비판』, 대
　　　　　한교육연합회, 1969.

주일본대한민국대사관, 『1969년도재일교포교육개요』, 주일본대한민국
　　　대사관, 1969.

서울대학교, 『재일한국학생 하계학교 종합보고서, 제5회, 1970』, 서울대
　　　학교 재외국민교육연구소, 1970.

田　駿, 『朝總聯硏究』(1) (2), 고대아세아연구소, 1972.

이영훈, 『재일한국인교육정책: 그 방향과 과제를 위한 분석적 고찰(상)(하)』
　　　(교포정책자료), 해외교포문제연구소, 1972.

고승제, 『한국이민사연구』, 장문각, 1973.

玄圭煥, 『韓國流移民史(上, 下)』, 大韓敎科書株式會社, 1976.

재일한국민단중앙본부문교국교재편찬위원회, 『재일한국국민교과서』, 재
　　　일본대한민국거류민단중앙본부, 1978.

이구홍, 『한국이민사』, 중앙신서, 1979.

유네스코 한국위원회, 『재일한국인 교육의 문제와 전망: 세미나 보고서』,
　　　유네스코 한국위원회, 1981.

이광규, 『재일한국인』, 일조각, 1983.

조선대학교 민족교육연구소, 『재일동포들의 민족교육』, 학우서방, 1987
　　　(김덕룡 · 박삼석, 『재일동포들의 민족교육』, 학우서방, 1987).

김창호, 『조선교육사』(3), 사회과학출판사, 1990.

재일본대한민국거유민단중앙본부, 『교육백서: 민족교육, 학교교육, 사회
　　　교육, 모국교육』, 재일본대한민국거류민단중앙본부, 1990.

최영호, 『재일한국인과 조국광복: 해방직후의 본국귀환과 민족단체활동』,
　　　글모인, 1995.

구성렬, 『해외교포가 한국경제 발전에 미치는 영향』, 대한상공회의소, 한
　　　국경제연구센터, 1996.

김인덕, 『식민지시대 재일조선인운동 연구』, 국학자료원, 1996.

오근진, 『재일한인교육사 ―동화교육을 중심으로―』, 재일한인교육연구소, 1997.

秦熙官, 『조총련연구 ―역사적 성격을 중심으로―』, 동국대학교대학원 박
　　　사학위논문, 1998.

강덕상외, 『근 · 현대 한일관계와 재일동포』, 서울대학교출판부, 1999.

오자와 유사쿠 저, 이충호 역, 『재일조선인 교육의 역사』, 혜안, 1999.

국회인권정책연구회, 동북아평화센터 [공편], 『재일동포의 민족교육에 관한 심포지움』, 2001.

정혜경, 『일제시대 재일조선인민족운동연구』, 국학자료원, 2001.

조정남 · 유호열 · 한만길, 『북한의 재외동포정책』, 집문당, 2002.

이경태발자취간행위원회 편, 『분단과 대립을 넘어─재일 조선인 1세 민족교육자 이경태』, 우리교육, 2003.

윤인진, 『코리안 디아스포라』, 고려대학교출판부, 2004.

김경근, 『재외한인 민족교육의 실태』, 집문당, 2005.

재외동포재단, 『재외동포교육기관의 현황』, 2005.

문옥표, 『해외한인의 민족관계』, 아카넷, 2006.

이제환, 『재일한인의 정보행태와 정보 빈곤』, 한울, 2006.

고스기 야스시, 『해체와 재구성 정체성』, 한울, 2007.

민족21, 『재일동포 민족교육 60년 통일조국의 미래를 꿈꾼다』, 민속원, 2007.

정진성외 2명, 『민족학교(조선 · 한국) · 학급 전수조사를 위한 예비조사─도쿄권의 초중고 민족학교를 중심으로─』(2007년도 재외동포재단 지원연구), 사단법인유엔인권정책센터, 2007.

김인덕, 『재일본조선인연맹 전체대회 연구』, 경인문화사, 2007.

김인덕 · 김도형, 『1920년대 이후 일본 동남아지역 민족운동』, 독립기념관 한국독립운동사연구소, 2008.

김정숙, 『재외한인 민족교육 모형개발과 네트워크 구축』, 북코리아, 2008.

국사편찬위원회 편, 『일본 한인의 역사』(상), 2009.

이영미, 『한인문화와 트랜스네이션』, 한국문화사, 2009.

이정석, 『재일조선인 문학의 존재양상』, 인터북스, 2009.

신동필, 『재일 민족학교』(신동필사집집), 사진과 글, 2009.

김봉섭, 『재외동포가 희망이다』, 도서출판 엠─애드, 2009.

서용달 지음, 서윤순(옮긴이), 『다문화공생 지향의 재일 한조선인』, 문, 2010.

장윤수, 『코리안 디아스포라와 문화 네트워크』, 태학사, 2010.

김윤정, 『다문화교육과 공생의 실현』, 일조각, 2010.

정희선, 『재일조선인의 민족교육운동 연구』, 청암대학교 재일코리안연구소, 2010.

이용식 저, 배지원 역,『재일조선인 아리랑 −망간탄광에 새겨진 차별과 가해의 역사』, 논형, 2010.

권해효,『내 가슴 속 조선학교』, 올벼, 2011.

『재외동포교류센터 건립 타당성 조사 및 기복계획 수립』, 재외동포재단, 2012. 8.

『글로벌시대에 있어서 한국학교의 발전방향』(한국학교발전방향에 대한 심포지움), 주대판대한민국총영사관, 2012.

『재외동포 교육기관현황』, 재외동포재단, 2012.

한국이민사박물관, 청암대학교 재일코리안연구소,『자이니치(재일) 학교들 −재일 한인 민족교육−』(한국이민사박물관 개관 5주년 기념 특별전), 2013.

『재일동포사회 단합과 자생력 확보를 위한 미래발전방안』(2012년 재외동포재단 조사연구 용역사업), 해외교포문제연구소, 2013.

『일본 간사이지방 민족교육 활성화 방안 마련』, 서울대학교 국제개발협력센터, 2013.

『韓国教育의 発展 動向과 在外同胞教育의 先進化 方案』(2011学年度 第48回 在日韓国人教育研究大会), 在日韓国人教育者協会, 2011.

『民族教育의 現在와 課題−在日同胞의 歷史를 되돌아보며−』(2013学年度 第50回 在日韓国人教育研究大会), 在日韓国人教育者協会, 2013.

『일본의 조선학교』(김지연 사진집), 눈빛, 2013.

『(2013) 재외동포재단 조사연구용역 결과보고서』, 재외동포재단, 2014.

<일문>

篠崎平治,『在日朝鮮人運動』, 令文社, 1955.

姜在彦,『在日朝鮮人渡航史』, 朝鮮研究所, 1957.

朴在一,『在日朝鮮人에 關する綜合調査研究』, 新紀元社, 1957.

坪江豊吉,『在日朝鮮人運動의 概況(法務研究報告書)』, 法務研修所, 1959.

坪江汕二,『朝鮮民族獨立運動秘史』, 日刊勞動通信社, 1959.

小澤有作,『民族教育−日韓條約과 在日朝鮮人의 教育問題』, 靑木書店, 1966.

金澤嘉市,『ある小學校長의 回想』, 1967.

小澤有作,『民族教育論』, 明治圖書出版, 1967.

R.H. Mitchell, 金容權 譯,『The Korean Minority in Japan 在日朝鮮人の歷史』, 彩流社, 1967.

李瑜煥,『在日韓國人60万 – 民團・朝總連分裂史動向』, 洋洋社, 1971.

岩村登志夫,『在日朝鮮人と日本勞動者階級』, 校倉書房, 1972.

梶井陟,『朝鮮人學校の日本人教師』, 亞紀書房, 1974.

小澤有作,『在日朝鮮人教育論』, 亞紀書房, 1974.

Edward W. Wagner,『日本における朝鮮少數民族』, 胡北社, 1975.

民族教育研究所 編,『在日朝鮮公民の4・24教育鬪爭』, 1978.

外務省政務局特別資料課,『在日朝鮮人管理重要文書集』, 湖北社, 1978.

朴慶植,『在日朝鮮人運動史－8・15解放前－』, 三一書房, 1979.

金慶海,『在日朝鮮人民族教育の原點』, 田畑書店, 1979.

朴慶植,『在日朝鮮人運動史－8・15解放前－』, 三一書房, 1979.

朴尙得,『在日朝鮮人の民族教育』, ありえす書房, 1980.

李瑜煥,『日本の中の三八度線』, 洋洋社, 1980.

ミッチェル・リチャード, 金容權 譯,『在日朝鮮人の歷史』, 彩流社, 1981.

金慶海・梁永厚・洪祥進,『在日朝鮮人の民族教育』, 神戸學生青年センター, 1982.

內山一雄,『在日朝鮮人と教育』, 三一書房, 1982.

姜 徹 編,『在日朝鮮人史年表』, 雄山閣, 1983.

芝垣哲夫・井上紀子・秦正哲,『文化の表層と深層－異文化間コミュニケーション』, 創元社, 1984.

許景福,『阪神教育鬪爭記錄畫報』, 東京朝聯中部支部, 1984.

萩原晉太郎,『さらば仙崎引揚港: 敗戰・激動の峽間から』, マルジュ社, 1985.

岸野淳子,『自立と共存の教育』, 柏樹社, 1985.

樋口雄一,『協和會－戰時下朝鮮人統制組織の研究－』, 社會評論社, 1986.

학교법인금강학원,『창립40주년기념지』, 1986.

학교법인 백두학원,『백두학원창립40주년기념지』, 1987.

金慶海 編,『在日朝鮮人民族教育擁護鬪爭資料集』(I), 明石書店, 1988.

4・24 を記錄する會編,『4・24阪神教育鬪爭』(民族教育を守った人人の記錄), フレーンセンター, 1988.

변희재 · 전철남, 『いま朝鮮学校で―なぜ民族教育か』, 朝鮮青年社, 1988.

朴慶植 · 張錠壽 · 梁永厚 · 姜在彦, 『體驗で語る解放後の在日朝鮮人運動』, 神戸學生青年センター, 1989.

朴慶植, 『在日朝鮮人運動史―8 · 15解放後―』, 三一書房, 1989.

金英達, 『GHQ文書研究ガイド―在日朝鮮人教育問題』, むくげ叢書, 1989.

京都大學教育學部比較教育学研究室, 『在日韓国 · 朝鮮人の民族教育意識』, 明石書店, 1990.

大阪天權研究會 · 大阪市外國人教育研究協議會, 『子どもの教育環境についてのアンケート調査報告書―大阪市における在日韓國 · 朝鮮人兒童 · 生徒を中心として―』, 1991.

梶村秀樹, 『在日朝鮮人論』(梶村秀樹著作集 第6卷), 明石書店, 1992.

任展慧, 『日本における朝鮮人の文學の歷史―1945年まで―』, 法政大學出版, 1994.

金贊汀, 『朝鮮總連』, 新潮新書, 1994.

任展慧, 『日本における朝鮮人の文學の歷史 ―1945年まで―』, 法政大學出版局, 1994.

梁永厚, 『戰後 · 大阪の在日朝鮮人運動』, 未來社, 1994.

강영우, 『日本のなかの韓国人民族教育』, 明石書店, 1995.

中山秀雄 編, 『在日朝鮮人教育關係資料集』, 明石書店, 1995.

鄭早苗外 編, 『全國自治体 在日外國人 教育方針 · 指針集成』, 明石書店, 1995.

在日本朝鮮人教育會 編, 『資料集 · 在日朝鮮人の民族教育の權利』, 1996.

『架橋の人』編集委員会, 『架橋の人―曺基亨』, 新幹社, 1996.

재일본조선인권리옹호위원회편, 『재일조선인인권백서』, 조선청년사, 1996.

金贊汀, 『在日コリアン百年史』, 三五館, 1997.

학교법인 백두학원, 『백두학원창립50주년기념지』, 1997.

『李慶泰の歩み』刊行委員会編, 『分断と対立を超えて―孤高の民族教育者李慶泰の歩み』, 海風社, 1999.

ウリハッキョをつづる会, 『朝鮮学校ってどんなとこ?』, 社會評論社, 2001.

李殷直, 『「在日」民族教育の夜明け(1945年10月～48年10月)』, 高文研, 2002.

李殷直, 『「在日」民族教育の夜明け(1948年10月～54年4月)』, 高文研, 2002.

金德龍, 『朝鮮學校の戰後史 −1945〜1972−』, 社會評論社, 2002.

外村大, 『在日朝鮮人社會の歷史學的研究 −形成・構造・變容−』, 綠蔭書房, 2004.

異文化間教育學會, 『在日外國人教育の現在』, アカデミア出版會, 2005.

吳圭祥, 『記錄 在日朝鮮人運動 朝鮮總聯 50年 −1955. 5−205. 5−』, 綜合企畫舍ウイル, 2005.

大阪민족교육60년지편집위원회, 『大阪民族教育60年誌』, 학교법인大阪조선학교, 2005.

藤田綾子, 『大阪「鶴橋」物語』, 現代書館, 2005.

권수근, 『兵庫縣朝鮮人運動の歩み(1945〜1955)』, 在日本朝鮮社会科学者協会兵庫支部, 2005.

김용해, 『본명은 민족의 긍지』, 제주시우당도서관, 2006.

김경해 저, 정희선외 역, 『1948년 한신(阪神) 교육 투쟁: 재일조선인 민족교육의 원점』, 경인문화사, 2006.

大阪府在日外国人教育指導資料 『互いに違いを認めない, 共に学ぶ学校を築いていくために』, 大阪府教育委員会, 2006.

학교법인 백두학원, 『백두학원창립50주년기념지 건국』, 2006.

학교법인오사카조선학원, 『오사카 조선제4초급학교 창립60주년 기념지 1946〜2006』, 2006.

兵庫在日韓國朝鮮人教育を考える會, 『多文化・多民族共生教育の原点: 在日朝鮮人教育から在日外國人教育への歩み』, 明石書店, 2008.

吳圭祥, 『ドキュメント在日本朝鮮人聯盟 −1945〜1949−』, 岩波書店, 2009.

宋基燦, 『「語られないもの」としての朝鮮學校』, 岩波書店, 2012.

朴校熙, 『分斷國家の國語教育と在日韓國.朝鮮學校の民族語教育』, 風間書房, 2013.

(3) 주요 논문

<국문>

고승제, 「재일한국노동자 이민의 사회사적 분석」, 「학술원논문집 인문사회과학」, 1973.

邊禹亮,「在日同胞 2世의 民族敎育」『立法調査月報』99, 대한민국 국회도
　　　서관, 1976. 12.

정삼영,「재일 한국인의 자제에 대한 민족교육의 실태와 문제점에 대한 연구」
　　　『논문집』21, 진주산업대학교, 1983.

최웅구,「재일동포들의 민족교육」『중국조선어문』루계 4호, 길림성민족
　　　사무위원회, 1984.

朴永錫,「日帝下 韓國人 日本移動에 대하여」,『日帝獨立運動史硏究 －滿
　　　洲露領地域을 중심으로－』, 一朝閣, 1984.

內山一雄,「일본정부의 재일한국인 정책과 민족교육」,『재일동포의 현황
　　　과 장래 세미나 자료』, 아세아정책연구원, 1989.

성기열,「국외 한국인의 역사와 문화, 사회에 관한 기초적 연구(II)－재일
　　　한국인의 현황과 민족교육」『한국학연구』제2집－별집, 인하대학
　　　교 한국학연구소, 1990.

김동훈,「국제화의 조류와 민족교육」『일본학』제12집, 동국대학교 일본
　　　학연구소, 1993.

김송이,「재일자녀를 위한 총련의 민족교육 현장에서」『이중언어학』10
　　　권, 이중언어학회, 1993.

김홍규,「재일동포들의 민족교육에 대하여」『이중언어학』10권, 이중언
　　　어학회, 1993.

심재기,「재일동포의 이중언어 문제」『이중언어학』10권, 이중언어학회, 1993.

오만,「일본의 공립소 중학교에서의「민족학급」에 대하여」『이중언어학』
　　　10권, 이중언어학회, 1993.

이문원,「일제의 對韓식민정책과 한국인의 민족교육관」, 한국교육학회 ·
　　　교육사연구회,『韓國敎育史學』(제16집), 1994.

金大成,「日帝下 在日韓國人의 民族敎育 活動에 관한 考察」, 韓國敎育學
　　　會,『敎育學硏究』(第33卷 5號), 1995.

金大成,「GHQ占領下의 在日韓國人 民族敎育活動에 관한 考察」,『교육학
　　　회연차대회 사회교육학연구보고서』, 1995.

최영호,「해방직후 재일한국인의 본국귀환, 그 과정과 통제구조」,『한일
　　　관계사연구』4집, 1995.

金昌圭, 「在日同胞 民族敎育 現況」, 『僑胞政策資料』52, 海外僑胞問題硏
究所, 1995. 12.

김 환, 「재일동포민족교육의 어제,오늘,그리고 내일」, 『교육월보』178, 1996. 10.

이남교, 「재일동포의 민단계학교 : 민족교육 2」, 『새교육』506 1996. 12.

김대성, 「재일한국인의 민족교육에 관한 연구」, 단국대학교 박사학위논
문, 1996.

이정훈·윤인진, 「재일동포의 민족교육과 모국수학의 현황과 문제점」
『1998년 한국사회학회 전기사회학대회 발표문 요약집』, 한국사
회학회, 1998.

서경식, 「재일조선인이 나아갈 길」, 『창작과 비평』(102), 1998, 겨울호.

송기찬, 「민족교육과 재일동포 젊은 세대의 아이덴티티」, 한양대학교 석
사학위논문, 1999.

이주철, 「입북 재일동포의 북한 체제적응에 관한 연구」, 『통일문제연구』
(31), 1999.

南基正, 「한국전쟁과 재일한국 −조선인 민족운동−」, 『민족연구』, 2000. 9.

김지형, 「[총련 민족교육 메카, 도쿄조선중고급학교를 가다] "민족학교는 재
일동포 2, 3세 마음의 고향"」『민족21』통권 9호, ㈜민족21, 2001.

곽은주, 「재일동포 민족교육에 관한 연구」, 고려대학교 교육대학원 일반
사회교육전공 석사, 2001.

홍인숙, 「제2차세계대전 직후, GHQ의 재일조선인정책」, 『韓日民族問題
硏究』(창간호), 2001.

정대성, 「8·15 전후 재일조선인의 생활상과 민족의식」, 『한일민족문제
연구』(창간호), 2001. 3.

송기찬, 「소수자로서의 한민족, 한민족 사회의 새로운 소수자 집단: "젊은
세대"의 대두와 재일동포 민족교육의 새로운 전개『민족학연구』
제6집, 한국민족학회, 2002.

허광무, 「1920~30년대 일본의 사회정책 −일본 거주 조선인에 대한 사회
정책을 중심으로−」, 『韓日民族問題硏究』(2), 2002.

정만일, 「재일동포민족교육의 현황과 방향」, 『교육마당』21 통권 257호, 2003. 7.

강영우, 「일본의 민단산하 한민족 교육의 현황」, 『한국학국제학술대회 자료집』, 재외동포교육재단, 2004

황영만, 「재일동포 민족교육을 위한 제언」, 『OK times : overseas Koreans times』 제123호, 2004. 2.

이연식, 「해방직후 조선인 귀환연구에 대한 회고와 전망」, 『한일민족문제연구』(6), 2004. 6.

최영호, 「조총련에 의한 민족교육의 어제와 오늘」, 『황해문화』47호, 2005년 4월.

홍효정, 「재일동포 청소년 민족교육에 관한 연구」, 한양대학교 교육대학원 역사교육전공 석사, 2006.

정희선, 「재일조선인의 민족교육운동 연구」, 강원대학교 박사학위청구논문, 2006.

김인덕, 「재일조선인 민족교육 운동에 대한 연구 −재일본조선인연맹 제4·5회 전체대회와 한신(阪神)교육투쟁을 중심으로−」, 『사림』(26), 2006.

채영국, 「해방직후 미귀환 재일한인의 민족교육운동」, 『한국근현대사연구』(37), 2006년 여름.

최영호, 「재일한인 민족교육운동에 나타난 대외연대, 네트워크」『한일민족문제연구』 제13호, 한일민족문제학회, 2007.

송융미, 「재일동포 민족교육의 역사적 변천과정 연구」, 연세대학교 교육학 석사, 2007.

이상애, 「재일 조선학교 초급부 국어 교과서의 어휘 분석」, 이화여자대학교 한국학 석사, 2007.

김인덕, 「1948年 한신(阪神)敎育鬪爭과 在日朝鮮人 歷史敎育−在日本朝鮮人聯盟의 民族敎育運動 戰術과 關聯하여−」, 『한일민족문제연구』(16), 2008.

김덕용, 「재일조선인민족교육에 관한 한 고찰−현황과 과제의식을 중심으로」『한일민족문제연구』 제15호, 한일민족문제학회, 2008.

김웅기, 「기로에 선 재일동포 민족교육: 도쿄 한국학교 분규사태를 중심으로」, 『한민족연구』제6호, 한민족학회, 2008. 12.

김상호, 「재일본조선인총연합회의 '민족교육' 연구: '영주·범민족교육', '다민족·공생교육'으로의 변화를 중심으로」, 북한대학원대, 2009. 2.

김태기, 「GHQ의 반공정책과 재일한인의 민족교육: 제2차 조선인학교 폐쇄조치를 중심으로」, 『일본비평』제1호, 그린비, 2009. 8.

김은숙, 「재일본 조선대학교의 설립과 인가에 관한 연구(1956~1968)」, 『사림』(34), 2009.

김봉섭, 「이승만정부 시기의 재외동포정책」, 한국학중앙연구원 한국학대학원 박사학위청구논문, 2009.

염규현, 「'민족교육' 권리 박탈, 일본 헌법에도 위배: 정치쟁점 아닌 인권문제로 봐야」, 『민족21』통권117호, 2010.

윤인진, 「재외동포의 현황과 동포 청소년을 위한 한국어교육의 방향」, 『한국어교육학회』제131호, 2010.

김미경 · 황지윤, 「在日コリアンの民族教育に關する研究」, 『경남정보대학논문집』제38집, 2010.

송재목, 「민족학교의 교과 내용 변천: 민족어(국어)를 중심으로」, 『남북 언어 통합과 재일동포 언어 국제학술대회 논문집』, 국립국어원, 2011.

김광민, 「해외 코리안 커뮤니티의 역할」, 아사쿠라도시오 외 엮음, 『한민족 해외동포의 현주소』, 학연문화사, 2012.

김인덕, 「해방 후 재일본조선인연맹의 민족교육과 정체성:『조선역사교재초안』과『어린이 국사』를 통해」, 『역사교육연구회』제121집, 2012.

김인덕, 「재일조선인 민족교육과 東京朝鮮中學校의 설립:『도꾜조선중고급학교10년사』를 중심으로」, 『崇實史學會』제28집, 2012.

시무무라다카노리, 「재일 코리안 연구의 동향과 과제」, 아사쿠라도시오 외 엮음, 『한민족 해외동포의 현주소』, 학연문화사, 2012.

김인덕, 「재일한인 민족교육의 전사 ―일제강점기 오사카지역 재일한인 학령아동 민족교육과'정체성'에 대한 검토―」, 『정체성의 경계를 넘어서』(권희영 외 공저), 경인문화사, 2012.

김인덕, 「재일조선인 민족교육 연구 현황과 과제」, 『재일한국인 연구의 오늘과 내일』, 제주대학교 재일제주인센터, 2013.

정아영, 「재일제주인과 학교교육」, 윤용택외 편, 『제주와 오키나와』, 재일제주인센터, 2013.

<일문>

林光澈, 「在日朝鮮人問題」, 『歷史學研究』(特輯「朝鮮史の諸問題」), 1953.

林光澈, 「朝鮮人學校廢校問題」, 『理論』, 1954.

森田芳夫, 「在日朝鮮人處遇の推移と現況」, 『法務研究報告書』第43集 第3
　　　　號. 法務研究所, 1954.

白佑勝, 「少年の死」, 『新しい朝鮮』, 1955. 2.

朴慶植, 「日本帝國主義下における在日朝鮮人運動ーその史的考察」, 『朝
　　　　鮮月報』4・6・7, 1957.

朴慶植, 「民族教育」, 『戰後教員物語』(II), 1960.

田中勝文, 「戰前における在日朝鮮人子弟の教育」, 『愛知縣立女子大紀要』, 1967.

小野寺逸也, 「1940年前後における在日朝鮮人問題の一斑ーとくに協和教
　　　　育との關連においてー」, 『朝鮮研究』第59號, 1967.

森出芳夫, 「戰前における在日朝鮮人の人口統計」, 朝鮮學會, 『朝鮮學報』
　　　　第48輯, 奈良縣天理市, 1968.

朴慶植, 「解放直後の在日朝鮮人運動(4)ー阪神教育鬪爭を中心としてー」,
　　　　『在日朝鮮人史研究』(4), 1979.

梁永厚, 「大阪における四・二四教育鬪爭の覺え書き」(1), 『在日朝鮮人史
　　　　研究』(6), 1980.

梁永厚, 「大阪における4・24教育鬪爭の覺え書き」, 『在日朝鮮人史研究』
　　　　(7), 1980.

金仲培, 「在日朝鮮人の民族教育」, 『在日朝鮮人問題ーその歴史と現狀』,
　　　　關西學院大學, 1982.

梁永厚, 「解放後民族教育の形成」, 『三千里』(48), 1986.

朴炳閏, 「民族學校教育現況問題点」, 『教育白書ー民族教育ー』, 在日大韓
　　　　民國留民團中央本部, 1990.

金德龍, 「二重言語併用兒の言語干涉に關する研究ー朝鮮學校の生徒. 學生
　　　　の場合ー」, 『教育心理學研究』38〜2, 1990.

金仲倍・李月順, 「在日朝鮮人の民族教育」, 『在日朝鮮人問題ー歷史と現狀』,
　　　　明石書店, 1991.

岸田由美, 「在日韓國.朝鮮人民族學校の史的變遷及び現狀」, 筑波大學大學院
　　　修士論文, 1993.

中島智子, 「日本の多民族教育と在日韓國·朝鮮人教育」, 異文化間教育學會,
　　　『異文化間教育 7』, アカデミア出版, 1993.

李月順, 「在日朝鮮人の民族教育」, 『在日朝鮮人問題－歷史·現狀·展望』
　　　(第2版), 明石書店, 1994.

梁永厚, 『戰後·大阪の在日朝鮮人運動』, 未來社, 1994.

原尻英樹, 「日本における異文化間教育の理念 －在日朝鮮人研究の立場から」,
　　　異文化間教育學會, 『異文化間教育』(9), アカデミア出版, 1995.

魚塘, 「解放後初期の在日朝鮮人組織と朝連の教科書編纂」, 『在日朝鮮人史
　　　研究』(28), 1998.

小澤有作, 「在日朝鮮人教育75年の歷史をふり返る」, 『海峽』(20), 2002. 3.

鄭榮桓, 「'解放'後在日朝鮮人運動における活動家層の形成と展開－在日本
　　　朝鮮人聯盟を中心に－」, 一橋大學大學院 修士論文, 2005.

塚崎昌之, 「1920年代の在阪朝鮮人「融和」教育の見直し－濟美第4小學校夜間特
　　　別學級濟2部の事例 を通して－」, 『在日朝鮮人史研究』35, 2005.

西秀成, 「1930年代·愛知縣における朝鮮人の教育活動－朝鮮普成學院(名古
　　　屋普通學校)とその周邊－」, 『在日朝鮮人史研究』35, 2005.

康成銀, 「朝鮮學校での朝鮮史教科書の見直しと變化」, 『朝鮮の歷史から民
　　　族を考える－東アジアの視點から－』, 明石書店, 2010.

池貞姬, 「戰後占領期の朝鮮學校教科書に見る民族意識－ブランゲ文庫所藏
　　　の史料を通して－」, 『インテリジェンス』12号, 2012.

中島智子, 「第2部 コリア系學校」, 『「外國人學校」の社會學』, 大阪大學, 2013.

<후 기>

본서의 주요 내용은 필자의 선행 연구에 기초하여 부분적으로 수정·
보완하여 작성되었다. 그 내용을 정리하면 다음과 같다.

- 제1장: 재일조선인 민족교육사

「재일동포 민족교육의 역사」, 『(2013)재외동포재단 조사연구용역 결과
보고서』, 재외동포재단, 2014.

- 제2장 Ⅰ. 재일조선인 민족교육 관련 연구 현황

「재일동포 민족교육 연구동향」, 『(2013)재외동포재단 조사연구용역 결
과보고서』, 재외동포재단, 2014.

- 제2장 Ⅱ. 재일조선인 민족교육의 전사

「재일한인 민족교육의 전사」, 『정체성의 경계를 넘어서』, 경인문화사, 2012.

- 제2장 Ⅲ. 해방 후 조련의 민족교육에 대한 연구

「재일조선인연맹의 민족교육 운동」, 『재일본조선인연맹 전체대회 연구』,
경인문화사, 2007.

- 제2장 Ⅳ. 1948년 한신(限神)교육투쟁과 김태일·박주범

「1948년 한신교육투쟁과 빛나는 조선인: 김태일과 박주범」, 『유준기박
사 정년퇴임기념논총』, 2007.

- 제2장 Ⅵ. 재일조선인 민족교육 속 민족학급 운동

「재일동포 민족학급과 민족교육운동」, 『재일제주인과 마이너리티』, 제
주대 재일제주센터, 2014.

<색 인>

재일조선인 민족교육 연구

| 초판 1쇄 인쇄일 | 2016년 9월 19일 |
| 초판 1쇄 발행일 | 2016년 9월 20일 |

지은이	김인덕
펴낸이	정진이
편집장	김효은
편집/디자인	김진솔 우정민 박재원 백지윤
마케팅	정찬용 정구형
영업관리	한선희 이선건 최인호 최소영
책임편집	김진솔
인쇄처	국학인쇄사
펴낸곳	국학자료원 새미(주)

등록일 2005 03 15 제25100-2005-000008호
서울특별시 강동구 성안로 13 (성내동, 현영빌딩 2층)
Tel 442-4623 Fax 6499-3082
www.kookhak.co.kr
kookhak2001@hanmail.net

| ISBN | 979-11-87488-18-7 *93900 |
| 가격 | 18,000원 |